社交礼仪培训全书

吕艳芝　冯楠　蔡晓宇◎主编

扫一扫，获取礼仪规范视频

中国纺织出版社有限公司

内 容 提 要

本书系统地介绍了社交礼仪的规范和标准，能够帮助社会各界人士提升社交形象，规范社交行为，建立良好的社会关系，从而取得人际交往的成功。本书以"文字+图片+视频"的形式全方位地呈现了社交礼仪的全貌，生动、直观。

本书可作为各机关、企事业单位工作人员的培训教材，也可作为职业类院校的学习教材，更可对涉世不深的年轻人以及没有系统学习过社交礼仪的人士提供帮助。

图书在版编目（CIP）数据

社交礼仪培训全书：视频版／吕艳芝，冯楠，蔡晓宇主编．－－北京：中国纺织出版社有限公司，2022.3
ISBN 978-7-5180-9284-0

Ⅰ．①社… Ⅱ．①吕… ②冯… ③蔡… Ⅲ．①社交礼仪—教材 Ⅳ．①C912

中国版本图书馆 CIP 数据核字（2022）第 002761 号

策划编辑：于磊岚　　特约编辑：罗义锦
责任校对：王蕙莹　　责任印制：储志伟

中国纺织出版社有限公司出版发行
地址：北京市朝阳区百子湾东里A407号楼　邮政编码：100124
销售电话：010—67004422　传真：010—87155801
http://www.c-textilep.com
中国纺织出版社天猫旗舰店
官方微博 http://weibo.com/2119887771
三河市宏盛印务有限公司印刷　各地新华书店经销
2022年3月第1版第1次印刷
开本：710×1000　1/16　印张：16.5
字数：256千字　定价：58.00元

凡购本书，如有缺页、倒页、脱页，由本社图书营销中心调换

编委会

主　编：吕艳芝　冯　楠　蔡晓宇
副主编：徐克茹　林　莉
编　者：陆薪宇　刘　艳　谢绍艳
　　　　　田昕霭　邱梓荣　袁利红
　　　　　司继红　王晓若　李　薇
　　　　　王雪莲　琪琪格　赵维娜
　　　　　岳晋正　舒　意　王丽欣

前言

各位读者朋友：大家好！

中国是世界公认的"礼仪之邦"，华夏文明绵延五千年，铸就了汉唐文明的璀璨、宋明农业文明的壮丽和丝绸之路的辉煌。文化是我们的灵魂，是我们传承的血脉。中华文化与"礼"密不可分。礼仪，是一个文化现象。不同的国家、不同的民族、不同的阶层、不同的场合，呈现出的礼仪规范都是文化的缩影。彬彬有礼、窈窕淑女、谦谦君子，这是烙印了我们文化基因的辞藻，这是古代中国士人的普适性追求。

习近平总书记在党的十九大报告中强调："中国特色社会主义进入新时代，我国社会主要矛盾已经转化为人民日益增长的美好生活需要和不平衡不充分的发展之间的矛盾。"人民美好生活需要既有对物质的需要，更有对精神层面的渴求。随着经济的跨越式发展，我们用几十年的时间走完了西方资本主义的工业化进程，在物质生活极大丰富的同时，我们对精神生活的需求也与日俱增。

我从事教育四十六年，深感礼仪素养的重要性。礼仪是一个人道德的外化，它对维护社会安定团结、规范公民行为举止、协调人际关系有着十分重要的现实意义。随着经济全球化的进程不断向前推进，国际交往日趋频繁，礼仪在国际交往与合作中的意义也显得更加重要。在这样一个时代，我们对公民文明程度和礼仪修养的要求也空前提高。在这样一个时代，学习社交礼仪不仅对个人素质的提升无比重要，而且对团队的形象塑造、品牌塑造，对企事业单位的经济效益与社会效益的提升都有着积极的意义。

在出版社及于磊岚老师的信任与帮助下，在以前的写作中，我和团队陆续完成了《公务礼仪标准培训》《商务礼仪标准培训》《教师礼仪的99个细节》《银行服务礼仪标准培训》《中华礼仪》等书，获得了市场的好评，多次再版，也收到了读者朋友们的反馈。为了满足大家期待能够出版一本可视化的礼仪读物，对一些抽象的知识点能够有示范或实际操作指导的书籍，此次带领团队的老师们编写《社交礼仪培训全书（视频版）》，将社交礼仪知识以"视频+图片+文字"的形式呈现，期待获得读者朋友的喜欢。本书详细介绍了在社会交往中，如何更好地展示自己的良好修养，赢得他人的尊重和信任，从而建立起良好的个人品牌；如何与交往对象建立友好关系，成为互相尊重支持的合作伙伴；如何在与家人及朋友相处时做到有礼有节。

  本书共十三章，分别从个人礼仪、会面问候礼仪、拜访接待礼仪、娱乐活动礼仪、社交言语礼仪、电联礼仪及涉外礼仪等方面，阐述了人们在社交活动中应当加以遵循的交往规则和惯例。

  在互联网带来阅读方式革命的今天，我们通过团队努力将本书打造成一本融媒体教材，在聚焦社交领域的前提下，找准社交礼仪知识点，为每一个重要知识点精心录制了视频。这样的模式会给我们的阅读和学习带来一些变化，使礼仪知识生动化、立体化，使学习礼仪知识的过程多一些趣味性、直观性，更符合礼仪教学注重实践、注重知行合一的规律。

  本书可作为社会各层面人员提升自身修养的学习读本，也可作为职业类院校的学习教材。

  在本书的编写过程中，主编冯楠老师、蔡晓宇老师，副主编徐克茹老师、林莉老师从修改书稿到统稿，从协调、撰写到视频录制及拍摄插图，全力以赴参与其中。以下老师：陆薪宇、刘艳、谢绍艳、田昕霭、邱梓荣、袁利红、司继红、王晓若、李薇、王雪莲、琪琪格、赵维娜、岳晋正、舒意、王丽欣参与了本书的编写。

  感谢中国纺织出版社的于磊岚老师多年来的信任及指导。

  感谢郭媛春女士、陈凯琳女士、王佳音女士、薛峰先生以及许帅、郝瑞、史豪泽三位同学对本书图片及视频拍摄的大力支持。

  真诚地感谢各位！

《论语·季氏》中记载了一段孔子的话："君子有九思：视思明，听思聪，色思温，貌思恭，言思忠，事思敬，疑思问，忿思难，见得思义。"让我们在纷繁复杂的社会万象中坚守中华文化的本心，在社交中律己敬人展示礼仪修养，在浮躁中沉淀我们的君子之风。富强民主文明和谐美丽的社会主义现代化强国是我们的奋斗目标，而礼仪，让我们的社会更文明，让我们的生活更和谐、更美丽。

"学然后知不足，教然后知困。"在本书的编写、录制过程中，努力学习信息技术，努力将课堂教学、社会培训还原为更利于传播的视频课，难免有不周之处，敬请各位读者朋友指正。

吕艳芝

2021 年 10 月

目录

第一辑　社交始于良好形象

第一章　规范的服饰 / 2

第一节　顺应首因效应 / 2

第二节　社交中着装的原则 / 5

第三节　女士社交场合的服装款式 / 7

第四节　男士社交场合的服装款式 / 9

第五节　不同社交活动中服装色彩的选择 / 11

第六节　服装面料的选择 / 15

第七节　用配饰装点生活 / 17

第八节　服饰穿着常见的四种问题 / 19

第二章　适宜的仪容 / 22

第一节　仪容修饰与南开中学的座右铭 / 22

第二节　女士妆容修饰的原则 / 27

第三节　补妆是隐私 / 28

第四节　男士也需要适当修饰 / 31

第五节　社交场合的常见发型 / 33

第六节　选择发型的两个方法 / 36

第七节　仪容修饰的三大误区 / 39

第三章　规范的仪态 / 42

第一节　神奇的 73855 定律 / 42

第二节　规范的站姿 / 44

第三节　规范的坐姿 / 47

第四节　规范的行姿 / 51

第五节　规范的蹲姿 / 52

第六节　规范的手势语 / 55

第七节　规范的递送物品方式 / 57

第八节　常见的不良姿态 / 59

第四章　恰当的表情 / 61

第一节　微笑是最有效的社交方式 / 61

第二节　微笑的三个标准 / 63

第三节　微笑是可以训练的 / 65

第四节　目光比言语更有价值 / 66

第二辑　日常社交礼仪

第五章　会面与问候礼仪 / 70

第一节　从握手的起源说起 / 70

第二节　鞠躬的规范要求 / 73

第三节　拥抱的正确方式 / 76

第四节　简洁的致意礼 / 78

第五节　小名片大学问 / 81

第六节　介绍的礼仪 / 85

第七节　注意保持社交距离 / 88

第八节　其他见面礼 / 91

第九节　恰当地称呼对方 / 93

第十节　问候语的四种形式 / 96

第六章　节庆活动礼仪 / 100

第一节　婚礼、寿礼、满月礼要有仪式感 / 100

第二节　剪彩仪式的礼仪 / 104

第三节　庆典仪式的礼仪 / 106

第七章　餐桌礼仪 / 110

第一节　宴请是社交活动的重要舞台 / 110

第二节　中餐桌次的安排 / 112

第三节　尊位的五种规则 / 114

第四节　如何确定菜单 / 117

第五节　中餐餐具使用有讲究 / 120

第六节　西餐席次的安排 / 122

第七节　刀叉的种类及使用方法 / 125

第八节　餐巾的使用方法 / 128

第九节　自助餐礼仪 / 129

第十节　西餐酒礼 / 131

第十一节　中餐酒礼 / 134

第八章　娱乐活动礼仪 / 137

第一节　观赏音乐会的礼仪 / 137
第二节　观看体育赛事的礼仪 / 140
第三节　参加舞会的礼仪 / 142
第四节　参观美术展的礼仪 / 145
第五节　参观博物馆的礼仪 / 147

第九章　拜访与接待礼仪 / 150

第一节　拜访前的三项准备 / 150
第二节　准时到达是必备修养 / 153
第三节　礼貌交谈与适时告辞 / 154
第四节　接待中的位次规则 / 159
第五节　引领与陪同的要领 / 162
第六节　礼让奉茶讲究规范 / 165
第七节　探望要身心兼顾 / 169
第八节　探望中的合理表达 / 172
第九节　馈赠有学问 / 174
第十节　礼貌地赠送与接受礼品 / 177

第十章　电联礼仪 / 180

第一节　书信的正确格式 / 180
第二节　电子邮件的正确使用 / 184
第三节　接打固定电话的学问 / 186
第四节　接打手机的学问 / 189
第五节　社交软件使用不扰人 / 192

第十一章　外出旅行礼仪 / 196

第一节　乘坐飞机的礼仪 / 196
第二节　乘坐公交车的礼仪 / 199
第三节　乘坐地铁的礼仪 / 202
第四节　乘坐高铁的礼仪 / 205
第五节　居住宾馆的礼仪 / 208
第六节　参观游览的礼仪 / 210

第十二章　社交言语礼仪 / 215

第一节　站在对方的角度说话是智慧 / 215
第二节　"请"字带来的启示 / 217
第三节　回避不当的话题 / 219
第四节　文明用语与心理暗示 / 222
第五节　言语的组织技巧 / 224
第六节　艺术地拒绝他人 / 226
第七节　夸赞的三个技巧 / 229

第十三章　涉外礼仪 / 232

第一节　"地球村"里的交往原则 / 232
第二节　求同存异手拉手 / 235
第三节　入乡随俗是最大的尊重 / 237
第四节　尊重对方隐私 / 241
第五节　用对方喜欢的方式相处 / 244
第六节　尊重对方的宗教习俗 / 246

参考文献 / 249

PART 1

第一辑
社交始于良好形象

在社会交往中,我们给他人留下的第一印象如果是好的,将会较快地拉近与对方的距离并使交往比较顺畅。在第一辑中,我们将从第一印象的制约因素方面和大家展开分享。

第一章 规范的服饰

我们在参加一位朋友的婚礼前会做很多准备。在所有的准备中，相信大家会在穿什么衣服，搭配什么饰品方面下很大工夫。因为，我们认为这是重视朋友婚礼的表现。

在这本书的开篇，首先和大家分享关于规范的服饰这一内容，原因也在于此。

第一节 顺应首因效应

一位旅游杂志的编辑到某景区采风，傍晚来到镇上准备找一家民宿住下。他发现镇子东头有好几家民宿，他一家一家打量，却都是和前台接待人员聊上几句之后，因不满意又走了出来。当他正在考虑要不要离开这个镇子到下一站再找住宿的地方时，一位身穿蓝色西服套裙，妆容淡雅清爽，年龄在三十岁左右的女士，手持一本画册，面带微笑向他走来说道："先生您好！看您似乎是在寻找客栈，我是白桦客栈的老板，我叫××，欢迎来我们客栈住宿。"

这位编辑看到她的装扮、听到她的话语，心想有如此老板，客栈应该也不差，便随她来到她的客栈。果然没让编辑失望，这是一家新开的客栈，依山傍水，环境幽静。木石材料装修，简约自然，很合编辑的要求。原来，这位老板是从旅游院校毕业回乡创业的大学生，为自己家乡的山水代言，开起了客栈。这位编辑不仅住下了，而且还住了好几天，并免费为客栈拍了宣传图片，帮他们刊发在旅游杂志上，让更多的游客知晓这家客栈，现在这家客栈生意甚是红火。

这位女老板因得体的着装、文雅的谈吐，在客人心里留下了很好的

"第一印象",从而赢得了经营的商机。这则案例印证了"第一印象"的微妙作用,这就是心理学上的首因效应。

一、首因效应

首因效应是由美国心理学家洛钦斯首先提出的。首因是指当人们第一次认知客体时,在大脑中留下的第一印象。首因效应是指当人们第一次与某物或某人相接触时留下深刻印象,个体在社会认知过程中,通过第一印象最先输入的信息对客体以后的认知产生的影响作用。首因效应也叫首次效应、优先效应或第一印象效应。在人际交往中,我们主要通过容貌、表情、姿态、身材、服装等外部的信息获得对对方的第一印象,这些首次获得的信息往往成为以后认知与评价对方的重要依据,这些信息比以后得到的信息对于事物整个印象产生的作用更强,持续的时间也更长。

让我们一起回顾很有意义,也很有趣味的首因效应实验。心理学家阿希,在1946年以大学生为研究对象进行了下列实验。他让两组大学生评定对某人的总体印象。对第一组大学生,他告诉大家这个人的特点是"聪慧、勤奋、冲动、爱批评人、固执、妒忌"。很显然,这六个特征的排列顺序是从肯定到否定;对第二组大学生,阿希选择的仍然是这六个特征,但排列顺序正好相反,是从否定到肯定。研究结果发现,大学生对被评价者所形成的印象高度受到特征呈现顺序的影响。先接受了肯定信息的第一组大学生,对被评价者的印象远远优于先接受了否定信息的第二组。这个实验表明,产生首因效应的关键原因是信息输入的先后顺序——先入为主。

最初印象有着高度的稳定性,后继信息甚至不能使其发生根本性的变化。在人们日常的社会交往中,如果第一次接触留下了好印象,那么,在此后的很长一段时间里,这种印象仍然会保留在脑海中。甚至有心理学家研究发现,七秒钟的第一印象可以保持七年。当双方第二次再相遇交往时,则会不由自主地延续第一次形成的评价来认知和评价对方。

另外,首因效应也会让我们在第一次交往时,在获取对方少量的信息之后,动用我们以往的知识、经验来对这些信息进行加工处理,从而自觉或不自觉地分析、综合、比较、推测对方的特点,形成总体评价。例如:我们说"这个人看上去像是经理",就是动用了我们以往的经验——很多经理看上去都是这个样子,所以,我们认为这个人像是经理。

第一次接触交往对象时,我们的仪容、仪表、谈吐等都会给别人留下好的或不好的第一印象,这个印象会影响到对方对我们总体的评价。

二、为什么顺应首因效应者赢

心理学研究发现,与一个人的初次会面,第一印象往往在7秒钟内就产生了,如此说来,初次见面的一瞬间足以决定胜败。第一印象如果是聪明、稳重、负责任的,在下次见面时即使有较激烈的争执,对方也会根据第一印象来判断我们是一个对工作非常投入的人。相反,如果第一印象是随便、浮躁、傲慢的,第二次见面即使诚心交谈,对方也可能会认为是固执己见、目中无人。在社会实践中,因第一印象造成失误,古今中外是不乏其例的。有一句谚语是这样说的:第一印象永远不可能有第二次。

现在,人们的工作节奏越来越快,在拜访好友时,对方没有太多的时间来了解我们是什么样的人,很多人对我们的感觉和认知都是通过短暂的接触来确定的。

俗话说"先入为主",朋友从见到我们的一刹那起,就形成了印象,并长久烙印在对方的心上,这一印象一旦形成便难以改变。这是一个"7秒钟"的世界,我们用来展示自己的时间很短,不管我们是否愿意,第一印象总会在以后的交往中起着主导作用。我们所要做的是:顺应首因效应的规律,给交往对象留下好的第一印象,以赢得社交的成功、赢得人生的成功。

三、如何顺应首因效应

想要顺应首因效应,留给交往对象美好的第一印象,获得好的人际关系,我们应该怎样做呢?

首先,要注重仪表风度,衣着干净整齐、落落大方;其次,注意言谈举止,做到言辞幽默、举止优雅。因为服饰、仪容、表情、语言、态度等因素,是产生好的或不好的第一印象的制约因素。我们清楚,第一印象往往是非理性的,但是,在人际交往中它又是客观存在的。

如果我们能很好地把握第一印象的确立,不放过第一次交往中任何一个细节,了解首因效应,顺应首因效应,就会在人际交往中把握主动,从而赢得出彩人生。

心理学家还告诉我们,即使是熟人之间的相见,在最初阶段,也存在这样的心理过程。所以,不能忽视任何一次与他人见面及再次见面的机会。

第二节 社交中着装的原则

"中国有礼仪之大，故称夏；有服章之美，谓之华。"中国自古就非常重视服饰礼仪，古人的衣冠就是礼仪最直接的表现。

看衣识人自古有之。孔子的学生子贡，有一次到一个人家里拜访，到了门口，门卫看他衣衫不整，便对他说道："你穿戴太不整齐，回去吧。"由于门卫坚持不让他进门，子贡无奈之下，就跑到旁边的马棚，在喂马的一桶水中端详着自己，发现自己果然是衣冠不整，于是就回家仔细修饰整理一番，然后再次登门顺利完成了拜访。由此可见，衣冠在古人社交活动中具有非常重要的作用，而现代社交则更是如此，我们的穿衣打扮折射出的是自己的气质修养和文明程度，同样也会影响到我们的社交圈和人际关系。那么，怎样着装才是得体、美观、和谐的呢？首先，就是要遵守TPOR原则。

TPOR是英文Time、Place、Object、Role四个单词首字母的缩写，分别是时间、地点、场合和角色。它的含义，是要求人们在选择服装时，首先应当考虑是什么时间、出席的地点、出席的场合以及自身的角色这四个因素，要随着这些因素的变化而选择不同的服饰，只有使自己的服饰与周围的环境、气氛相协调，才能穿出和谐、穿出美感。

1. 时间原则

遵循时间的变化而选择不同的着装。从时间上讲，一年有春、夏、秋、冬四季的交替，一天有24小时的变化，一个人有年轻到年老的岁月更迭，这就是时间的变化，在不同的时间里，着装的类别、款式、造型、面料、饰品等，均应当有所变化。比如，冬天要穿保暖、御寒的冬装，夏天要穿通气、吸汗、凉爽的夏装，春秋两季可选择轻便灵巧、厚薄适宜的服饰；白天基本上是工作时间，着装要考虑自己的工作性质和特点，应当合身、严谨、得体，可着正式套装或公司、企业制服；晚上如果回到家里，所穿衣服不为外人所见，就应以宽松、舒适、随意为原则，可选择家居服或睡衣；如果是去参加社交活动，如晚宴、酒会、各种派对，可穿礼服或连衣裙，以彰显个性，体现风格和品位；如若是年轻男女，可穿得活泼艳丽些，成熟男女可穿得稳重大方些。

2. 地点原则

服饰选择是否符合地点原则，直接影响着一个人的形象。从地点上讲，置身室内或室外，驻足于闹市或乡村，停留在国内或国外，身处于单位或家中，在这些不同的地点，着装的款式应当有所不同，否则会显得不协调，甚至会影响到自身形象。例如，穿着休闲服装出现在谈判场合的人，会给对方带来漫不经心、不尊重自己和他人的印象；在运动场上穿着西服、皮鞋的人，往往给人故意拿捏、矫揉造作，与人格格不入的印象；穿着游泳装出现在海滨、浴场，是人们司空见惯的，但若是穿着它去上班、逛街，则会令人哗然；在国内，一位少女只要愿意，随时可以穿小背心、超短裙，但若是出现在阿拉伯国家，就可能被认为是不尊重当地文化了。

3. 场合原则

服饰所承载的信息要与特定场合的气氛相吻合，否则，就会引起他人的疑惑、反感，甚至是拒绝，从而影响人际交往的质量。

在我们的一生中，常常会面对下列这样一些场合：

（1）公务场合。比如，在写字楼忙碌的白领人士，会选择西服套装、套裙，体现出敬业、干练、庄重、严肃的职业特色；飞机上的乘务员身穿空乘制服，为每一位客人送去温暖的问候，体现出一种热情、关心、体贴的工作态度；政务服务大厅窗口的工作人员，穿着整齐的制服，展示出良好的政府形象。以上这些人在公务场合着装以庄重大方为原则，应选择比较正式的服装。

（2）社交场合，也就是我们这本书所分析的场合。比如，参加舞会、宴会、音乐会等，选择的服饰要更加讲究一些，一般以选择礼服为宜，礼服会与社交场合的气氛非常协调。

（3）休闲场合。比如，居家、郊游、购物、健身等，可以选择款式轻松一些，色彩鲜艳一些的休闲装，以达到让自己放松身心、缓解疲劳的目的。

只有根据场合选择服装，才会产生与环境协调的美感。

4. 角色原则

"云想衣裳花想容"，每个人都希望自己的服饰是独特的、美丽的，但选择的服饰应当与我们所担任的角色相协调，否则不仅达不到想要的效果，还会适得其反，让自己处于尴尬的境地。婚礼主持人如果穿得比新郎、新娘还要光鲜，那肯定是失礼的；作为在田间的劳动者，若穿着裙子、高跟鞋，是会受到周围人嘲笑的。

把握角色原则，就是要求我们在一定的时间、地点及场合，要有角色意识，从而选择适合自己身份的服饰。

TPOR 原则是服饰选择的基本要求，在遵守这些基本原则的基础上，才能进一步考虑服饰和自己的肤色、体型、性格等的和谐。要勤于思考、勤于实践，成为一个彬彬有礼、风度翩翩的人。

第三节　女士社交场合的服装款式

《礼记·玉藻》中有"朝玄端，夕深衣"的记载，意思是说早朝为大礼，一定要着玄端朝服，到了夕朝，就可采用轻便一些的深衣。我们的先辈就很重视场合着装。所以，服饰除了具有"避寒暑、御风雨、蔽形体、遮羞耻、增美饰"等实用功能外，还有着"知礼仪、别尊卑、正名分"等重要意义。现代社会的服饰更是一种沟通的语汇，可以提升彼此之间沟通的质量，润滑彼此之间的关系，是一个人教养的体现。在人际交往中，如果我们想融入一个新的社交圈子，就首先要穿得像这个圈子里的人。

职场外的人际交往即社交，比如：舞会、音乐会、聚会、宴会等，我们可选择的服装款式有礼服、民族服装、时装等，要根据不同场合选择正确的着装。

女士在社交场合的服装款式分为正式和非正式两种。

一、正式社交场合的服饰

女士参加比较正式的社交活动，应着礼服，礼服以裙装为主，还可根据穿着的时间不同，划分为日礼服、晚礼服。

1. 日礼服

日礼服，又称小礼服，是白天出席社交活动时的选择，如参加音乐会、宴会、婚礼、舞会等。剪裁考究的连衣裙，一般都可称作小礼服，如精致小黑裙、改良旗袍、活泼俏丽套裙等。小礼服不像晚礼服那样规范严谨，显得更为随意、活泼、浪漫。日礼服通常会呈现出优雅、端庄和含蓄的特点，多采用毛、棉、麻、丝绸或有丝绸感的面料。

2. 晚礼服

晚礼服也称大礼服、夜礼服或晚装，是女士礼服中档次最高、最具特色和能充分展示个性的服装。

晚礼服源于欧洲，是盛行于宫廷贵妇们的穿着。后来，经过设计师的不断创新，最终演变发展成为女士们出席舞会、音乐会、晚宴等活动必备的服装。

晚礼服的特点是：款式多为低胸、露肩、露背、收腰、拖地的单一色彩的连衣裙式服装。晚礼服注重搭配，以考究的发型，精致的化妆，华贵的首饰、手套、鞋子等相搭配，表现出沉稳秀丽的古典美。晚礼服适合在高档的、具有安全感的场合穿着。

二、非正式社交场合的服饰

女士在非正式社交场合，如朋友聚会、普通宴请、下午茶等，可选择非正式服饰如鸡尾酒会礼服、民族服装、时装等，以彰显个性特点和个人魅力。

1. 鸡尾酒会礼服

鸡尾酒会礼服，指女士在鸡尾酒会、半正式或正式场合穿戴的，介于日装与晚礼服之间的礼服。与豪华气派的晚礼服相比较，鸡尾酒会礼服更注重场合气氛的轻松，款式上也相对简化一些。

鸡尾酒会礼服也会袒露皮肤，但不像晚礼服那样突出，裙长一般在膝盖上下。颜色以黑、白、粉、金等色彩为主，还会点缀水钻、亮片等。面料多采用天然的真丝绸、锦缎、合成纤维及一些新的高科技材料，素色、有底纹及小型花纹的面料也常被使用。饰品多为珍珠项链、耳钉或垂吊式耳环。与之相搭配的鞋子装饰性很强，略带光泽感。

2. 民族服装

民族服装是具有传统民族特色的服装，又称民俗服。服装的款式、色彩、面料、服饰等凸显民俗文化。我们可根据社交活动的主题来进行选择，穿着时要遵守民族服饰的搭配规范，不可随意乱穿。如汉服的交领右衽、旗袍坎肩马褂、苗族银质饰品等。

3. 时装

时装指款式新颖而富有时代感的服装，时装会在款式、色彩、图案、配饰等方面不断变化创新、标新立异。非正式社交场合可根据自己的身材条件选择适合自己穿衣风格的时装。

三、女士社交场合着装禁忌

女士在社交场合的着装，首先要遵守 TPOR 原则，体现高雅的审美能力和自身的文化修养，其次要根据出席的场合选择服装，所选服装要与活动主题、场地环境、社交圈等相协调、相融合，切忌与场合环境格格不入。同时还要注意以下禁忌：

（1）所着服装与配饰搭配不当，如着礼服穿平底鞋或松糕鞋，着旗袍搭金属项链等。

（2）服装不干净，有异味、污渍等。

（3）奇装异服或过于夸张的配饰。

最后，在参加婚礼和葬礼这样的特殊场合，会有严格的着装禁忌。如参加葬礼，原则上只能穿着黑色或者深色的服装，以表示对死者和死者家属的尊重，切忌穿鲜艳的衣服和款式过于新潮或者暴露的衣服。参加婚礼，则应该穿得喜庆和漂亮，但切忌穿着太鲜艳亮丽，抢了新娘的风头，那样是非常不礼貌的，也会让自己尴尬。

第四节　男士社交场合的服装款式

男士在出席宴会、观看演出、参加舞会、参加聚会等社交场合时，着装重点既要突出时尚个性，又要能体现出绅士风度，礼服是最好的选择，除此之外，民族服装、时装也可作为礼服，以体现出与众不同的个性特点。

一、正式社交场合的服饰

1. 大礼服

大礼服又叫燕尾服，它造型别致，颜色为黑色，上衣前摆齐腰，后摆长达膝盖，开叉为燕尾形。燕尾服是晚间的正式礼服，用于隆重、规格较高的场所，如婚礼、晚宴、古典交际舞大赛、大型乐队指挥等场合。

与燕尾服配套的配饰有：三粒扣或四粒扣的方领或青果领白色礼服背心。背心内为白色双翼领礼服衬衫，衬衫的胸前部分有 U 形胸衬，所配领结、手套和胸袋巾均为白色。下装为与礼服同料的长裤，长裤沿裤缝两侧有缎面条形装饰。黑色袜子和黑色漆皮皮鞋。

2. 晨礼服

晨礼服是白天穿着的正式礼服。晨礼服是男士的日间礼服，其面料主要为黑色，上装为一粒纽扣款式，由上门襟向后、向下呈人字型延伸，后摆呈圆形，下摆开叉，领子为剑领。正规晨礼服的长裤应选择吊带裤，吊带的颜色是黑色或黑白条纹的花色。

晨礼服曾是欧洲上层社会人士在出席英国爱斯考脱赛马场举行的金杯赛时所穿的服装，因此又叫"赛马礼服"。现在多用于男士白天参加典礼、婚礼、教堂做礼拜等场合的着装。

3. 西装礼服

普通西装并不能应用于社交礼仪的正式场合，但如果将西服的戗驳领换为缎面便成为西装礼服，再配以领结和腰封（或者背心），衬衣选择胸前打褶皱设计的礼服款式，穿着这种服装也可以出席隆重场合。西装礼服也可以说是一种现代的改良礼服。

二、非正式社交场合

随着越来越快的现代生活节奏，除了特别隆重的场合需要穿着上述礼服外，在一般的社交场合，男士多选择穿黑色或深色西装。按不同的标准划分，男士西装可分为单件西装和西服套装，单排扣西装和双排扣西装。

单件西装一般是指西装上衣。单件西装显然仅适用于非正式场合。西装套装则是指上衣和裤子成套，面料、颜色、款式一致，图案、配饰在风格上相互呼应的成套西装。通常西服套装的面料以毛料为主，挺括有型；颜色为深色，即深灰、深蓝等；款式是两件套或三件套，三件套要比两件套更为正式。图案为细小条纹或暗纹；配饰主要有衬衫、领带、皮带、皮鞋、袜子等，配饰在颜色、质地、款式上要与西服套装相协调。

单排扣的西装，是指西装上衣的纽扣是单排的；双排扣的西装是指西装上衣的纽扣是双排的。双排扣比单排扣的西装更为正式。两粒扣的单排扣西装，相比一粒纽扣和三粒纽扣的要正式。纽扣遵循扣上不扣下的原则。落座时，单排扣西装的扣子解开。双排扣西装上衣最常见的有两粒、四粒和六粒纽扣等三种。两粒、六粒纽扣的两种款式双排扣西装属于流行款式，而四粒纽扣的则具有传统的风格，纽扣的扣法是全部扣上。

衬衫最能体现人的风度。白色衬衫能使男士显得精神焕发，并且能衬托西装的美观。穿着时一定要将衬衫的下摆塞在裤子里。

领带被称为西装的灵魂。在系领带时，衬衫从上数的第一粒纽扣要扣好。系好后领带的大箭头以垂到皮带扣处为宜。领带夹置于系好西服扣子后不会裸露为准，并且应同时把领带与衬衫的前襟夹住。领带最好选用丝质的，领带的颜色、图案要与衣服颜色相搭配，可以选择同色调、邻近色或对比色。

除了礼服和西服套装外，民族服装和时装也可以作为礼服。中山装是我国最主要的男士民族服装之一，常出现在一些很正式的场合，给人带来传统、庄重、亲切、美好的感觉。穿中山装时，上衣扣和风纪扣务必要扣上并扣严；裤子上的扣子或拉链更是要扣好扣严。与西装一样，袖口和裤口是不能挽起的，同时，不要在上衣外侧衣袋和裤袋里装其他东西，还要将上衣袋的兜盖放在衣袋之外。

三、男士社交着装禁忌

穿衣有个不成文的规矩是男士穿质地，所以，衣服的面料质地要好。出席社交场合，切忌穿着的礼服或西装不挺括，皱皱巴巴；礼服的穿着忌配饰搭错，如燕尾服要搭黑领结，晨礼服要搭白领结等；要搭皮鞋而非旅游鞋，要穿深色袜子等；忌穿得过于保守、土气等。

第五节　不同社交活动中服装色彩的选择

用色彩来装饰自身是人类追求美好生活的良好方式，无论古代还是现在，色彩在服饰审美中都有着举足轻重的作用。在色彩、款式、面料、图案、配饰五大要素中，色彩是重要的要素；如两个陌生人见面时，最简单的识别方式便是依据对方所穿服装的颜色。

一、服装配色的主要方式

在社交活动中如何选择服装的色彩？怎样进行色彩搭配？这既是一门

艺术，也是一种技能，让我们先从认识色彩入手吧。

色相是指色彩的相貌，有红、橙、黄、绿、蓝、靛、紫七种不同的基本色相，而红（品红）、黄（柠檬黄）、蓝（湖蓝）称为三原色，其他几种基本色是三原色中任何两种原色作等量混合调出的颜色，叫作间色。色彩又因"黑、白、灰"三种无彩色的加入，使得色彩的明度和纯度发生了改变，黑色越多明度越低，白色越多明度越高，灰色越多则纯度越低。

同一色相中不同倾向的系列颜色被称为同类色，如黄色可分为柠檬黄、中黄、橘黄、土黄等，这些都称为同类色。

对比色是指在24色相环上（图1-1）相距120度到180度之间的两种颜色。

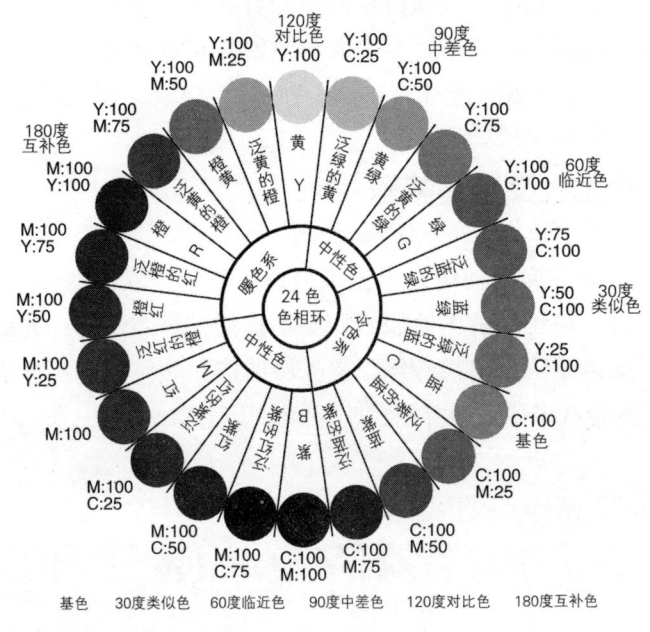

◎ 图1-1

互补色是指色相环中相隔180度的颜色。如红与绿，蓝与橙，黄与紫。

服装的色彩是服装感观的第一印象，它有极强的吸引力，人们经常根据配色的优劣来评价穿着者的审美修养。所以服装配色，是衣着美的重要一环。服装色彩搭配得当，可使人显得端庄优雅、风姿卓著；搭配不当，则使人显得不伦不类、俗不可耐。社交场合巧妙地利用服装色彩的知识，得体地美化自己，就要掌握服装色彩搭配技巧。

社交场合服装配色的主要方式有以下几种：

1. 同色系相配

这是一种简而易行的配色方法。所谓"同色系"，就是相同颜色的深浅变化，例如：桃红色、粉红色、紫红色等都是红色系；黄绿色、草绿色、橄榄绿等都是绿色系。同一色系的搭配，色彩相近，通过明度深浅层次变化相互搭配，可以产生一种和谐、自然的色彩美。

2. 邻近色相配

将色相环上90度以内邻近的色彩搭配起来，易收到和谐的效果。如红与黄、橙与黄、蓝与绿等色的配合。在这样搭配时，两个颜色的明度与纯度要有区别。例如：用深一些的蓝和浅一些的绿相配，或将橙色和淡黄相配，都能呈现出比较和谐的美感。

3. 主色调相配

以一种主色调为基础色，再配上一两种或几种次要色，使整个服饰的色彩主次分明、相得益彰。采用这种配色方法需要注意：用色不要太繁杂、零乱，要做到巧用。一般来说，男士服装不易有过多的颜色变化，以不超过三种颜色为好。女士常用的各种花型面料，色彩也不要堆砌，色彩过多，会显得浮艳、俗气。

4. 互补色相配

互补色在吸引人或刺激人的视觉感官的同时，会产生强烈的审美效果。但在搭配时也要注意技巧，如红色与绿色是强烈的互补色，在搭配时，需要使两个颜色的面积有大小之分。

二、颜色带给人的情绪感受

有些颜色会带给我们凉爽的感觉，有些颜色会带给我们温暖的感觉，凉爽的颜色以蓝色基调为主，温暖的颜色以黄色基调为主，这就是我们常说的冷色调和暖色调。波长较长的红色光、橙色光、黄色光，本身有暖和感；相反，波长短的紫色光、蓝色光、绿色光，有寒冷的感觉。同时，冷色与暖色除了给我们不同的暖意外，还会带来重量感、湿度感等。比如，暖色偏重，冷色偏轻，暖色密度感强，冷色密度感弱；暖色有接近感，冷色有远离感等等。

不同的颜色都会给人的情绪带来一定的影响，使人的心理活动发生变化。如红色表示快乐、热情，它使人情绪热烈、饱满，激发爱的情感；黄色表示快乐、明亮，使人愉快，充满喜悦之情；绿色表示和平，使人的心里有安定、恬静、温和之感；蓝色给人以安静、凉爽、舒适之感，使人心胸开朗。灰色使人感到郁闷、空虚；黑色使人感到庄严、沮丧和悲哀；白色使人有素雅、纯洁之感等等。

在社交活动中，我们要根据主题及目的选择适宜的颜色。

三、不同社交活动的色彩选择

不同颜色带给人不同的情绪感受，服装色彩在社交活动中也始终发挥着非常微妙的作用，因此，不同的社交角色穿着的服装色彩也应慎重选择，恰当运用。

1. 约会、宴会与舞会的色彩选择

粉红色与淡紫色最能表达温柔恬静的气质，适合女士约会穿着。应邀参加宴会、舞会时，要先了解其性质、环境，选择适合自己角色的服装颜色。可选择深红、普蓝、米黄等雅致的色彩，以衬托场合的高雅、华贵。在活动中若不是主角，要切忌太过艳丽、喧宾夺主，但也不能过于灰暗，与宴会、舞会环境格格不入。

2. 逛街、郊游与访友

逛街时，可以尽情表现自我风格，色彩合适自己肤色、身材即可。郊游时使自己全身心地投入大自然的怀抱，应选用明朗活泼的色调来装扮自己，高度鲜艳的色泽，能够与大自然的景色相适宜，使整体气氛轻松愉快。访友时可依据访问对象、季节等因素，选择符合时令及给对方带来好心情的色彩，给朋友以清爽、亲切的感觉。

3. 特殊场合

婚礼和丧礼是社交的特殊场合。参加婚礼时服装色彩应鲜亮、喜庆，但不能穿大红或过于华丽的服饰抢了新郎（新娘）的风头；参加丧礼时服装色彩应庄重、严肃，符合丧者家属心境和对死者的哀悼，适宜穿黑色衣服。

根据情绪因素、场合因素、交往对象的具体情况等选择适合的服装颜色，能够让我们顺利参与社交活动，成为一个受大家欢迎的人。

第六节　服装面料的选择

服装的面料不仅可以诠释服装的风格和特性，而且可以直接左右服装色彩及造型的表现效果。

一、面料分类

根据纺织工艺的不同，面料可分为机织物、针织物和非织造物等不同种类。

（1）机织物。机织物也称梭织面料，是把经纱和纬纱相互垂直交织在一起形成的织物。基本组织有平纹、斜纹、缎纹三种。主要有雪纺、牛津布、牛仔布、法兰绒、花缎等。

（2）针织物。针织物也称针织面料，是用织针将纱线或长丝构成线圈，再把线圈相互串套而成的织物，针织物有单面和双面之分。主要有汗布、鸟眼布、网眼布等。

（3）非织造物。非织造物是指不需要纺纱织造而形成的织物，只是将短纤维或长丝进行定向或随机排列，形成纤网结构，然后采用机械、热黏合或化学等方法加固而成。包括熔喷布、热熔衬等。

二、不同面料的特质

机织物面料的经纱与纬纱通过交织而成，一般比较紧密、挺硬；而针织物面料因线圈是纱线在空间弯曲而成，线圈的高度和宽度在不同张力下可以互相转换，因此针织面料的延伸性大，有较好的透气性，也比较松软。机织物与针织物虽工艺不同，但因所选原料相同，所呈现出来的服装面料特质又有相似之处。下面，我们从原料的角度来分享不同面料所呈现的特质，常见的服装面料有如下几种：

（1）棉织物。以棉纱线或者棉与化纤混纺织成的织物。其透气性好，吸湿性好，穿着舒适，是实用性强的大众化面料。

（2）麻织物。由麻纤维纺织而成的纯麻织物，以及麻与其他纤维混纺或者交织的织物统称为麻织物。其质地坚硬粗犷、凉爽舒适、吸湿性好。

（3）丝织物。纺织品中的高档品种。主要指以桑蚕丝、柞蚕丝、人造丝、合成纤维长丝为主要原料的织品。它具有薄轻、柔软、滑爽、高雅、华丽、舒适的优点。

（4）毛织物。以羊毛、兔毛、骆驼毛、毛型化纤为主要原料制成的织品，一般以羊毛为主，具有弹性好、抗皱、挺括、耐穿耐磨、保暖性强、舒适美观、色泽纯正的优点。

（5）化纤织物。化纤面料以其牢度大、弹性好、挺括、耐磨耐洗、易于保管收藏而受到人们的喜爱。化纤织物是由化学纤维纺织而成的面料。

（6）其他服装面料。其他面料如混纺织物，是将不同纤维按照一定比例混合纺织而成的织物，既吸收了纤维各自的优点，又尽可能地避免了其缺点，在价值上也较为实惠，所以比较受大众欢迎。

三、不同面料的适宜场合及人群

棉、麻织物因其透气性、吸湿性好，穿着舒适，适宜运动和居家穿着。

麻织物因其粗犷硬挺、凉爽舒适的特点，是休闲装面料的选择类型，可用于一般性社交场合。

丝织物面料有薄轻、柔软、高雅、华丽等优点，是正式社交场合着装面料的首选，如晚礼服、长裙、旗袍等往往会选择丝织物面料。

毛织物是以羊毛、兔毛、骆驼毛等为主要原料的织品，是一年四季的高档服装面料，又因具有弹性好、抗皱、挺括、舒适美观、色泽纯正、保暖性强等优点，可作为正装、各种制服等的面料，并深受职场人士欢迎，也是男士社交场合礼服面料的首选。

除了上述机织物面料外，针织物面料的品种也很丰富，所用原料范围与机织面料相仿，从棉、毛、丝、麻等天然纤维到涤纶、腈纶、氨纶等化学纤维及其混合物，应有尽有。如针织汗布、棉毛布和针织绒布等因质地细致、蓬松柔软、弹性好、色泽鲜艳等，是制作衬衫、T恤衫、运动衣等郊游场合服装面料的首选。其中的针织天鹅绒，因具有绒面丰满、平整、光洁、弹性好、立体感强的特点，适合制作成高雅的女装和裙装等。

在科技发达的今天，新型高科技服装面料的运用更加广泛，因其工艺特殊、原材料特殊，具有环保、健康的特点，被大量采用，适合制作各种场合的服装。

了解各种面料的特性，能够帮助我们在不同场合，尤其是在社交场合选择适宜的服装面料，从而塑造得体的个人形象，成为一个有品位的受人尊敬的人。

第七节　用配饰装点生活

英国作家莎士比亚曾经说：一个人的穿着打扮就是他的教养、品位、地位的最真实写照。配饰是一个人服饰的重要组成部分，用得好，能够起到画龙点睛的作用，用得不好，则"一着不慎，满盘皆输"。

一、男士配饰

男士的配饰主要是给造型起到画龙点睛的效果，需要选择能够与服装相配的配饰。

1. 皮带

搭配西裤或卡其裤的皮带，宽度通常为1.5英寸（约3.8厘米），皮带扣的选择要简洁大方。系好皮带后，皮带头应该穿过裤子前片的第一个裤襻，要避免太短或太长。皮带上要多留出一个扣眼，以免感觉皮带太紧的时候无法放松。皮带上不宜挂手机、钥匙链等物品，也不宜在公共场合整理皮带。

2. 领带

领带是西装、礼服的伴侣，是男士服饰中经久不衰的配饰。领带体现了男士的责任感和严肃认真的态度，所以，颇受男士喜爱。领带的颜色、款式、面料、图案多种多样，可根据外套及衬衫的颜色、款式、面料来搭配选择。挑选领带时应拿起领带，仔细检查有无面料、制作、染色、印花等方面的瑕疵。我们用手攥一下领带再松开，以观察面料是否很快复原，长时间不复原的领带因弹性差，容易起皱。

在社交场合，每位男士都应该有几条不同颜色的领带，以很好地搭配不同的西装。如深蓝、酒红、灰色、银灰色、乳白西服可以搭配潇洒热情的红色领带；红色、紫色西服配乳白领带会显得典雅华贵；深蓝、墨绿西服配黄色、玫瑰色领带会显得深沉含蓄。

3. 领带夹

领带夹是为了使领带保持贴身并不影响自身活动的配饰。领带夹只在穿西服外套时使用，不要在穿夹克时使用。穿西服时领带夹的位置，应在衬衫的领口往下数，第四与第五粒纽扣之间。以扣上西服上衣的扣子之后，从外面应当看不见领带夹为宜。领带夹的实用功能大于装饰功能，如果露在外面，就显得不太体面了。

4. 口袋巾

对穿着西装的男士而言，口袋巾也是一个重要的配饰。口袋巾的材质有丝、麻、棉、蕾丝等。口袋巾有各种不同的折法，在正式社交场合穿着深色西装或黑色礼服时，口袋巾是增添绅士魅力的重要饰品。要注意口袋巾是装饰用品，不要用它擦脸等。

5. 袖扣

袖扣是用于法式衬衫上，代替袖口的扣子，起到固定和装饰作用的配饰。它的大小和普通的扣子相差无几，却因为精美的材质和造型，起到了很好的装饰作用。袖扣应当与衬衫、西服（或礼服）以及腰带扣的风格相协调。一般来说，金属和珐琅材质的袖扣较为优雅，镶嵌宝石、钻石的袖扣更为华贵。在正式社交场合穿法式袖口的衬衫时，应同时穿西服或礼服上衣，在抬手或屈肘时袖扣应当完全露出。

6. 包

随着生活节奏的改变，男士的随身物品也逐渐增多。但是，如果把钥匙、手机、钱包等物品都放在口袋里，就会影响到服装的轮廓，于是越来越多的男士选择使用手包或公文包。

要选择质地优良、做工精致的公文包或手包，以黑色为最佳。包上不宜有过多的装饰物。

7. 首饰

男士首饰的佩戴也要遵循相关原则：同质同色，以少为佳。比如：每只手只能戴一枚戒指。

二、女士配饰

饰品是女士服装的美好点缀，但如果过分堆砌，不注重质感与搭配，则会有庸俗累赘之感。

1. 首饰

首饰配搭的基本原则与男士相同：要同质同色、以少为佳。同时还要考虑首饰的色彩、质地、款式等，要与自己的肤色、服装、容貌气质等相协调。如果同时戴耳环、项链、戒指，最好选择成套设计的，以避免显得杂乱、没有章法。女士首饰佩戴最多不要超过3种。搭配休闲装的首饰，可以略显夸张、鲜艳或自然朴素。搭配晚礼服的首饰宜华丽、高贵。

2. 丝巾

丝巾是女士配饰的必备之物。丝巾的材质、款式、花色繁多，选择时要考虑适合自己的肤色及所穿服装的质料、款式、颜色。真丝面料的丝巾最飘逸，打出的结比较柔顺。每位女士可根据自己的穿衣风格及常备衣服的款式、质地准备不同的丝巾，让服装更加靓丽。

3. 手表

手表除了有指示时间的功能外，也是很好的饰品。社交场合女士的手表选择，可以在表盘的设计及表带的装饰上有所变化，从而配搭不同的服装，以凸显气质。

4. 手包

女士服装大多无口袋，即使有口袋也只是作为装饰，如果衣兜里面放满东西必然会影响整体造型。因此，女士常用的重要物品，如手机、化妆品、钥匙等都要放在包里。应当尽量选择质地优良的包。在选择颜色及款式时，应当考虑与服装相协调。

第八节　服饰穿着常见的四种问题

着装，从其自身的含义看，就是把衣服穿在身上，起到遮羞、蔽体、御寒、纳凉等作用。我们这里所讲的"着装"，是指基于自身的修养、阅历和审美品位，在对场合、自身特点、风格、经济能力、流行时尚等进行综合考虑的基础上，对服装所进行的选择、搭配和组合。如果不知规则，不懂搭配，服饰穿着就会出问题。社交活动中服饰穿着的常见问题有以下四种。

一、穿法不规范

穿衣戴帽自有技巧，不同的服装都有自成一体的穿着方法，特别是在比较正式或隆重的社交场合，服装的穿着更是不能随心所欲。比如：西服、制服、礼服等，就必须符合穿着的规范，否则就会不伦不类。

常见不规范的西服穿法有：

（1）不拆商标。商标是西服作为商品的标签，买回来后务必将上衣左袖口处的商标等标识拆掉，切不可穿着以显示西服的品牌和档次。穿着商标外显的西服，就如同挂着未剪掉的标价吊牌一样让人尴尬。

（2）未熨烫平整。生活中我们常见到一些人的西服总是皱皱巴巴的，这就失去了西服应有的韵味。不论是新的还是已经穿过的西服，都必须在穿着之前将其熨烫平整，线条笔直、挺括才不会给人邋遢之感。

（3）乱扣纽扣。穿西服要按要求扣好上衣、背心和裤子的纽扣。在一般情况下，特别是在众人面前站立时，无论是男士还是女士，西服上衣的纽扣应该按其要求扣上，以显示郑重其事。

（4）卷袖、卷裤腿。在社交活动中穿着西服时，在任何情况下，都不得将衣袖或裤筒挽起。

其他不规范穿法还有：女士套裙的大小不适度，裙长不合时宜，服装紧、透、露等；男士大礼服与小礼服所戴领结的颜色弄错等，这些都需要通过学习着装规范，才能避免出现问题。

二、搭配不协调

在生活中，我们常见到有人在正装里面配T恤或正装上衣搭配牛仔裤，甚至出现穿正装配运动鞋的情况。在社交场合出现上述问题，是因为没有掌握服饰搭配的规范。比如：上下身衣服的搭配需考虑质地、色彩、比例问题。比如：真丝上衣配真丝短裙，毛料上衣配毛料长裤，是比较和谐的搭配，要尽量做到服装质地的统一。当然，有时也可以尝试上下身服装质地的变化，如真丝与棉质面料的结合，条绒与皮衣的结合等，但不能有违和感。在色彩搭配时既要考虑色相，还要考虑色彩的明暗度、色彩的饱和度等，我们可采用呼应法，如衣服、帽子、围巾、鞋子等颜色相呼应；或是采用对比法，上衣的某一部分与上衣整体、裙子与上衣之间用不同的色彩搭配，形成较大的反差，如白上衣配黑裙，橙色上衣配蓝色裤子等，给人明快的感觉；或是采用统一法，衣服与饰品选择相同的色彩，比如：白色套裙配白色肩包，配白色鞋子，产生和谐的美感。

三、选择依据单一

在服装穿着过程中，TPOR原则是我们的依据。若选择依据单一或不够全面也会使着装看起来不很和谐。比如：仅仅考虑TPO原则，知道什么场合应当穿什么款式的衣服，却忽略了服装款式还应当适合自己身材。比如：一位身材娇小的女明星出席某项年度盛典活动，她选择了西式拖地长裙，这样的款式虽然符合场合着装的要求，但由于没有照顾到自己的身高，结果便是让娇小的她"消失"在了人海中。

考虑款式搭配却忽略了色彩搭配，懂得了色彩搭配却忽略了与体形适宜，这种选择依据的单一影响了着装整体效果。配饰的选择同样也不能依据单一，也要注意到饰品的质地、颜色、造型等与衣服风格，与自己的脸型、肤色等相协调。将各种因素综合考虑，才能起到画龙点睛的作用，取得饰品应有的点缀效果。

四、风格特点不突出

每年都有服装的流行趋势，我们在关注服装流行色及款式的同时，也要考虑到自身的诸多因素。流行的不一定适合自己，不能人云亦云，流行什么就穿什么。比如：今年流行古风元素的衣服，如果我们不管三七二十一，也买一件古风元素的衣服穿在身上，那么，走在大街上满眼都是清一色古风，也就"泯然众人矣"。我们需要不受时尚所左右，找到适合自己的风格并坚持下去。这样做才会不管时尚风格如何变换，我们都会因自己一贯的风格而被认可。

第二章　适宜的仪容

第一节　仪容修饰与南开中学的座右铭

中国人自古都对仪容礼仪非常重视，对仪容的修饰也有很多美好的词语。《诗经·卫风·硕人》里有这样一段描写："手如柔荑，肤如凝脂，领如蝤蛴，齿如瓠犀。螓首蛾眉，巧笑倩兮，美目盼兮。"《论语·八佾篇》中子夏也用以下的话与孔子讨论"礼"："巧笑倩兮，美目盼兮，素以为绚兮。"在现代礼仪中，仪容修饰依然非常重要，并应根据自己的职业、年龄、性别、环境以及社交对象进行得体的修饰。

一、南开镜铭与东方审美

"面必净、发必理、衣必整、纽必结；头容正、肩容平、胸容宽、背容直；气象：勿傲、勿暴、勿怠；颜色：宜和、宜静、宜庄。"这是一代伟人周恩来青年时代就读南开中学时，教学楼镜子上的"镜铭"。

短短四十个字，不仅突出了东方审美中的"外在美"——仪容、服饰、仪态的要求；还涵盖了"内在美"——良好的修养、健康心理的塑造以及"内外兼修"中面部神态呈现出来的美好状态。这种讲究含蓄、典雅、端庄、大气的表达是符合东方审美的要求的。

在《礼记》《诗经》《论语》等中国古代经典文献中，对于东方审美都有着与南开中学"镜铭"一样的生动记述。孔子曰："质胜文则野，文胜质则史，文质彬彬，然后君子。"曾子也曾经说过："君子所贵乎道者三：动容貌，斯远暴慢矣；正颜色，斯近信矣；出辞气，斯远鄙倍矣。"在社交场合，我们要以此为座右铭。

二、仪容修饰如同自荐书

通过适度的修饰，可以调整面部皮肤的色泽、改善皮肤的质感，如面色苍白的人通过修饰可显得红润健康，皮肤粗糙的人通过修饰可使皮肤细腻光滑，通过化妆可以使面部五官更加生动传神，双眼通过眼线、眼影、睫毛膏等的修饰可显得更加有神，嘴唇通过涂口红会显得红润而饱满，眉毛通过修饰会显得生动和整齐。我们所描述的状态是社交场合应有的形象。

我的一名学生，在校期间是优秀学生干部，组织能力非常强，毕业时去国内若干个演艺机构面试，屡屡碰壁。他来找我"面授机宜"，经过一番打量之后，我发现他不太注意面部修饰，于是帮他"改头换面"至"面目一新"，终于获得面试成功。是的，我在这里多次强调"面"字，是因为在初次见面时，别人往往会通过我们的面部来判断我们的修养和精神面貌，继而对我们有了不同的判断。良好的仪容修饰如同一封写在脸上的自荐书，会用无声的语言"告诉"面试官：我是一个认真生活、努力工作、尊重他人的自信的人。

2019年国庆节，我去北京参加我非常崇敬的一位老师的课程。老师六十几岁的年纪站在讲台上整整讲了三天，完全不见疲态。事后我得知当时她的脚水肿得厉害，讲最后一天课程时已经肿到完全塞不进皮鞋里了，然而所有人都没有看出她的身体不适，只看到她精致的妆容，得体的微笑，使得无数人被她在课堂上的风采所征服。

在这个案例中，老师恰当的仪容修饰是一封精致的"自荐书"，让学生们感受到了她积极向上、不畏困难、阳光乐观、爱岗敬业的优秀品质，让人情不自禁地就想像她一样为理想而努力学习。

三、仪容修饰小知识

（一）皮肤的知识

皮肤分为三层。分别是：表皮层、真皮层、皮下组织。而表皮又分为五层，依次是：角质层、透明层、颗粒层、有棘层和基底层（图2-1）。

基底层的细胞会分裂出新生细胞，从基底层开始逐渐向上推移，在上移的过程中不断流失营养和水分，慢慢地变成老死细胞推移到角质层，我们又叫它老死角质。老死角质也会逐渐脱落,这个不断新生、上移脱落的过程,被称作表皮的新旧更替。

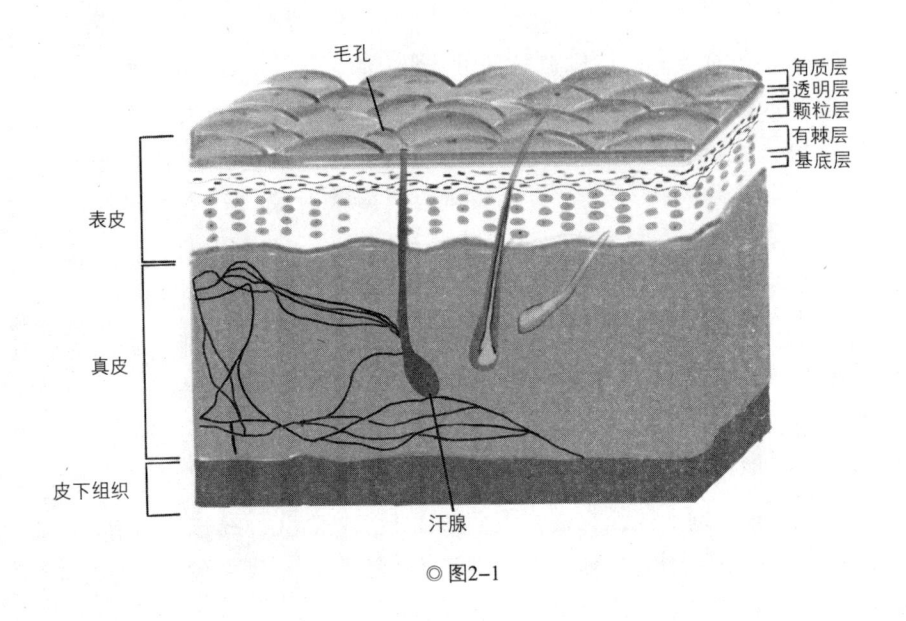

◎ 图2-1

随着年龄的增长,新旧更替会变缓,所以我们在日常护理的过程中除了要给皮肤补充营养和水分,也要做一些促进新旧更替的护肤操作,让皮肤延缓衰老。

(二)皮肤的护理

1. 清洁

我们每天晚上要卸妆,每天早晚要洁面,以保持皮肤清洁。除此以外,还要定期做深度清洁。市面上有各种各样的面膜,其效果分为:补水、清洁、营养、美白等等,我们把这类补水、美白、营养等给皮肤补充"能量"的面膜叫作"加法"面膜,而深度清洁、温和去角质的这类我们叫作"减法"面膜。每周,我们要交叉做两次减法面膜、两次加法面膜,并让皮肤有两次休息时间,按照"减加休、减加休"的护肤顺序进行皮肤护理,可以帮助皮肤在补充营养的同时,能更好地促进新陈代谢,还能让皮肤获得充分的休息。

以上方法适用于健康的皮肤,敏感肌肤和问题肌肤需要先从修复皮肤的皮脂膜开始。

需要注意的是,因为我们皮肤表面的皮脂膜是弱酸性的,pH值为5—7,

所以在洁面时，一定要选择弱酸性的洗面奶。碱性的皂类会破坏我们的皮肤屏障——皮脂膜。

2. 护肤

在做完清洁之后我们需要按照水、素、露、乳、霜这样由稀到干的顺序涂抹护肤品。干性皮肤除了补充水分之外还要补充油脂锁住水分，油性皮肤大多都是缺水的，所以要大量地补充水分。

◎ 视频2-1

3. 手法

我们的毛孔在白天时是鱼鳞状半打开的状态，清洁和护肤时正确的手法是：由下向上、由外向内，逆着毛孔的生长方向，要两颊打大圈、额头打小圈，嘴巴的肌肉因为是呈环形生长的，所以嘴巴以打括号的方式涂抹（视频2-1）。

（三）妆容的修饰

1. 粉底

底妆的主要目的是调整皮肤肤色、遮盖毛孔和瑕疵，从而达到使皮肤细腻、靓丽、颜色均匀的作用。尽管我们有"一白遮百丑"的说法，但是还是建议大家尽量选择与自己肤色接近的粉底，避免造成"面具脸"或者"挂霜脸"的感觉。

粉底分为粉底膏、粉底霜、粉底液。粉底膏粉质厚，遮瑕力强，含的水分少；粉底霜介于粉底液和粉底膏之间，有一定的水分，也有一定的遮瑕力；粉底液自然清透，因为遮瑕力弱，所以适合皮肤好的人，一般在生活妆时使用。

在购买粉底的时候大家可以选择接近于肤色的两到三款颜色，再选择深一号和浅一号的颜色，像图片上（图2-2）这样涂抹于脸部和颈部交接的位置，然后到日光底下（如果商场的灯光使用白炽灯，灯光的颜色会使粉底看上去的颜色和实际的颜色产生色差），看到近似于消失的颜色就是最适合自己的颜色，同时，可以选择深一号的粉底作阴影打底，浅一号的粉底作高光打底，这样既可以矫正脸型、打造立体脸又避免妆感浓厚。涂抹时也是采用少量多次的原则，用点

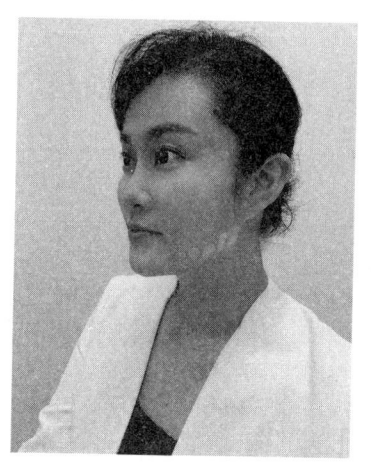

◎ 图2-2

按压的手法进行涂抹,要注意深浅颜色之间的均匀过渡。

2. 定妆

在打完粉底之后使用干粉定妆,哑光的干粉自然清爽,适合所有人;珠光的干粉光泽度好,适用于皮肤好的人群。

定妆时,用粉扑或刷子蘸取少量干粉,由上到下,由内到外轻扫,然后用刷子将浮粉刷掉。

3. 眼妆

眼影的颜色可以确定妆容的风格,也可以修饰眼型,强调眼部立体感。

生活妆和通勤妆的眼影可以选择大地色系打底,眼影面积不宜过大,控制在眼窝以内。

选择与当天穿的衣服同色系的颜色为强调色涂抹于双眼皮褶皱线以内,会使眼睛显得立体而明亮,而且整体色彩搭配统一和谐。

眼线可以增加眼神的力度,修饰眼型的弧度。眼线的画法是:涂黑整个睫毛根部,不要露白,要注意的是:睫毛最后的两三根一定要涂黑。上眼线前宽后窄,在睫毛最后两三根处开始提拉,下眼线只画在眼尾三分之一处,并且一定要晕染开。

生活妆的眼线要做到闭眼无痕,睁眼有神;约会妆的眼线可以微微上挑,会显得娇而柔美。

著名化妆师李东田曾经说过,夹睫毛的时候,宁愿轻轻地夹十下,也不要使劲地夹一下。夹睫毛时,眼睛顺着鼻尖方向往下看,尽量让睫毛根部完全裸露在外。从根部开始夹起,然后依次是睫毛中部,尾部三分之一,三段式夹法可以让睫毛卷曲,弧度自然。

涂睫毛膏的时候,从睫毛根部使用Z字型往上拉的手法往外涂,下睫毛往下刷。睫毛膏在使用时,慢慢旋转出来,避免过多的空气进入,缩短睫毛膏的使用寿命。

眉毛分为眉头、眉峰和眉尾。眉头和眉尾要在同一水平线上,眉峰在眉头至眉尾的三分之二处。确定了位置之后再开始用眉笔或者眉粉顺着眉毛的生长方向一根一根地描画,精致的眉毛就画出来了,要注意的是,眉毛的自然形态:眉头浅、眉腰深、眉尾浅,上虚下实。

4. 涂腮红

涂腮红的目的是修饰脸型和增加面部红润,建议选择与肤色接近的肉粉色、浅棕色、浅粉色等等。从鬓角处沿着颧骨往内拉,重点在外眼角到颧骨最高处,宽度为1厘米左右。

5. 唇妆

口红的作用是修饰唇形、增加气色。唇色要与妆容整体颜色协调。画唇时，如果嘴唇较厚，可以用粉底盖住原来的唇，用唇线笔将唇线往里收，在嘴角的地方稍作提亮；如果嘴唇较薄，也可以用粉底遮盖住原来的唇线，用唇线笔将唇峰往外扩。外翻的唇形，尽量选择亚光口红，避免使用唇釉。

◎ 视频2-2

颜色的选择上，唇色和腮红、眼影的颜色要统一才会显得和谐。

无论是中华传统文化还是南开中学的"镜铭"，都告诉我们仪容修饰对自己、对他人都很重要。了解仪容修饰的基本常识，掌握仪容修饰的技巧，是我们在现代社交生活中需要具备的基本礼仪素养。写好仪容修饰这封"自荐信"，让它在社会交往活动中发挥应有的积极作用，我们就会因此而变得更加自信（视频2-2）。

第二节　女士妆容修饰的原则

完全没有修饰的面容会给人没有精神甚至是邋遢的感觉。俗话说"女为悦己者容"，恰当的仪容修饰不仅仅是对他人的尊重，更是愉悦自己的内心、滋养自己的心灵、增加自信心的手段。

在不同的社交场合，女士妆容要相应地有所区别。但是，无论哪种场合，都要遵循以下原则：

1. 场合原则

服装要根据场合来选择，妆容也要根据场合来修饰。宴会场合因为隆重程度相对偏高，所以妆容也要稍微浓重一些，色彩要突出，重点在唇妆。

白天的社交场合，妆容要相对精致，可以重点刻画眉、眼处的妆容。

与异性约会时，妆容要突出婉约、淡雅、柔美的女性特质，妆容重点可放在腮红处。

2. 适度的原则

相对于普通妆面来说，社交场合的妆面相对浓些，但是也要讲究适度。太浓的妆面会使人产生距离感。

3. 得体的原则

无论是哪种场合，妆面的修饰都要符合自己的身份、地位和社会角色。不能一味追求时尚和年轻而标新立异。

4. 避短的原则

化妆有美化容貌的作用，通过妆容的修饰可以达到扬长避短的效果。

比如：长脸型的人可以通过腮红的横向打法起到缩短视觉效果的作用。方脸型的人可以通过在下颌骨处的阴影处理，使视觉上看起来没有那么宽。太阳穴凹陷的人也可以通过在太阳穴的位置打高光，视觉上起到膨胀的作用。鼻梁T区打高光，侧面打阴影会增加面部立体感。下巴短的人也可以通过在下巴上打高光提亮的方式来在视觉上拉长脸部长度等等。

5. 简洁的原则

简洁的意思是化繁就简，在一般社交场合中，适宜选择淡妆，以体现自身的健康美。我们可以通过以下三个步骤来实现简洁的原则：

（1）简单用粉底遮盖一下瑕疵或是调整一下肤色，使皮肤看起来细腻有光泽。

（2）简单修饰眉毛，用镊子或修眉刀去除多余杂乱的眉毛，使眉型简单清爽，如果自身眉毛稀疏或是有残缺，可用眉笔或眉粉填充缺失，并简单描画。

（3）腮红能够增加气色，使面部红润，有健康向上的朝气。唇膏和口红能够滋润嘴唇同时提升气色。

把握化妆的原则，其目的是让化妆为自己的形象服务而不是相反。

第三节　补妆是隐私

没有一种产品或者技术，能让我们24小时都如同刚刚化好妆，始终保持精致无瑕。在日常生活中由于皮肤会出汗、出油，又由于我们需要吃饭、喝水，这些都会造成脱妆现象。也许今天恰好是你和心爱的人第一次正式约会，却不小心让他看到你已经斑驳了的唇部，像熊猫一般晕开的眼线，原本淡雅的腮红色彩也渐渐褪去。这些都会让我们感到十分遗憾。

所以，对于化妆来说，一个妆面的完成并非就是全部，适时的补妆也应该是化妆的一部分。和化妆一样，补妆也是隐私，一是要掌握技巧，二是要操作避人，这样才能符合礼仪规范，成为一位优雅的女士。

一、补妆随身用品

补妆是对已脱妆的部位进行修补，以让妆面重新变得完美。因面部的妆容一般只能保持一定的时间，时间长了就可能产生局部粉底脱落、彩妆掉色等问题。所以，补妆成了我们的必须，补妆也是一门必修课。

让我们先来看看补妆必备的工具：小镜子、眼线笔、睫毛夹、睫毛膏、眼影、腮红、亮粉、口红、卸妆油（卸妆液）、棉签、补妆用吸油纸、面巾纸、海绵粉扑、化妆水、定妆喷雾、遮瑕膏、粉饼（蜜粉）等。这些工具应随身携带。

我们可以准备一个能放进手提包里的透明补妆包，把以上用品放进透明补妆包中，这样就可以一目了然地找到补妆用品，不至于补妆时要把整个补妆包里的用品都倒出来翻找。

二、补妆的方法

在需要补妆时，可以参考以下的方法，到洗手间或其他避人的地方完成补妆操作。

1. 吸取油分

皮肤爱出油的女士，可以用随身携带的补妆吸油纸及时吸取面部分泌出的油分。操作时只需在额头、鼻翼等出油处轻轻按压，即可将脸上分泌的油脂吸干净。我们也可以用纸巾将海绵包住，轻轻按压面部，来吸取多余的油分。肌肤分泌的油脂及汗水很容易使底妆脱落，我们需要将脱妆的部位，首先用吸油面纸吸一下，去除多余油脂，然后进行下一步操作。

2. 补底妆

如果只扑上蜜粉作补妆，会使干粉浮在脸上，容易在皮肤表面形成明显的粉粒或干纹。我们可以选择下列操作避免这一问题。首先用吸油纸吸取多余的油脂，之后，可以先在面部喷上定妆喷雾，再补上蜜粉，妆容就能贴服自然，而且效果更持久。上完蜜粉之后如果还有浮粉，可以再喷一次定妆喷雾，然后用面巾纸包上海绵粉扑，吸干喷雾残留的同时带走浮粉，此时我们发现妆容是十分通透的。要注意喷雾时距离不可太近，否则会弄花妆容。

3. 补眼妆

融化的睫毛膏、眼影和眼线，对妆面的影响会非常大。此时，卸妆油和棉签就能立刻派上用场。首先用棉签蘸取少量卸妆油，涂抹在需要的部位，就能轻松卸除化开的睫毛膏、眼线和眼影。然后，再薄薄地涂上遮瑕产品，最后重新补画眼妆。

如果因睫毛膏结块致使睫毛粘在一起了，可用棉签蘸取卸妆油，一根根地把结块的睫毛膏擦拭掉。如果直接在结块的睫毛上再重新刷涂睫毛膏，睫毛的粘结只会更加严重，而且很容易令睫毛受损折断。如果是睫毛膏晕染到皮肤上，用棉签棒蘸取卸妆油擦拭去除即可。清理完毕后，应先补底妆再补眼影，然后再重新刷上睫毛膏。

在补眼影前，一定要用棉签蘸取卸妆油将斑驳的眼影清除干净，才能将眼妆修复得清爽自然。如果眼妆被破坏得很严重，应先完成局部眼妆卸妆，补好底妆后再补上新的眼影。下眼线的眼影可以用棉棒蘸取少量眼部卸妆油轻轻擦拭，然后用遮瑕膏遮盖后重新涂上色彩。

4. 补腮红

在补腮红时，如果直接用刷子蘸取腮红匆匆扫上，会因之前的腮红和油脂没有去除干净，而造成肌肤颜色不均。在腮红的补妆环节，如果忽视了补水去油，补妆就会失败。因此，应当先用吸油纸吸去油分，再用化妆棉蘸取化妆水轻轻擦拭双颊卸去原来的腮红，之后用定妆水和蜜粉修复底妆，最后补上腮红即可。

5. 补亮粉

在补亮粉之前，也先要完成补底妆的步骤，然后在眼睛下方以及T字区，涂上具有提亮效果的亮粉，这样做能使脸型看起来更有立体感。

6. 补唇妆

说话、进食都很容易使唇妆脱落。在补唇妆时，可用纸巾将残留的唇妆擦干净，然后为唇部周围补上底妆，最后补上口红和唇彩。如果需要快速加深口红的颜色，可以使用比之前的颜色再深一些的口红进行覆盖和弥补。如果要补色调较浅的口红，可以多携带一支与原来的口红同色系，但颜色稍微深一些的口红，将两支口红调色后使用。其实，没有完全卸妆的唇部，在补妆前，我们的唇部多多少少还有残留的口红色素，此时若使用原来的浅色，容易产生不均匀的色块。但如果用棉签蘸取卸妆油进行了唇部的充分卸妆，继而完成了唇部周围的底妆补妆步骤，则可使用原色口红来补妆。

当众补妆是没有修养的表现。补妆要到专门的化妆间或者洗手间完成，若实在没有条件，也应尽量避人。掌握补妆技巧，用随身携带的必备化妆工具快速补妆后，能够让我们精神焕发，自始至终神采奕奕、光彩照人。

第四节　男士也需要适当修饰

近年来，男士对于自己的形象越来越重视了。每位男士都有着不同于别人的独特个性与外表，要在生活中塑造一个理想的形象，就要掌握下列适当修饰的方法。

一、清洁与基础护理

男士脸部皮肤的特点就是角质层较厚，毛孔粗大，油脂分泌旺盛，加之有些男士对自己的皮肤不太在意，所以，大部分男士的皮肤都是油性肤质。过度油腻的肌肤常常会在鼻头、额头长出粉刺、青春痘。长期累积在毛孔内的油垢，会使脸色看起来暗沉、污浊。因此，男士要特别注重面部的清洁。

男士皮肤的弹性要比女士皮肤的弹性好，因此不易产生细纹，可是一旦产生皱纹及深纹，往往比女性更宽更深，会显得比较苍老，所以，男士的皮肤保养同女士一样不容忽视。

男士皮肤分为以下几类：

1. 干性皮肤

皮肤看上去显得比较细腻，毛孔不明显，无油腻感，但皮脂分泌少，缺少光泽。干性皮肤比较容易受到外界物理因素、化学因素、紫外线与粉尘等影响，发生过敏反应。年龄较大的男士，干性皮肤的比例会比年轻男士多。干性皮肤的保养，最重要的是补水，还可以使用干性皮肤专用的男士护肤品。

2. 中性皮肤

中性皮肤是所有皮肤里最完美的肤质，男士中有这种肤质的人相对比较少。中性皮肤在挑选护肤品时，应根据季节和自己所处的环境，在北方气候干燥地区的男士，可选择适当补水的护肤品。气候干燥地区风沙也较大，皮肤容易粘上灰尘，所以应当注意经常清洁皮肤。居住在气候湿润地区的男士可以减少使用护肤品。这些地方的天气总是湿漉漉的，皮肤不容易透气，灰尘会混合汗液附着在脸上，所以清爽的护肤品必不可少。

3. 油性与混合性皮肤

油性皮肤的男士，面部经常油亮亮的，还会毛孔粗大，肤质粗糙且易生暗疮粉刺。混合性（额头、鼻子、下巴皮肤偏油，两颊偏干）皮肤的男士，额头、鼻梁、下巴易长粉刺，其余部分则比较干燥。油性和混合性皮肤的男士，护肤的关键在于均衡油脂分泌，清洁及收紧毛孔。

男士应该与女士一样爱护自己的皮肤。总体来讲，皮肤偏油的男士可以选用控油补水的护肤品，皮肤偏干的男士可选用保湿类的护肤品。中性皮肤的男士，夏天可选择较为清爽的护肤品，冬天则要选择适当补水的护肤品。

二、修面

仪容干净整洁的男士，更容易获得他人的好感。男士要保持脸部干净、清爽、利落，就要每天认真修面。电动剃刀和刀片剃刀，是男士常用的两种修面工具。

（1）电动剃须刀的使用。敏感皮肤或者是脸上爱起粉刺的男士，一般不喜欢使用刀片剃刀，可以选择电动剃须刀。电动剃须刀对皮肤的刺激性比较小，一般不会刮破皮肤。电动剃须刀也比较方便携带和使用，尤其在脸部比较干燥、皮肤紧绷时，使用电动剃须刀效果会比较好。脸上有水或者有汗的时候，最好不要使用电动剃须刀，否则很难达到需要的效果，还会刺激皮肤产生不适之感。

（2）刀片剃刀的使用。双层刀片的剃刀可以干净彻底地刮除所有胡须。使用这种剃刀剃须前应先把脸洗干净，再将热毛巾敷在胡须上，或者涂抹剃须膏，待胡须软化之后再剃须，这样做能够减轻对皮肤的摩擦，也更有利于剔除胡须。剃须时应当绷紧皮肤，防止刮破皮肤。

无论是使用电动剃须刀还是刀片剃须刀，剃须的过程都可能对皮肤产生或多或少的刺激。剃须后皮肤上可能会有小伤口。此时，可以使用须后水，以起到舒缓皮肤、收敛毛孔、杀菌消炎和防止感染及保湿的作用。干性皮肤和中性皮肤的男士，还可以选用含有修复成分的润肤品，油性皮肤的男士，则可以选用清爽保湿不油腻的润肤品。

三、需要修饰的其他部位

保持整洁是男士仪容修饰的基本要求。男士应该每天早晚各洗脸一次，之后完成润肤步骤即可。如果要去赴宴或者参加舞会等社交活动，可以在临行前再次修面。男士平时还应注意鼻部、耳部、口腔等方面的细节修饰。

1. 鼻部的修饰

很多男士经常在外奔波，无论是从美观角度还是健康角度，都要注意鼻部卫生。有鼻涕时要及时用手帕或纸巾清理干净，清理的时候要注意避人，还应避免发出太大的响声。用完的纸巾要自觉地放到垃圾箱里。平时还要注意经常修剪鼻毛，不要让它显露在外。

2. 耳部的修饰

我们的耳孔里不仅有分泌物，还会有灰尘。要经常进行耳部的清洁，但要注意不要在公众场合进行。如果有耳毛的话，要及时进行修剪。

3. 牙齿的修饰

首先，要保持牙齿清洁，坚持每天早晚及饭后刷牙。应该顺着牙缝的方向上下刷，牙齿的各部位都应刷到。其次，如果牙齿上有不易去除的牙垢或是牙齿发黄，可以去医院或专业洗牙机构洗牙，以使牙齿看起来更加洁白、健康。

现代社会，男士活跃在社会的各个领域，男士的形象日渐被人们关注。所以，男士的适度修饰是塑造良好个人形象的需要，也是社会交往中尊重他人的表现。

第五节 社交场合的常见发型

在社交场合中，发型也是仪容礼仪的重要组成部分。发型具有体现身份和个人修养的辅助作用。

在社交场合，选择发型应遵循的原则是：身份第一，美观第二。我们首先应根据自己的身份以及形象风格来选择发型，其次是选择让自己看上去精神焕发的、美观的发型。下面我们分享几款可以在社交场合选择的发型。

一、男士发型

（一）适宜正装的发型

着正装时选择较为正式规范的发型，会给人比较成熟的好印象。这种发型是相对百搭的造型，也是年轻人在较为隆重正式的场合适宜选择的发型。这种发型具有立体感，还可以随手修改成自然凌乱的效果，所以容易被各种年龄段的男士接受。

适宜正装的发型其造型一般为偏分，前额部分的头发呈自然蓬松状态，不过分地压紧。这种发型非常适合较为正式的社交场合，休闲场合也适宜，是一款百搭发型。

（二）适宜礼服的发型

这种发型是：将头发压得很服帖并油光，一般会三七分，发际分线要干净利落。发型需要借助发蜡等美发用品将头发梳得整齐，很适于穿着礼服的场合。

（三）适宜时尚休闲类服装的发型

这种发型适合大多数年轻人选择。当然，因其给人朝气感，中年人也会尝试这种发型。

这种发型是将头发梳高以露出额头，显得干练清爽，如果梳成偏分，便是适宜正装的发型。它不仅适合所有人，而且根据所到场合、个人喜好，可以梳成不一样的发型。此类发型适用于非正式社交场合。

男士适宜时尚休闲类服装的发型中，还有超短发型，例如：寸头就很短，给人清爽干练感，只是需要注意的是，年纪轻的男士可以选择短一些的，年纪稍长的男士若留短发的话，要稍稍长一些会比较适宜。

二、女士发型

（一）适宜正装的发型

在较为正式的社交场合，女士的发型与男士一样，要求前不遮眉、侧不盖耳、后不及领，可选择短发或盘发。短发不宜漂染，干净利落即可。如果是长发，可以梳成盘发，方法是：先将头发向后梳理通顺，可以适当地打湿头发，把碎发藏起来，然后将头发束在脑后，之后再次整理头发。额头较短的女士可使头顶的头发适当隆起，再用发胶等物品进行固定。用隐形发网将脑后束起的头发盘成圆形发髻，之后用U型夹固定盘发。

（二）适合礼服的发型

女士在穿礼服时，发型应和礼服的风格相协调。经典的西式礼服适合女性化的优雅发型。传统的中式礼服适合中式古典盘发类发型。时尚款式的礼服则适合摩登感强的发型。以下两种适合礼服的发型，大家可以参考：

1. 华丽盘发

先将中长发披散下来，并用梳子梳理顺直。然后把头发全部在脑后扎成一个简单的马尾，不需要很高，平齐耳朵即可。在刚刚扎好的马尾上方，用手向两侧拨开，并用手拨开头发使之形成空洞。将马尾辫翻转并穿过空洞，将发尾全部掏出来。之后把发尾编成简单的麻花辫，用皮筋固定好发尾，再全部向上盘起，之后将发尾藏进发髻，并用摩丝发胶整理好碎发，需要时可用闪亮的发夹点缀，华丽的盘发就完成了（视频2-3）。

2. 造型典雅的包发

包发是适宜不同场合、人群及服饰的发型，梳理的方法是：

（1）将头发梳理顺畅。
（2）在脑后将所有头发抓在手中（用右手或左手均可）。
（3）以180度翻转手中的头发并固定在后枕区。
（4）用发卡将头发固定。
（5）整理碎发并使其服帖（视频2-4）。

在全国三阶成师的礼仪师资培训中，吕艳芝老师不论是在课堂上讲课，还是在每期一次的嘉年华活动中，都会以包发出现。所不同的只是课堂上她会穿正装，在嘉年华活动中则会穿礼服。所以，包发既适宜于正式场合，也适宜于嘉年华等社交场合。包发给人知性、优雅、大方感，对于个子比较纤巧的女士，还能起到挺拔身姿的作用。

（三）适宜时尚休闲类服装的发型

女士在外出旅游、上街购物、访亲问友等场合，比较适宜选择时尚休闲类发型。

◎ 视频2-3　　◎ 视频2-4

（1）中长发半丸子发型。将头顶上面的头发束成一个马尾辫，此时，后发就是披肩发型，这便是简单的公主头的发型。之后我们可以把这个小马尾的头发抓在手中，绕着小马尾转圈盘发，中长发半丸子发型就成形了。

◎视频2-5

（2）中长发的扭转编发。把头发分成两边，从刘海处开始抓取其中一侧的头发开始扭转，边加进其余的头发边进行扭转，重复以上步骤，最后在后脑处束起来。另一侧的头发也用同样的方法，最后再将全部的发束束在一起，并把整体的发丝整理拉松，营造出蓬松有分量感。因为是一边加进头发一边扭转，所以会有发丝交叉编织的感觉，看上去精致典雅（视频2-5）。

（3）大波浪长发。在洗发后，从最里层将头发吹干，风筒不宜正对头发。发根处也用风筒吹干，要一边翻卷头发一边吹干，并将内层头发向外卷翘。头顶的发根处要向上拉直吹干。之后在头顶处使用两个发卷，卷发时要将发梢全部卷起。用大号发卷从后向前卷起头发，其整体形状会更为丰盈。将从头顶到脑后的头发全部卷好之后，轻轻揉开头顶的发卷，涂上护发定型剂之后，再揉散所有发卷，用手抓出自然凌乱的效果。这样就能做出具有立体感的大波浪长发。

在社交场合，你会选择哪种发型呢？让我们进入下一节内容的分享。

第六节　选择发型的两个方法

发型不同带给人的感觉也不同。例如：柔顺的长直发会给人素雅、娴静的感觉，长长的大波浪卷发会给人温柔、浪漫的感觉，短发会给人干练的印象，高高的马尾则是青春活力的代言。那么，哪一款是适合自己的呢？

一、根据脸型选择发型

1. 脸型的分类

我们首先来了解一下脸型，脸型从纵向来讲分为长脸型和短脸型，从轮廓来讲分为圆脸型和方脸型，从命名来讲分为圆脸、瓜子脸、长脸、梨形脸、国字脸、钻石脸、鹅蛋脸等等，我们要根据不同的脸型选择适宜的发型。

（1）圆脸。圆脸的人给人以可爱、减龄的印象。整个面庞圆润、少棱角，缺少成熟稳重的气质。多数发型都可以驾驭，只是头发长度要么做短发造型，要么一定要超过肩膀，不宜的长度是在下颌骨边缘，这样更容易模糊脸部轮廓。

（2）瓜子脸、锥子脸。这两种脸型都属于倒三角脸，给人以十分女性化、秀气的印象，但是又显得单薄和柔弱。因为下巴比较尖，两颊消瘦，所以比较适合学生发型等齐肩发，不适宜长直发。因为下巴窄而尖所以显得额头宽，可以用刘海修饰额头，让有透气感的空气刘海若隐若现，较多的头发修饰颧骨和两颊。

（3）长脸。又称为目字脸，容易给人以老成、刻板的印象，整个面部缺乏柔和生动的感觉。要用优雅可爱的发式来缓解由于脸长而形成的严肃感。在发型的轮廓上，顶部不要隆起，因为会突出纵向线条，也不适宜把脸全部露出来，而齐刘海会在视觉上缩短脸的长度。适合的发型有：蘑菇头、学生头、娃娃头等，要注意不适宜留长直发。

（4）梨形脸。梨形脸又叫由字脸或者正三角脸。其特点是下颌骨较宽、额头偏窄。这种脸型的人显得憨厚可爱、富态、安定有威严。可以用刘海修饰额头，两侧头发修饰下颌骨，比较适合学生发型、齐肩发，不适合留长直发。

（5）国字脸。这是典型的方脸型。面部棱角分明，一般有宽阔的前额和方形的下颌骨，整体感觉刚硬有余柔美不足。选择发型时要注意选择柔和的发型，不适宜短发。长碎发或长长的微卷发、毛边发、直披发都可以起到柔和面部轮廓的效果。

（6）钻石脸。上额宽、下颌窄、颧骨突出，这种脸型给人以冷淡、机敏、清高、缺乏亲和力的感觉。在选择发型时，要重点考虑颧骨突出的地方，把额头头发做蓬松，拉宽额头发量。如毛边发型、短碎发等。

（7）鹅蛋脸。又叫椭圆形脸，是一种比较标准的脸型，大多发型均适宜，并能达到很和谐的效果。

2. 反式弥补法则

了解了脸型和适宜的发型后，我们发现了下列规律：如果是长脸型的人，选择了长长的直发，衬托之下会显得脸更长，所以应该选择略带卷曲感的发型，这样做可以中和脸部的直线条；圆脸型的人如果选择内扣的娃娃头，会加深脸部圆的印象，所以应该选择拉伸脸部线条的略带纹理感的比较直的发型。这就是发型选择中的反式弥补法则。

3. 几种解决问题的建议

（1）上庭过长。额头较长，可以适当运用刘海进行遮挡，如果没有刘海，可以选择在额头相对较低的地方侧分。

（2）上庭过短。如果上庭过短的话，可以挑高头顶头发，或者扎个高马尾，这样会在视觉上起到拉伸作用，更好地修饰脸型。

（3）额头过宽。没有刘海的可以选择披发，用侧分或中分来遮挡。

（4）下庭过长。下庭长的人最好不要有刘海，这样反而会把注意力吸引到下半张脸来。同时最好不要留直发，直发会完全遮住面部两侧，要尽量露出脸部线条，分散对下巴的注意力，并且用卷发和短发增加横向线条。

（5）下庭过短。可以通过增加纵向线条，让下巴的横向面积变小，也就是用头发遮挡。长发效果会更好，再搭配弧度自然的空气刘海，能够让下庭的比例看上去更好。

二、根据场合氛围选择发型

我们知道，根据场合不同、身份不同，着装会有不同，那么同样的道理，场合不同、身份不同，头发的造型也要有所区别。

1. 场合与女士发型

（1）直发飘逸、顺滑，显得清爽、干练，长直发披散在脑后适合休闲场合，短直发显得精神干练，适合职业场合。

（2）卷发的造型可以让绵软的头发蓬松，增加体积，方便造型，显得有女人味，是社交场合常用的造型。

（3）马尾的造型显得文静、甜美，配上细碎的刘海有青春感的效果。不同的马尾扎法，塑造的形象也是不同的。例如，高扎马尾造型洋溢着青春气息，极好地诠释着"朝气"和"活力"这些形容词，适合小女生、学生等或是在运动场合使用；而低扎马尾相对高扎来说显得更为娴静，有一种独特的女人味，更加适合时尚女性、都市白领。

（4）盘发的造型显得华贵而高雅，适合特别隆重的时间和场合。

2. 场合与男士发型

（1）表达时尚、个性、文艺范的发型要么是比较长，可以扎起来，通常摄影师、画家、文艺青年、音乐家比较偏好这种款式的发型；要么是会在修剪时做特殊造型。偏时尚风和追求个性的男青年喜欢做这些造型，适用于时尚场合以很好地展示个性。

（2）寸头。看上去清爽、干练，易于打理，适用于操作类工作场合。

（3）适宜正装的发型。长度适中，造型简单、干练，适合成熟男士，是男士在正式社交场合中的百搭造型，非常容易让人产生信赖感。

第七节　仪容修饰的三大误区

良好的社交形象离不开仪容的适宜修饰。对仪容施以必要的修饰，能够增加自己在人际交往中的自信，同时给他人以美的享受。在人际交往的过程中，对自己做必要的修饰，更是一项基本的礼仪。

仪容修饰，能够在视觉上把自身较美的方面展露、衬托和强调出来。但是，在修饰的过程中应避免走进以下误区：以贵为美，以流行为美，以个性为美。

一、以贵为美

护肤品，化妆品，真的是越贵越好吗？一套动辄几千，甚至上万的化妆品，也会有人为了达到"美丽"和"高贵"的效果，不惜花重金购买。可现实是，即使很多天价的化妆品用在模特脸上非常的美，但是，对于我们来讲却不一定合适。高价购买的化妆品不一定能获得高贵的效果。我们要根据自己的肤质和肤色，选择适合自己的护肤品和化妆品。

护肤品要适合自己的肤质。我们知道，皮肤常见的有干性肤质、中性肤质、油性肤质、混合型肤质、敏感型肤质等不同类型。每一种皮肤类型都有其自身的特点，选择适合其肤质的护肤品，能够扬长避短，达到良好的护肤效果，而选错了护肤品的类型，即使价格再贵，也会给皮肤"雪上加霜"，不仅起不到护肤效果，还有可能人为地造成新的皮肤问题。

在选择眼影、腮红、口红等化妆品时，要与自己的肤色相协调，才能产生美的效果。例如，一瓶昂贵的粉底液，如果其颜色与自己的肤色差异很大，就会出现两种情况：假如粉底液的颜色比肤色亮很多，就会在脸上造就"面具"或"挂霜"的效果。反之，如果粉底液的颜色比肤色暗很多，就会让脸变成黑乎乎的"包公脸"，看上去就像脸上落了灰似的，手腕肤色都比脸色白，着实是不美啊。

二、以流行为美

时尚、流行总是不断变换的，当我们不知道自己的风格，或失去自己的风格而盲从跟随潮流，便会走入误区。所以，要考虑流行的妆容真的适合自己吗？

让我们举个例子吧。某年，世界流行色为绿色，于是，就有国外的化妆品奢侈品牌推出了绿色的眼影。这种产自国外的绿色眼影与外国人的白皮肤、黄头发非常协调。而我们的肤色大都偏黄，使用绿色眼影之后，眼睛显得又肿又小，肤色则显得黄黑黄黑的，给人萎靡不振的印象。

再比如，某段时间，世界流行芭比粉，众多品牌纷纷推出芭比粉色的口红，一时间很多时尚女士纷纷高价入手一支大牌时尚芭比粉口红。但是买来之后才发现，这种芭比粉口红在黄色的皮肤上会呈现出特别扎眼的另类效果，尤其是肤色略暗的女士，这个芭比粉色的效果在自然光线下实在是让人不忍直视，以至于这种颜色被冠以"死亡芭比粉"的"美名"，可见这种颜色的口红对于大多数人来说实在是难以驾驭。流行的不一定美，适合自己的化妆品才能让自己更美。

在仪容修饰中，我们要坚持自身的风格，不要选择和自己风格相差过大的化妆品。流行的化妆品如果和自身风格不和谐，就会十分怪异。假若流行的妆容符合自己的风格，就可以尝试，这样可以让我们的美感迅速提升。我们不以流行为美，我们只选择适合自己的。

三、以个性为美

现在越来越多的仪容修饰风格被人们所认可，也有越来越多的人，开始追求个性。但是过于追求个性的仪容修饰风格，往往会在效果上适得其反，尤其是在社交场合，要与所处的场合相协调，并且考虑到交往对象的审美标准，不可过于标新立异。例如，在拜访长辈时，将发型搞成朋克风，眼线画得粗黑粗黑的，再涂上金属色眼影和紫黑色的口红，个性是有了，但长辈可能会因为看到晚辈这样的形象而郁闷。

子曰："质胜文则野，文胜质则史，文质彬彬，然后君子。"

质朴胜过了修饰就会粗野，修饰胜过了质朴就会虚浮，质朴和修饰恰当，即外表与内在相结合，才是有修养的表达，才显得有风度、文雅并有朝气。适当的仪容修饰，不能单纯地以贵为美，不能单纯地以流行为美，也不能单纯地以个性为美，应当适合自身特质，并且考虑到场合因素及交往对象的审美观，这样才能让自己成为一个受大家欢迎的人。

第三章　规范的仪态

第一节　神奇的73855定律

在上大学期间的一个周末，班里组织了一场交谊舞会。

一位高年级的被称为"舞神"的师哥被请来，请他的目的一是教大家跳交谊舞，二是他的到来定会使现场氛围活跃。

师哥在和大家分享了交谊舞的基本要领后，便开始一一伸手，邀请班里的女生起舞。

我也很期待他将手伸向我，可是，这个愿望直至班长宣布舞会结束也没有实现，我的自尊心受到了很大的伤害，这成了我心中的一个结。

若干年后，我因从进行化学教育转为礼仪教育才突然顿悟，也因此释怀。

一、73855定律

西方学者的调查研究发现，在人们相互交往的过程中，信息的传递有7%来自言语，38%来自声音，55%来自肢体动作及服饰打扮等。这一组数字常常决定人们在社交过程中的成败，也说明这三个因素的重要程度。这就是我们经常提到的73855定律。

我们经常将73855定律比喻为一把尺子。原因是在社会交往中，人们会通过这组数字（言语、声音、肢体动作、服饰等），来判断相互之间选择何种交往方式。

我反思道：若是在当年的舞会中，我将内心的期待，以面带微笑的方式传递给师哥，师哥便会放心大胆地将邀请的手伸向我；我若是将落座的姿态由笔直转为上体前倾，师哥便会在第一时间读懂我的期待并清楚自己的邀请不会被拒绝。

所以，我的失误是因为没有理解这组数字所涵盖的内容：肢体动作的重要性。

这是 73855 定律的神奇之处。

二、由人的视觉习惯看 73855 定律

在社会交往中，我们经常会遇到和朋友相约见面的情形，让我们共同回忆在见面之初我们的双眼在做些什么。

答案会是：首先通过一步步走来的人的面部，判断这是不是自己要等的朋友。

如果是的话，我们因距离比较远而选择挥手的方式表达此刻的心情。

当与朋友距离比较近时，我们会开心地寒暄道：好久不见，你的状态还是这么好！

那么，在对方开口之前，我们是根据什么给出"状态好"的结论呢？

相信大家的答案是一致的。进入我们视线的朋友一定是抬头挺胸、步伐轻盈的；一定也是频频挥手、向我们致意的；当然，他的笑容也会和我们一样，像花儿一样灿烂。

我们和朋友间以这种方式表达着相互的喜欢、热情及对生活的热爱。

这是 73855 定律的神奇之处。

三、重视 73855 定律，成为受人欢迎的人

人之所以受欢迎，首先来自德行。而德行又是通过人的行为呈现在他人面前的。

我们经常讲：爱笑的人，往往是善良的、自信的、阳光的。

我们经常讲：走路有力量，又能够做到关照他人的人，在身体健康的前提下，还有良好的品德。

我们经常讲：在面对长者时，若他们没有落座，自己就不能落座。在落座中聆听长者的教导时，我们要身体前倾。因为，这是有德行和有修养的人必须做到的。

2019 年，在完成中央电视台全员商务礼仪培训中，三阶成师团队的老师们在培训现场，得到了著名央视新闻联播主持人、28 年主持零失误、被称为传奇人物的李瑞英老师的指导，并面对面感受到了李老师的知性、高专

业度及魅力。

课程当天，当主讲老师吕艳芝得知李瑞英老师亲临现场时，便产生了和团队其他老师一起拜见李老师的愿望，经过主办方负责人的协调，大家终于有了和李老师相见的机会。

因课程马上开始，吕老师仅仅和李老师介绍了自己和团队成员便进入了课程。

在一天的课程结束时，吕老师带领团队成员再次来到李老师面前请教。

之所以敢再次打扰李老师，是因为在开课前短短的两分钟交流中，李老师由落座到起身与老师们开心握手，交流的过程中面带笑容的话语等，给大家留下了亲近、丝毫没有架子的感觉。

这也是73855定律的神奇之处。

我们定义73855定律是神奇的，是因为这组数字揭示了社交场合人与人交流的规律。

了解规律固然重要，但还有更重要的事情在等着我们，就是将这些神奇的数字通过自己的努力，付诸社会交往并提升交往的质量。

第二节　规范的站姿

站姿，是仪态中最重要的姿势（视频3-1）。说到站姿，我们最常用的定义是"站如松"。

一、站姿的基本规范

站姿的基本标准是头正、颈直、展肩、背直、挺胸、收腹，重心稳定，双腿直立，双脚并拢。

二、不同的站姿规范

（一）标准站姿的规范

（1）身体朝向正前方，面部要做到下颌内收、目光平视、颈部挺直、面部肌肉放松。

◎视频3-1

（2）两肩向后展开并注意不要耸肩，保持放松。

（3）两臂自然下垂，双手中指分别放于裤缝或裙缝处，手指自然弯曲。

（4）收腹。做深呼吸使腹部肌肉紧张起来，再轻轻将气体呼出，腹部肌肉继续保存收紧不要松懈。

（5）立腰。腰部直立，上体正直。

（6）提臀。将臀部肌肉收紧。

（7）双腿直立。将双腿膝盖及脚后跟并拢，脚尖打开30度，呈V字型。

站姿完成后，从侧面看，头部、肩部、上体与下肢在一条直线上。从正面看，头正、肩平、收腹、身体直立（图3-1、图3-2）。

◎ 图3-1　　　　　　　　　◎ 图3-2

（二）前搭手式站姿规范

在标准站姿的基础上，我们来一起分享前搭手式站姿。

1. 男士前搭手式站姿

男士前搭手式的手位变化是：右手握虚拳，左手轻搭于右拳上，并使左手的小指处于右手的指根处。双手在体前相叠并使双臂自然下垂，形成前搭式手位。双脚打开，打开的宽度不超过双肩，保持后背挺直。这种站姿会给人严谨、谦恭，有亲切感（图3-3）。

2. 女士前搭手式站姿

女士前搭手式的手位变化是：将右手四指并拢搭放于左手四指，并使右手食指处于左手指根处,双手拇指交叉放于手心,双臂自然下垂置于腹前,注意收紧小腹。此种站姿给人谦恭、规范之感(图3-4)。

◎图3-3　　　　　　　　◎图3-4

3. 女士仪式手位站姿

在前搭手式的基础上,将双手上提并使拇指的交叉点置于肚脐位置,两肘与上体处于一个平面。双脚选择丁字脚位。这种站姿给人秀丽、优美的感觉,常用于礼仪场合(图3-5)。

◎图3-5

（三）平行式站姿

男士平行式脚位规范是将双脚分开，分开的宽度不要超过肩宽；将双手相叠放于体前或体后（图3-6）。女士平行脚位的规范是将双脚并拢（图3-7）。

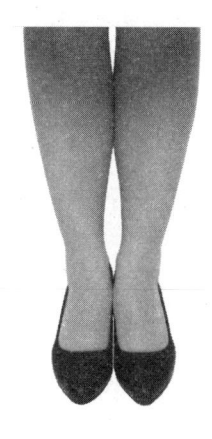

◎ 图3-6　　　　　　◎ 图3-7

三、站姿禁忌

在社交场合与人交往时要注意，当将身体的侧面或者背面朝向对方时，会让人感到不被重视，是不尊重对方的表现；在站立时要严禁抖腿，否则会给人缺乏教养的感觉；在站立时不要做小动作，不要在对方面前将手抱于胸前，也不要将双手放于衣兜和裤兜内，这些动作都会给对方带来不愉快的情绪体验。

保持良好的站姿，是仪态礼仪的基本要求。

第三节　规范的坐姿

在社交中，不同的坐姿也会给人带来不同的情绪体验，良好、规范的坐姿可以让我们的交往更加愉快（视频3-2）。

◎ 视频3-2

一、坐姿分类及适用范围

常用的坐姿可以分为标准坐姿、平行式坐姿、交叉式坐姿、开关式坐姿、叠放式坐姿,这些坐姿均适用于各种社交场合。

二、坐姿规范

让我们先由入座来分享坐姿规范。女士入座的基本规范是:以平行脚位站立于椅子左侧的前三分之二位置,双手自然下垂,完成以下八个动作:第一,左脚向前迈半步。第二,右脚以华尔兹方步移至椅子前侧中央的位置。第三,左脚与右脚并拢形成平行脚位。第四,右脚后撤,使小腿碰触到椅子的边缘。第五,用右手手背(裙摆较小时)或双手手背抚裙(裙摆较大时),同时右手在上、左手在下叠放于大腿中间的位置。第六,右脚向前移至小腿于地面垂直的位置。第七,左脚向前与右脚并拢形成平行脚位。这时,我们的身体会出现两个90度的直角,第一个90度是上身与大腿形成90度角,第二个是大腿与小腿形成90度角。入座时,身体要稳,要大大方方地落座(图3-8、图3-9)。

◎ 图3-8

◎ 图3-9

男士入座的规范动作：以 V 型脚位站立于椅子的左侧前三分之二的位置，双手自然下垂，完成以下七个动作：第一，左脚向前迈半步。第二，右脚华尔兹方步移至右侧。第三，左脚与右脚并拢成为 V 型脚位。第四，右脚后撤，使小腿碰触到椅子。第五，双手轻提裤子并落座，将两手手指指向内侧并分别放在大腿上。第六，右脚向前移至小腿于地面垂直的位置。第七，左脚向前移至与地面垂直的位置，双脚分开，宽度不超过肩宽。同样，我们的身体也会出现两个 90 度的直角。落座时要稳要轻。

女士可以选择侧平行式坐姿，其规范是在标准坐姿的基础上，双脚向左侧或右侧平移。这种女士坐姿给人十分优雅的印象（图 3-10）。

交叉式坐姿是在标准坐姿的基础上，将两只脚的脚踝交叠在一起。女士在选择这种坐姿时，应保持双膝并拢；男士在选择这种坐姿时，可将双脚略内收，双膝略分开（图 3-11、图 3-12）。

◎ 图3-10　　　　　　◎ 图3-11　　　　　　◎ 图3-12

开关式坐姿是在标准坐姿的基础上，将一只脚向前移半步，另一只脚向后撤半步。一只脚的脚尖指向一点钟，另一只脚的脚尖指向十一点钟，女士将双腿膝盖收紧，男士将膝盖略打开（图 3-13、图 3-14）。

叠放式坐姿也是在标准坐姿的基础上，将其中一条腿的大腿叠放于另一条腿上。女士在选择这一坐姿时，要使大腿和小腿都叠在一起，要使两只脚的脚尖指向同一个方向，上面那条腿的脚尖要尽量指向地面；男士在选择这一坐姿时，可以将上面这条腿的小腿略张开来。

◎ 图3-13　　　　　　　　◎ 图3-14

　　在离座时，我们也要讲究规范。女士的离座共分为六个动作：第一，右脚向后撤半步。第二，以右脚的前脚掌蹬地同时起立。第三，右脚与左脚并拢。第四，左脚向左平移半步。第五，右脚向左脚并拢，以华尔兹方步移至后方半步。第六，左脚向后移并与右脚形成平行脚位。

　　男士离座同样有六个动作：第一，右脚向后撤半步。第二，以右脚前脚掌蹬地并起立。第三，右脚与左脚并拢形成V型脚位。第四，左脚向左平移半步。第五，右脚向左脚并拢，以华尔兹方步移至后方半步。第六，左脚向后移并与右脚形成V型脚位。

　　无论是男士还是女士，在离座时动作都要轻、缓，不要让椅子发出声响。

三、坐姿禁忌

　　落座时，女士的双膝不能分开，男士双腿分开不能过大。不能抖腿，也不要将小腿驾在大腿上，给人很不雅观之感。在面对长者时，不要选择双腿叠放的坐姿。落座后脚尖、鞋底不要朝向他人，双腿也不能伸出太远，这样会有些冒犯他人的感觉。双手不要夹在双腿中间，这样容易给人没有自信，比较羞涩的印象。

　　保持良好的坐姿，会让我们在社交活动中显得彬彬有礼、温文尔雅，这是具有良好礼仪修养的表现。

第四节　规范的行姿

站姿、坐姿是静态的，而行姿是动态的。行姿呈现的是我们的动态美（视频 3-3）。

一、行姿的规范

行姿涉及步度、步位、步高、步速、摆臂五个方面的规范。

（1）步度。在行走时，双脚之间形成的距离称为步度，也就是我们前脚脚跟和后脚脚尖之间的距离。女士标准的步度为自己的一个脚的长度，男士的步度为一个半脚的长度。脚长越短，步度越小。

（2）步位。行走时，双脚留下的轨迹称为步位。女士日常行走的标准步位为：行走时，左脚内侧边缘与右脚内侧边缘应当落在一条直线上。男士行走的步位为：行走时，两只脚要朝向正前方并形成平行线。行走时要避免出现"内八字"和"外八字"。

（3）步高。步高是指在行走时双脚抬起的高度，行走时步高要适宜，保持行姿稳健。脚抬得过高，会比较怪异；如果抬得过低，又会给人萎靡不振、无精打采的印象。所以，步高要以双脚不擦地为标准。

（4）步速。标准的步速为每分钟 110 步。当然，步速的快慢还要根据具体情况来定，如遇急事定会加快些；如果是逛街肯定会放慢脚步。

（5）摆臂。在摆臂时，手臂与上身的夹角应是向前为 30 度左右，向后为 15 度左右，摆臂时要注意不要向外甩（图 3-15、图 3-16）。

行走时应做到头正、颈直、两眼平视前方，表情自然，保持呼吸均匀，步伐矫健，走出优美的动态效果。

二、行姿的禁忌

在行走的过程中，要注意顺序，不要穿插于人群中，要养成主动让路的好习惯。要注意靠右行走并保持一定的行进速度，不要忽快忽慢，也不要随意改变行进方向。行

◎视频3-3

走时，不要蹦蹦跳跳，也不要随意跑来跑去。女士在穿高跟鞋行走的时候，要控制鞋跟发出的声音，尤其是在工作的场所，以免对他人造成干扰。

◎图3-15　　　　　　　　◎图3-16

良好的行姿，展示的是一个人的精神面貌和礼仪风采，我们一定要多加练习，养成良好的行走习惯。

第五节　规范的蹲姿

在日常生活中，经常会遇到需要我们降低体位才能完成的事情，比如：在捡起掉落在地的东西时，在系上松开的鞋带时，在跟小朋友进行交流时等，这就需要选择规范的下蹲姿态（视频3-4）。

一、蹲姿的分类及适用范围

蹲姿可分为三种，第一种是全蹲，第二种是半蹲，第三种是交叉式蹲姿。全蹲通常用于当我们要拾起地面上的

◎视频3-4

物品时；半蹲适宜于和他人需保持相同高度的情境，比如：和孩子们进行交流或是为尊者递上一杯热水等；交叉式蹲姿因具有仪式感，多用于仪式场合。

二、不同蹲姿的规范

1. 女士的三种蹲姿

（1）全蹲。全蹲的规范是在标准站姿的基础上：第一，向左或向右侧身45度。第二，右脚或左脚向后撤一步。第三，上体保持与地面垂直并下沉，同时以右手、左手或双手的手背抚裙。第四，前脚脚掌落地，小腿垂直于地面，后脚脚跟提起，使臀部落在小腿上。第五，将膝盖并拢。起身时，要保持上体与地面垂直（图3-17）。

（2）半蹲。半蹲是在标准站姿的基础上，上体垂直于地面并下沉至需要的位置（图3-18）。

◎ 图3-17 　　　　　　◎ 图3-18

（3）交叉式蹲姿。交叉式蹲姿的规范是：将一只脚由另一只的后侧穿插，并使两腿在膝盖处交叠。上体垂直下沉，并将臀部落在小腿上。前脚脚掌落地，后脚脚跟提起。

2. 男士的两种蹲姿

（1）全蹲。男士的全蹲，在标准站姿基础上，需要完成如下动作：第一，向左或向右侧身45度。第二，右脚或左脚向后撤一步。第三，上体保持与地面垂直并下沉，同时双手轻拎裤子。第四，前脚脚掌落地，前侧小腿垂直于地面，后脚前脚掌落地，脚后跟提起，并使臀部落在小腿上。第五，将双腿打开两拳的距离。在起身时也要继续保持上体与地面垂直（图3-19）。

（2）半蹲。男士半蹲也是在标准站姿的基础上，上体垂直于地面，并下沉至需要的位置（图3-20）。

◎ 图3-19　　　　　　　　　　　　　◎ 图3-20

三、蹲姿的禁忌

在下蹲时，需要注意不要突然蹲下，这会让周围的人认为发生了意外。下蹲时，不要距离他人太近，容易发生碰撞，也容易引起对方的紧张，因对方不知道我们要做什么。不要正面朝向他人蹲下，要选择侧向他人的方位，以免引起尴尬。女士在下蹲时要防止走光，双腿一定不能叉开。

蹲姿是考验我们自控力的动作，掌握全蹲、半蹲及交叉式蹲姿的方法，能够让我们的仪态在任何时候都稳重、大方、从容。

第六节　规范的手势语

在与人交往时为他人做介绍、指示物品、引领他人或者请对方入座时，都需要运用手势语（视频 3-5）。

我们先来分享手势的基本规范。在打手势之前，要选择 V 字脚位，双手垂放于体侧或搭放于体前。之后，我们需要完成以下的动作：第一，将右手臂或左手臂由体侧或体前抬起，使手臂和上体在一个平面之上，另一只手臂要垂放于体侧。第二，四指并拢、伸直，拇指略内收，手掌与地面的角度为 135 度。第三，手掌和小臂在一条直线上，小臂和地面保持水平。第四，肘部距离上体三拳并形成弧线。第五，手势完成后要保持 2—3 秒钟，之后还原。

根据所指示的方位，手势有高位、中位、低位手势的规范。

一、高位手势

在基本手势的基础上，将手臂抬高，并指向目标方向。另一只手臂自然垂放于体侧。需要注意的是手指不要高于头顶。高位手可以用于指向高处的目标或者请客人上楼等（图 3-21、图 3-22）。

二、中位手势

中位手势和高位手势要领基本一致，使打出手势的小臂保持水平即可。中位手势多用于在走廊引领他人或指向水平高度的物品（图 3-23、图 3-24）。

三、低位手势

低位手势的规范，是在基本手势的基础上，将身体略前倾，手指不低于髋部，并指向目标方向，另一只手臂自然垂放于体侧。低位手势可以用于请客人入座或指向低处的目标（图 3-25、图 3-26）。

◎ 视频3-5

社交礼仪培训全书

◎图3-21

◎图3-22

◎图3-23

◎图3-24

第三章　规范的仪态

◎ 图3-25　　　　　　　　◎ 图3-26

使用手势需要注意，不要使用食指指向他人，指向他人的面部则是威胁及侮辱的行为，这是很不礼貌的。另外，还要避免手势幅度过大，最高不过头顶，最低不过自己髋部高度。如果要用双手作手势，双手的距离不要超过一米。手势还不能太多，手势过多会使对方眼花缭乱，使对方情绪烦躁。

正确使用手势，能够让我们更加礼貌、和谐地与他人交流。

第七节　规范的递送物品方式

递送物品，是人际交往中常使用的仪态，递送是否规范会影响他人对我们的评价，从递送物品的过程中，对方还可以感受到我们的情绪（视频3-6）。

一、递物的基本要求

递送物品的基本规范是：选择 V 字脚位站立，面带微笑，目视对方，双手递物。如果和对方的距离比较远，要

◎ 视频3-6

主动走向对方，身体前倾，并将双手手臂伸出。递送带有尖和刃的物品时，注意不要将其朝向对方。在双手不方便递物时，可以使用右手，一定要避免左手递物（图3-27）。

◎ 图3-27

一个周末，某公司的同事一起去郊游。大家在用午餐时，一位年纪稍长的姐姐请对面的小王把纸巾递过来。小王一边刷着朋友圈，一边喝着饮料，头也不抬地将纸巾盒扔了过去。

在下午的郊游中，小王发现自己多次主动和这位姐姐交流，对方都假装没有听到。这是小王的随意闯的祸。

二、不同物品的递送规范

递送物品时，不仅要注意总体的规范，针对不同的物品，在递送时存在具体要求。

在递送普通物品时，要注意留出对方便于接收的位置，确保对方能顺利、方便地接拿。

递送文字资料，应将正面朝向对方并用手指示需要浏览的内容。

递送茶水时，要放于对方身体前的桌面或茶几上。

递送体积小的物品时，比如回形针等，最好将这些物品先放在小盒子里，再双手递给对方。

在递送物品时，一定要有眼神或语言的交流，表达自己主动的意愿，让对方感受到被尊重。

在需要接收物品时,也要讲究规范:要面带微笑目视对方,双手接收物品。要主动走向对方,并将双手手臂伸出。在不方便使用双手接收物品时,要选择使用右手,避免单独使用左手。

递接物品是很小的事情,却能够清晰地表达对交往对象的尊重与关怀。

第八节　常见的不良姿态

说到不良姿态,我们会想起小时候大人们常念叨的一句话:站没有站相,坐没有坐相……其实,不管是在我们小时候还是在现在,不良的姿态都会对我们的健康、学习、工作等造成不良影响。所以我们在了解了规范的仪态之后,需要检查自己在姿态上有哪些不到之处。

(1)弯腰含胸的不良姿态。不论是弯腰含胸的坐姿或站姿,均是常见的不良姿态。记得读小学的时候,班主任老师常常走到弯腰含胸的同学面前拍打我们,那时,我们没有认识到这是老师在教导我们怎样做人。弯腰含胸,除了对身体有害之外,还会给人精神状态不佳的印象,我们需要及时纠正。

(2)斜肩。部分人的双肩是一高一低的,这种现象往往和我们习惯只用一侧的肩膀背书包或扛重物有关。如果是这样问题将很好解决,轮换使用双肩并坚持下来,问题就会得到解决。

(3)倚靠其他物品。站立或落座时,依靠在其他物品上会给自己轻松的感觉。但也会给他人懒散的印象。

(4)抖腿。在公交车上,在欣赏音乐会时,如果邻座的乘客或观众在不由自主地、不停地抖腿,我们会是什么感觉呢?

(5)在人群中穿梭。

在一次舞会上,张先生突然发现自己的发小在舞池里跳舞。因多年未见,使这一刻的张先生喜出望外,他马上站起来向自己的发小跑去。

舞池中人很多,女舞伴穿着长及脚踝的舞裙,男舞伴穿着考究的礼服,加之和谐的舞蹈,大家纷纷沉浸在优美的舞曲中。

但是,这一切被张先生的鲁莽行为所打破。

大家的舞蹈停止了，之后音乐也停止了。

张先生拨开众舞者，跌跌撞撞地来到了发小面前。但无论他如何表达对发小的想念，发小也无动于衷，他还听发小不好意思地和自己的舞伴说道："他小时候就这样，不管不顾的。"

这是一个典型的案例，这样的案例并不多见。但在社会交往中，这样的现象却很多。

不良姿态有许多，我们只是和大家分析了其中的几个方面。

良好的姿态需要保持。一位作礼仪教育的老师已年近七旬，却还像年轻人一样活跃在礼仪师资培训的课堂上。她对教育的热爱及灿烂的笑容感染着参与课程的学员。她曾说过：每天，要靠一靠墙，以让自己的站姿保持挺拔。每次走进课堂时，要面带笑容，因为笑容是一个人的生活态度。每天，不论是在路上行走，还是在家里用餐，都要走有走相、坐有坐相。我们无法控制自己的皮肤老去，却能控制自己的姿态永葆青春。

在社交活动中，我们的站、坐、行、蹲、手势等仪态，时时刻刻都在传递我们是什么样的人的信息，规范的仪态必定带给对方美好的情绪体验，当我们将美好传递给对方时，我们的收获也必将是美好。

第四章 恰当的表情

第一节 微笑是最有效的社交方式

表情是最能引起他人注意的身体语言。我们可以从一个人的表情判断他的自信心、人生态度、价值观念、脾气性格等等。达尔文把人类的表情分为六种，分别是喜悦、生气、恐惧、悲伤、厌恶、惊讶。现代科学家则借助计算机将人类的表情分为412种。人的身体语言具有很强的镜子效应，当我们用某种态度对待别人时，别人也会用这种态度对待我们，也就是说，态度会像照镜子一样，从别人那里反馈到你自己身上。因此，表情与人际关系有着诸多关联——我们对别人热情，别人也会对我们渐渐热情起来；我们对别人冷漠，别人也会很快远离我们。亲切的微笑是在表达"我喜欢见到您，我见到您的时候感到高兴"。社会交往的成功，往往也是从微笑开始的。

一、社交从微笑做起

微笑是人类最动人的一种表情，是社会交往中无声又美好的语言。微笑是人际关系的润滑剂，是打开对方心扉的一把金钥匙。就餐中，服务生会因为我们的微笑而更加热情；久未谋面的朋友会因为我们的微笑回忆起过去的美好时光。

刚入职的护士给一位40岁左右的女患者打针，由于技术不是很熟练，手较重弄疼了她，女患者很恼怒，拒绝这位小护士再给她打针，并要请护士长前来问话。这位小护士虽连声道歉，但还是受到护士长的严厉批评。之后，这位小护士并没有因为女患者在护士长面前告她状而怀恨她，反倒是每次来病房都会面带微笑走到这位女患者床前，关切地询问她是否有什么需要，有没有哪里不舒服。到了打针时间也会请护士长来为她打针，自己只在一旁辅助。终于有一天，女患者对小护士说："这些天，你温暖的微笑感动了我，今后就由你来为我打针吧，别紧张，如果一次不成功就再来一次。"小护士很受鼓舞，由于气氛舒缓了，打针的操作也变得顺利了很多，紧张的医患关系就这样被微笑化解掉了。

真诚的微笑会缓解紧张的情绪，让双方获得轻松和愉悦，无形中拉近彼此的距离，打破双方关系的僵局。

人是一种社会性动物，都有被赞赏、被理解、被尊重的需求，当对别人微笑时，我们就变成了带给别人好心情的天使，让见到我们的人生活中洒满阳光。

二、微笑的意义及作用

1. 微笑给人良好的第一印象

初次见面时面带微笑，就会给对方留下热情、善良、友好、诚挚的第一印象。比如：在最初融入一个社交群体时，如何给大家一个良好的第一印象，其中非常重要的一点就是相见时，微笑着环视所有的人。自然、热情的微笑，说明我们是自信的，用看似简单的微笑，开启了与陌生人之间积极的情感交流。第一印象的形成一般只需几秒钟，他人能在这几秒钟内捕捉到我们真实而自然的信息，而微笑则会为后续的交往带来积极的影响。

人与人之间初次见面，微笑带给对方良好的第一印象，是继续交往的因素之一。

2. 微笑可以促使人际交往顺利进行

心理学家发现，当一个人不开心的时候，可以通过尝试微笑来调整自己的心情，因为微笑既可以感染自己，更能够感染他人。以微笑面对他人，能够创造出融洽的交往氛围，让对方与我们产生共情，体会到我们的快乐，这样对方会更愿意接近我们。微笑是人际交往中的润滑剂，面对不同场合、不同情况，经常以微笑面对他人，可以反映一个人良好的修养和热诚的胸怀。微笑可以营造良好的人际关系，使人际交往变得很顺畅。

3. 微笑可以有效化解交往矛盾

朋友之间，同事之间，难免会产生误会。当产生不愉快的时候，是冷眼以对，还是泰然处之？是深化矛盾，还是消除隔阂？这来自于当事者的态度。你若大度，对方往往也会还之以宽容；你若耿耿于怀，双方就会难以和好如初。俗语有："伸手不打笑脸人。"面对一张微笑的脸，再大的怒火也会在不觉间熄灭。一个人的微笑就像温暖的春风，可以化解严冬的寒冰。"一笑泯恩仇"，微笑不是犀利的语言，却比任何语言更加有力，可以成功化解许多矛盾与争端。

4.微笑可以助力事业有成

周恩来总理得体的微笑，在他离开我们的今天，还深深地记在我们的心中。微笑会帮助我们取得事业成功。微笑，是人际关系的润滑剂；微笑，是人间真情的交融。微笑是我们的需要，是他人的需要，是我们共同的需要。让我们在微笑中感受人间的美好，让我们经常面带微笑吧！

第二节　微笑的三个标准

笑有很多种，有伴随声音的哈哈大笑，有暗藏杀机的奸笑、狞笑，有心怀不轨的坏笑、淫笑，有娇媚生姿的嫣然一笑、莞尔一笑等等，但微笑才是人类最富魅力，最有价值的笑容。

微笑既是一种人际交往技巧，也是一种礼节。微笑是人们对美好事物表达愉快感情的心灵外露，表达的是善良、友好、赞美，是对他人的理解、关心和爱的表现，是谦恭、含蓄、自信的反映，也是礼貌修养的表现。

我们所提倡的微笑，是健康的性格、乐观的情绪、良好的修养、坚定的信念等的自然流露。是真诚的微笑，不是讨好的媚笑；是发自内心的微笑，不是暗含讥讽的嘲笑；是轻松自如的微笑，不是皮笑肉不笑的干笑。因此，微笑是有标准的。

中国传统微笑的特征是笑不露齿，仅仅是脸部肌肉的运动。而今的微笑，为展现其阳光、自信、真诚的态度，则需要达到嘴笑、眼笑、心笑三个标准。

一、嘴笑

微笑时，嘴角微微上扬，形成自然弧度，可以露出6—8颗上齿。每个人在微笑时嘴角上扬的弧度及露出牙齿的颗数，可以根据自己的脸型大小而定，我们可以在镜子面前寻找自己最美的笑容，并把自己最美的微笑呈现给交往对象。

二、眼笑

眼笑的标准要求为：凝视交往对象唇心与双眉之间的倒三角区，让眼光炯炯有神。目光的交流，要稳重大方，发自内心，真情流露。

在第29届北京奥运会颁奖礼仪人员的培训中，颁奖礼仪规定动作及流程的起草人吕艳芝老师曾对颁奖志愿者讲道：真诚的笑容才能打动运动员、观众及世界各国人民。在颁奖服务中，若自己的思想是"我为祖国骄傲，我热爱我的祖国"，眼神便会是真诚的，笑容便会是自然的。

所以，真诚的笑容来自眼神所流淌出的真实情感。

三、心笑

心笑的呈现标准为：神态真诚柔和，给人带来温暖；情绪轻松愉快，给人带来欢乐；精神饱满热情，给人带来放松感；面部肌肉自然拉动，给人带来亲切感。

在人际交往中，微笑的使用要恰到好处。一般与人见面时，距离约3米时要与对方有目光及微笑的交流，2米内要向对方问好，并保持面部始终是有笑意的。微笑要"诚于中而形于外"，切不可故作笑颜，那样会让人看起来觉得很假、很虚伪。

微笑虽然能给交往双方带来美好的感受，但也需要契合时宜，如果不考虑场合及对象等因素，在不恰当的时候微笑，便会损害交往形象，破坏交往关系，例如：在交往对象失意、苦恼时不宜微笑；在庄重场合，如悼念死者或举行各种庄重的仪式时不宜微笑；在看望危重病人时不宜微笑；看到他人生理缺陷时不宜微笑；当他人出现差错很尴尬时不宜微笑。与他人交谈时，不要在不应该笑时露出笑容，否则会让对方觉得莫名其妙。还要根据谈话的内容，适时露出微笑。

总之，微笑的使用要适合时宜，要关注对方情绪，做到嘴笑、眼笑、心笑。

第三节 微笑是可以训练的

微笑的训练有两个目的，一个是找到自己笑得最美时的感觉，第二个是通过训练养成微笑的习惯，我们要从以下三个方面进行训练。

一、练形

微笑的"诚于心而形于外"的"形"，我们如何进行练习呢？

在生活中，提到微笑时大家先想到的就是空乘人员，她们的笑容如同军人的步伐一样，是量化要求的，最终呈现出标准又专业、甜美又和善的状态。空乘人员的微笑是通过长期练习而形成自然的结果，因长期练习之后肌肉便会产生记忆。那么，我们应如何练习呢？以下是微笑的几种自我训练方法。

第一，站在一面镜子面前，全身放松，将头摆正，回想自己生活中遇到的最愉快的事情，把愉快的心情通过面部表现出来。具体做法是：面部肌肉放松，不出声，不露或微露齿，嘴角微微上扬。仔细观察镜子里的自己，找到认为笑得最灿烂时的状态，把这种状态的感觉记在心里，经常训练便可以做到。

第二，面对镜子，口中发出"茄"的声音，这时两颊的肌肉会自觉向上抬起，嘴角也会向上翘起，还可以得到微笑时的口型。注意用这种方法进行自我训练时，要有发自内心的喜悦，否则就有做作之感。

上述两种练习便会获得微笑的形。其结果是嘴角、眼角的角度，露牙齿还是不露，面部肌肉的状态，这些都要记在心里，以使每一次的微笑都能达到最美微笑的状态。

练习时为了不枯燥并达到训练效果，可以选择美妙的音乐伴随（视频4-1）。

二、练神

练神，就是在练形的同时将眼神训练结合起来，切忌眼神与表情不和谐，那样的微笑即使有"形"了，也会因为缺"神"而显得假意与虚伪。要学会用眼睛来微笑。

◎视频4-1

我们可以这样训练：站在镜子面前，用一本书或一张纸遮住眼睛下面的部位，回忆使自己愉快的事情，将愉快的心情通过眼睛表现出来。这时，我们会在镜子中看到自己的笑肌抬升，双眼呈现出神采，当面部肌肉放松后，目光会是温和的、亲切的。

三、练意

练意指的是嘴、眼、神的综合训练，练习时，面部肌肉的状态是放松自然的，眼神是温柔真诚的，情绪是轻松愉快的，精神是饱满热情的。

要达到这样的形意完美结合，除了长期坚持练形、练神外，意的练习可以用这样的方法来调动：使用意念想象法，回忆开心的事，回忆幸福的事，回忆喜欢的人等。比如：舞会上起舞的场景，聚会上的开心场景，生日会上爱人送给自己礼物的过程等等。这些愉快的事情都可以让自己开心起来，我们就不由自主地笑起来了。

微笑的训练要经常进行，要形、神、意完美结合，长期坚持便会得到最美的微笑，让我们能够自信地把握微笑的技巧。

第四节　目光比言语更有价值

"眼睛是心灵的窗户"，可以表露出人的内心情感，可以呈现对事物的反应是肯定或是否定，羡慕或是嫉妒，崇拜或是鄙视。因此，目光在社会交往中具有非常重要的价值，人们会更加相信眼神所表达的信息。

一、目光的价值

聚会中，伙伴给予鼓励与赞许的眼神，会增强我们的自信与接近感；而对方不耐烦的目光会让我们产生挫折及远离感。这些都告诉我们，目光是一种无声的语言，是比有声言语更有价值的沟通方式。恰当的目光运用是每一个人都需要掌握的社交基本功。

二、目光注视的方式

在注视交往对象时，注视的方式很重要，如果把握得好就容易给对方带来尊重，目光注视的方式主要有以下四种：

1. 仰视

仰起头注视着他人，是对对方景仰与尊重的表达。当站在低处看高处的人时会出现仰视。面对长者时，选择仰视的方式凝视对方，能够表达谦恭与仰慕的态度，容易赢得对方的好感。

2. 正视

正视是指自己的目光与交往对象的目光正面相向。头部与上身要朝向对方，这是重视对方的表现。在与人交谈时，如果面对的不只是一人时，要注意头部与上半身的朝向，要随着谈话者的变换来转动上半身。不要只是将头部转过去，更不要斜着眼睛看对方。

3. 平视

平视是指双方站在相似的高度，相互注视。这种平视的角度可以体现双方地位的平等，体现出人际交往的和谐。所以，在有朋友到来时，如果我们还端坐在椅子上，就容易给对方留下无动于衷、满不在乎的印象。

4. 俯视

俯视是指站在高处看着低处的人。俯视容易使对方产生权威感、压迫感，这是容易形成与他人交流障碍的方式。所以，社会交往中力争不要站在高处与人交流。

三、目光注视的部位

在社会交往中，不仅注视的方式有讲究，注视的部位、时间的长短也都有讲究，目光注视的部位一般有以下三种：

1. 公务凝视区域

公务凝视区适用于洽谈公务的正式场合，这个区域是以双眼为底线至前额所形成的三角部分。例如：磋商、谈判等场合，目光停留在这个区域会给对方一种严肃认真、很有诚意的感觉，更容易取得沟通的主动权和控制权。

2. 社交凝视区域

社交凝视区域适用于各种社交场合，是指以两眼为上线，唇心为下顶角所形成的倒三角区域。例如：会见朋友、与熟悉的同事一起观看音乐剧，注视对方这一区域会使对方感到轻松自然，营造的是一种平等宽松的交往氛围。这也是我们这本书所涉及的场合注视区域。

3. 亲密凝视区域

亲密凝视区适用于恋人、夫妻之间的交流，是指由胸部到双眼之间的身体区域。如果非亲密关系却凝视亲密区域，会使人觉得受到了冒犯甚至侮辱，是很不礼貌的行为。

在社会交往中，还要用整体谈话60%以上的时间注视对方，但又不能总盯着对方，要采用"散点柔视"的凝视方法。目光既要柔和，还要时常将目光从对方面部短暂移开。移开时，可以看一看自己手中的笔记本，也可以将目光略向左或向右移开片刻，要注意目光移开的时间不要长，一般以二三秒为宜。时间过长，对方会以为我们心不在焉，开小差了。

四、目光的禁忌

社会交往中，目光的禁忌有以下几种：

（1）忌左顾右盼。在谈话时，若经常看手表，就容易让对方感觉我们三心二意，从而令对方不快甚至恼怒。

（2）忌凝视亲密区域。在没有任何理由的情况下，尤其是异性之间，禁止凝视对方的大腿、腹部、胸部、头顶等部位，这是极为失礼的。

（3）忌斜视对方。斜视对方，容易使交往对象有被鄙视的感觉。

（4）忌俯视对方。高高在上俯视对方，这样做会使双方心理上产生距离。

（5）忌躲避对方。不敢正视对方，躲避对方的眼神，这是没有自信心的表现。要落落大方、光明磊落地注视对方，与对方保持正常的目光交流。

（6）忌反复打量。上上下下反复打量对方，这是一种怀疑、挑衅的目光。

（7）忌取笑对方。当他人遇到尴尬的事情时，不要用好奇、讥笑的眼神凝视对方。此时应将目光移开，不然，对方会认为我们在看他的笑话。但是也不要将目光移开太快，否则对方会以为我们厌恶或嘲笑他。

PART 2

第二辑
日常社交礼仪

通过第一辑的分享,相信大家对在社交中如何树立良好形象已经心中有数。那么,让我们共同进入日常社交礼仪部分。

第五章　会面与问候礼仪

　　社交中影响首因效应形成的因素来自很多方面，这些方面所产生的效果也是不一样的，越是需要长时间沉淀和养成的行为就越容易产生高认可度的第一印象，例如：社交中会面和问候的方式及细节就属于这一类。

　　在会面礼仪这一部分中，主要谈到了握手、鞠躬、拥抱、致意、介绍、递送名片等内容；在问候这一部分中，主要讲到了用适当的方式称呼对方以及问候语的四种形式。希望大家在了解的同时，还能积极使用，将其内化为礼仪行为习惯。

第一节　从握手的起源说起

一、握手的起源

　　任何一种礼仪行为都会有相应的文化背景作支撑，而起源就是重要的文化背景之一。

　　相传，在原始社会，人类为了猎食和保卫自己的领土，都会手拿木棍、石块等武器，以随时用来对付野兽和其他敌对部落的人。但是如果遇见相互都没有敌意的人，为了表示自己的善意和友好，就会放下手中的石头和棍棒，并伸出手掌展示给对方，若对方也没有恶意的话，也会进行相同的表达，然后双方互相抚摸对方的掌心表示友好。到后来，随着人类社会的进步发展，虽然不会像原始社会那样随时手持石头棍棒这一类武器了，但表示友好的习惯没变，所以就逐渐演变成了握手，直至今日，成为通行全世界的一种礼节。

　　另一种说法是握手起源于中世纪的欧洲军队，当时的骑士们都穿盔甲，除两只眼睛外，全身都包裹在铁甲里，如果表示友好，互相走近时就脱去右手的防护盔甲，伸出右手，表示没有武器，互相握手言好。此后，握手以固定形式保存下来变成握手礼。直至今日，握手礼不戴手套的习惯，或许也来源于此。无论握手是起源于原始社会还是起源于军队，双手相握都是为了表达坦诚、友好和尊重，这是握手最重要的文化含义。

二、握手的本质是传递情感

在一次成人培训的课堂上，我受学员启发，随堂安排了一次课堂活动。我安排班上仅有的四名男士站在所有学员前面，四名男士有刚毕业的大学生，还有即将退休的教授，年龄分布涵盖各阶段。随后我让剩余的四十多名女学员上来依次与四名男学员握手。握手完毕后，将四名男学员眼睛蒙起来。然后请女学员选择一名在握手中体验最好的男士并站在他的身后。出乎意料的是，一位即将退休的教授身后分布了大部分名额。我随即询问了几名女士选择教授的原因，她们给出的理由是这位教授握手的力度传递出的坚毅和温暖让她们非常愉悦。

经过这一活动我们发现，握手的本质是传递情感。如果抛开情感因素来握手，恐怕就会像课堂上的另外三名男士一样，虽然握手也很完整地进行完毕，但是却没有收到应有的效果。

在握手中，情感是通过以下几个途径传递的：一是握手时伸手的顺序，二是握手时的力度，三是握手时的眼神及表情，四是握手时双方的距离，五是握手时手及身体的姿态，六是握手时辅以的语言表达，七是握手的时间长短。这七大途径中，每一项都有能达到最佳效果的规范要求。

三、握手的规范

1. 握手时伸手的顺序

关于握手虽然细节要求有很多，但关于伸手的顺序是仅有一条原则的，这就是"尊者优先伸手"。尊者优先伸手一方面体现了对尊者的尊重，另一方面突出了尊者在交往中的主导地位。

在社交活动中，男女之间的握手，男士要等女士伸手后才能握手，如女士无握手之意，男士可用其他见面礼；宾主之间，主人应先伸手，以示欢迎；长幼之间，长辈要先伸手。

同多人握手时，可由尊而卑地依次进行，亦可由近而远地进行。多人握手时要等他人握完后再伸手,以避免交叉握手。

2. 握手时的力度

力度是握手传递情感最重要的途径,因此,握手时要在力度适中的前提下让对方有紧握感,力度太大会让对方感觉充满敌意,太轻会让对方有被敷衍的感觉。同时力度也与双手的接触面积有很大关系。男士与女士握手时通常只握女士的手指部分以表示对女士的尊敬。

如果握手时刻意减少手掌接触的面积或刻意加大或减小握手力度,都会严重影响握手的效果,对双方交往产生不良影响。

3. 握手时的眼神

握手时精神要集中,双目注视对方,微笑致意,握手时不要看着第三者,更不能东张西望,这都是不尊重对方的表现。

4. 握手时双方的距离

一般在双方距离为一步远的时候伸手握手,如果表示热情欢迎也可提前伸手或者是一边伸手一边迎上前去。

5. 握手时手及身体的姿态

握手时要使用右手与人相握,手掌要垂直于地面,而不是手心向上或向下,同时身姿挺拔双腿并拢。在双方平辈情况下,直立或上体均前倾即可。如对方是长辈,则要身体前倾以表敬意。

6. 握手时辅以的语言

握手时应根据握手的目的选择相应的语言,例如:欢迎、告别、寒暄、问候、慰问、感谢等。

7. 握手的时间长短

握手时间的长短可根据握手双方关系而有所不同。初次见面者,一般应控制在3秒钟左右,尤其是异性间的握手更不能久握不放,那样是十分失礼的。但如果时间过短,会被人认为态度傲慢冷淡,敷衍了事(视频5-1)。

四、握手的禁忌

握手能起到传递情感的作用,但一定是在规范的前提之下。如果出现了不当的握手甚至是禁忌的握手方式,那后果就可想而知了。

在握手中,以下情形是禁止出现的:

(1)不遵守握手时伸手的顺序。

◎视频5-1

（2）握手的时候眼睛不注视对方而是看向其他地方或其他人。

（3）戴着墨镜握手。

（4）戴着手套握手（礼服手套除外）。

（5）以脏手、湿手与人握手。

（6）口嚼食物与人握手。

（7）一只手插兜与人握手。

（8）用左手与人握手。

握手的规范比较复杂，我们既要有概念也要多加实践。

第二节　鞠躬的规范要求

鞠躬中的"鞠"字与古代"䩅"字相同，意为弯曲；而"躬"指的是身体，意为弯曲身体。这一动作所表达的含义就是恭恭敬敬。

在战国时期成书的《仪礼·聘礼》记载："执圭，入门，鞠躬焉，如恐失之。"这说明至少在春秋战国时期，就已经在使用鞠躬礼了。之所以弯曲身体就能表现出恭恭敬敬的含义，主要是源自商代的祭祀仪式"鞠祭"。"鞠祭"即祭祀时，供奉神灵的猪、牛、羊等祭品不会切成块，而是将其整体弯卷成圆的"鞠"形，再摆到祭祀处奉祭，以此来表达祭祀者的恭敬与虔诚。逐渐地，人们为表达恭敬，便模仿祭品的形状，将自己的身体弯曲，形成了鞠躬。唐朝诗人韩愈有"庙令老人识神意，睢盱侦伺能鞠躬"之句，说明到了唐朝，鞠躬礼已经成为社交中普遍使用的见面礼之一。发展到现代，社交中人们认为弯曲降低自己的身体，能突出对方的地位、身份、成就等，行礼时弯身和目光下降的动作避开了对方的视线，表示恭顺和服从（视频5-2）。

一、鞠躬的规范

鞠躬不仅可以表达对他人的恭敬，还可以表示欢迎、感谢、歉意等。这些含义主要靠身体弯曲和相应的语言配合来表达，身体弯曲的程度与身体弯曲的状态的细节是需要我们熟知的。

行鞠躬礼时，双方距离约1.5米左右。无论身体弯曲

◎ 视频5-2

的程度是多少，都应该做到鞠躬前站姿挺拔，目视对方，男士双手自然垂放于体侧，女士双手交叠置于体前。弯身时规范的做法是头、颈、背保持一条直线，双腿并拢，身体以髋关节为轴弯曲，如图5-1所示，目光应随身体下降而下降。鞠躬后恢复立正姿势，并双眼礼貌地注视对方。

行礼时，一般是晚辈先行礼，男士先行礼。弯身动作不能过快，要稳重、端庄，表现出对对方的尊重。通常，地位低者鞠躬角度不能小于对方。长者还礼时，不必以鞠躬还礼，可以欠身点头或握手。

鞠躬时身体弯曲的程度表达不同的含义，一般来讲鞠躬的度数越大，表示相应的含义就越深。如弯身30度左右，表示一般的歉意；弯身90度左右，很可能就是表示忏悔和谢罪。

鞠躬的度数以30度最为常用。30度鞠躬，表示欢迎、感谢、歉意，行礼时目光要随身体的下降而下降，配合语言时一般是先语言再鞠躬（图5-2）。

45度鞠躬，表示深层次的感谢和歉意，行礼要求与30度一致（图5-3）。

◎ 图5-1

◎ 图5-2

◎ 图5-3

90度的鞠躬礼一般用于较为隆重的特殊场合，例如：婚礼、葬礼、谢师宴等。

二、鞠躬的应用范围

鞠躬应用的范围，一是指使用鞠躬礼的地域范围，二是指使用鞠躬礼的场合。

鞠躬流行于东南亚地区，最讲究的是韩国、日本。我们可以经常看到，他们在宴会或作客时，甚至是路上偶遇时，都会十分标准正式地行鞠躬礼。

鞠躬礼适用于庄严肃穆或喜庆欢乐的仪式，又适用于普通的社交活动场合。当我们看到对方走到距离自己面前约两步左右时，可以主动行礼；当然也可以主动走到对方面前行礼。需要注意的是，行礼前应让对方有所准备，例如：向对方打招呼，如果是初次见面则应作简单的自我介绍。切勿突然行礼，让对方感到唐突。

三、鞠躬的禁忌

鞠躬可以表达对他人的恭敬，但是若行礼不规范就会适得其反。行鞠躬礼时有以下禁忌。

1. 驼背、扣肩、垂头、探颈

这四个方面是鞠躬时常出现的姿态问题，出现任何一种都会给对方留下慵懒、懈怠、消极、不重视对方的印象。解决的办法是鞠躬时要保持站姿时的后背直立状态，做到头颈背一条线。练习时应结合前面站姿部分的要求进行。

2. 眼神与身体脱节

与鞠躬礼不同的欠身致意礼，弯身度数为15度。因为弯身程度较浅，目光注视对方也显得很自然。而鞠躬礼的弯身度数为30度以上，如果随着弯身度数的加深依旧注视对方眼睛，无论是从行为美观度还是从行礼者的舒适度上来说都是难以让人接受的。

3. 行礼速度过快

行礼时，速度要适中，过快会产生潦草敷衍的感觉。

4. 双腿岔开

在男士的站姿中，有时双腿可以打开。但是在鞠躬中，无论男士女士，双腿都必须是并拢的,以表达郑重其事的态度。

5. 弯身程度选择不恰当

虽然弯身的度数越深表达的含义越深,但是选择度数要恰当,并不是越深越好,否则会给对方造成一种压力,从而影响交往的效果。

随着社会的进步,传统且繁琐的礼仪逐步被简单易行的礼仪取代,但是无论怎样变化,表达尊重的本质是我们行礼的出发点,是任何时候都不能变的。规范的鞠躬礼,能够恰当地表达出对交往对象的恭敬之心,为双方的交往营造和谐的氛围。

第三节 拥抱的正确方式

拥抱礼是西方比较常见的见面礼节,随着我国与世界的融合度越来越深,我们的生活中也逐渐有更多的人在见面的时候行拥抱礼。拥抱礼以双方近距离接触并相互拥抱的动作,来表示欢迎、问候、慰问、感谢等情感(视频5-3)。心理学研究表明,拥抱对双方的身心健康都是有很大益处的。美国著名的心理学家赫洛德·傅斯博士说:"拥抱可以消除沮丧,能够使体内免疫系统的效能上升;拥抱能为倦怠的躯体注入新能量,使你变得更加年轻,更有活力。"

一、拥抱的规范

社交中的拥抱要区别于夫妻等有亲密情感关系的人之间的拥抱。社交中的拥抱是一种礼节,是有规范可循的,如果超越规范,交往效果很可能会适得其反。

行拥抱礼时,如果是一般性的拥抱,两人相对而立,身体稍前倾,右手绕过对方后背并搭在其左后肩上,左手由对方右侧环抱对方后腰,头偏向自己的左侧和对方拥抱,有时右手要轻拍对方背部。

如果双方关系很近,或者在某些国家的特定场合,则需要在拥抱时完成贴面(脸颊相贴)。贴面的顺序是左、右、左,一般为三次。

◎视频5-3

当对方向我们行拥抱礼时，我们应按照行礼的规范主动配合，在对方有行拥抱礼之意后及时张开双臂，并上步迎接。如果不习惯拥抱且对方试图与我们拥抱，一般说来，接受它才是不失礼的做法。

二、拥抱的应用范围

拥抱礼在一些欧美国家十分流行，大家经常会借拥抱表达热情，在见面或是告别时也会互相拥抱。在我国虽然大家在交往时不习惯拥抱，但是随着社会发展，年轻人使用拥抱礼的也越来越多。但是拥抱时还是以关系亲近的人为主，初次见面的时候一般很少用到拥抱礼。异性之间使用拥抱礼也要十分慎重，即使拥抱，也只能肩膀以上互相靠近，身体的正面不要碰触到对方。

拥抱礼除了见面和告别时使用，我们还会在以下情况使用：

（1）致谢的时候。当我们相互表示感谢的时候，是可以行拥抱礼的。

（2）安慰的时候。当一方有失落等情绪的时候，我们也可以通过拥抱来安慰对方。

（3）庆祝的时候。当某事取得成就或有共同的值得庆祝的事情的时候，可以通过拥抱传递喜悦的情绪。

以上三种情况在拥抱时可以同时配合感谢、安慰和祝贺的语言，时间也可以比礼节性的拥抱稍长。在我国，有时拥抱也会配合握手使用。例如：祝贺时，我们会先与对方握手祝贺，同时表达祝贺类的语言，随后再拥抱，此时的拥抱时间就要稍短一些。

三、拥抱的禁忌

拥抱是源自西方的礼节，我们在使用时，尤其是在涉外活动中，一定要注意遵守拥抱的规范。不仅如此，以下行为也要杜绝：

（1）男士未经同意向女士行拥抱礼。

（2）拥抱的时间过长。

（3）拥抱时力度过大。

（4）拥抱时双手位置不正确，例如：双手位置低于腰部以下，双手搂住对方脖颈。

（5）无端拒绝他人的正常拥抱。

无论从行礼的一方还是受礼的一方，拥抱都是对对方信任和接纳的一种表现。马斯洛的需求层次理论中提到,人都有爱和归属的需求,拥抱正是人对这种需求的满足行为。因此在拥抱时,既要注重拥抱的规范,又要关注对方的感受,这才是拥抱礼的实质。

第四节 简洁的致意礼

致意是向他人表示尊重的一种行为。致意虽然很简单,但是起到的作用却是十分明显的。礼貌的致意,不仅会给人以亲切和友善的感觉,还会让对方感受到我们的修养和素质。

致意礼的操作一般都很简单,往往一个眼神、一个微笑或者一个很小的动作,就可以达到传递情感的作用。距离较远不便说话、环境安静不宜说话、一天多次见面、目光相互接触但又相互不熟悉等情况下,都可以使用致意礼(视频5-4)。

常见的致意礼有以下几种。

一、举手致意

举手致意用于打招呼及问候,通常会用在双方距离比较远的时候,或者不便说话的时候,但是在生活中我们也经常将语言问候与举手致意配合使用。

举手致意时通常使用右手,行礼时将右手伸出,手心面向对方,手指自然伸直、并拢,要注意的是将手无精打采地举起,手腕塌下去是不礼貌的。

一般举手致意的高度,是与自己眼睛高度持平并不要超过头顶,但是也会根据现场情况的变化而变化(图5-4)。例如:距离越远我们手举的位置就会相应高一些,距离近我们手举的位置就会相应低一些。

行礼时,手不需要频繁摆动,左右摆两三次即可,且幅度不宜过大。同时,目光应该注视对方,面带微笑。如果面对的人数众多,应该确保每一个方向都照顾到,这样才能够体现对所有人的敬意。

◎视频5-4

◎ 图5-4

二、点头致意

点头致意表示的也是打招呼与问候，它的潜在语言是"您好"。点头致意时只需头部轻轻向着对方点一至三次即可，速度不宜过快，用力也不可过大。同时面带微笑，目光凝视对方。

使用点头致意时，双方的距离是小于举手致意的，一般相距三米左右行礼最为合适。太近时行礼显得仓促，太远又不能引起对方足够的重视。点头致意可以站立不动行礼，也可以在行进中使用。

点头致意时，有一些细节是需要注意的。一是点头的时候切勿眨眼或闭眼，这样对方会认为你是在敷衍或者是蔑视对方。二是点头致意的过程中，头抬起来以后，目光不要马上从对方身上离开。三是行点头致意礼时，要停下手中的事情。

三、微笑致意

我们常说微笑是无声的语言，也是世界通用的语言。举手致意与点头致意一般都是面对熟识的人使用的，而微笑致意除了熟识的人以外，陌生人之间也可以使用。例如,在电梯、走廊,或者是在酒会等场合,当两个陌生人之间有短暂的目光交流时,为了避免尴尬,就可以相互微笑致意。

微笑致意在本书中有详尽的规范,请大家参考并实践。

四、起身致意

顾名思义,起身致意就是身体从落座转为站立状态。起身致意的主要目的是向对方表达敬意。例如:面对介绍,或是有长辈到来等情况下,我们都应起身致意。

行礼时,要符合仪态规范。起身的方向要面对受礼者,面部和身体的正面都应朝向对方,不可面部朝向受礼者,身体却侧向扭转;也不可身体正对对方,却把面部转向其他方向。当方向不一致时,起身后要调整到正确的位置。起身后,应尽快整理好服装,面带微笑注视受礼者。

当少数人向多数人行起身致意礼时(如介绍中的被介绍者),往往还会配合举手致意、点头致意或者是欠身致意、鞠躬等。

当多数人向少数人行起身致意礼时(如长辈走进会客厅),起身致意也可以与鼓掌相配合表示欢迎和尊重。

五、欠身致意

欠身是一种表示致敬的礼节,也有问候的含义,常常用在近距离打招呼时,或主人向我们奉茶等时候。

行欠身礼时,应以髋关节为轴,上体前倾15度—30度即可,行礼时应面带微笑地注视对方。欠身致意有以站姿和以坐姿两种行礼方式。

以站姿行礼时,应该停止手中一切事务。在良好站姿的基础上以胯为轴身体前倾15度—30度,目光注视对方且面带微笑。此时身体前倾速度不宜过快,最好前倾后停留1秒再起身。有时也会伴有语言表达。

以坐姿行礼时,只需在坐姿状态下身体前倾,常用于对方也已落座、集体行礼或环境情况限制起身的时候。如果对方此时是站着的,或者郑重其事的场合,则需先起身站好,再行欠身致意礼。以坐姿行礼也常伴有感谢、问候的语言。

行致意礼的时候,要注意以下问题:

(1)致意礼有时会配合语言表达,有语言表达的时候声音音量要适中,以对方能够听清为宜。

（2）行礼时精神状态一定要饱满。面无表情，行为潦草都会给人以敷衍的感觉。

（3）遇到他人对自己行致意礼时，要及时予以回应，千万不要敷衍回应甚至是没有回应。

（4）行致意礼的时候，要注意行礼顺序。通常是晚辈先向长辈行礼，男士先向女士行礼，拜访或接受主人招待时客人先向主人行礼，介绍时被介绍者先行礼。

致意礼虽然简单，却是社交中常用的礼节，要想取得好的效果，必须做到"虽然时时在用，但是尊重程度不减"，即使是简单的行为，也要做到规范，在遵守规范的同时更要照顾情感。

第五节 小名片大学问

在现代社交活动中，名片是必不可少的交际工具。精心设计、制作考究的名片既有介绍自己、给他人留下深刻印象的作用，通过规范地递送与接收名片，也能体现我们的素养与品位（视频5-5）。

一、名片的起源

在现代礼仪中，有很多规范都是在与国际接轨之后，借鉴世界的做法而确定下来的。但是名片这一交往手段，却是起源于我国的"谒"。

1984年，在安徽马鞍山发现的东吴将军朱然墓中，出土了三枚木片做成的，长24.8厘米，宽9.5厘米，厚3.4厘米的谒。所谓"谒"就是写有拜访者名字和其他介绍文字的竹片或木片，在拜访时交给门卫起到自我介绍的作用。"谒"后来也叫"名刺"，和现在名片的作用是一样的。

后来由于纸张的发明，人们逐渐改为在纸张上按照一定的格式书写信息用于人际交往。后来，又演变为"拜帖"。古老的"名片"在中国沿用了几千年，谒和名刺不仅我国使用，后来还传到其他国家和地区，例如：现在日

◎视频5-5

本还称名片为名刺。

虽然现在的名片更便携,更富有现代气息,可是有很多规矩却流传了下来。例如:现在的名片上,最大的字体应该是自己的名字。这一惯例就是从明代沿用下来的,当时人们认为帖子上面的名字大,便于他人阅读,表示谦恭有礼,名字小会被视为狂傲自大。

现在大家使用的名片有很多种形式,从介质上可以分为纸质名片和电子名片,从印刷上可以分为单色名片和彩色名片,从工艺上可以分为烫金名片、立体名片等。以上这些分类和个人喜好及品位有关,选择较为自由。名片还可以按使用的场合分为工作名片和社交名片。顾名思义,工作名片主要是介绍我们的工作身份及情况,而社交名片主要是介绍自己的私人身份及情况。我们在社交场合中应该使用的是社交名片,这是需要注意的。

二、递送名片的时机

名片在古代通常是拜访之前介绍拜访者信息用的,因此都是见面之前用名片。现在,我们使用名片依然起到介绍自己的作用,但是递送的时机却变得更为灵活了。

(1)见面之初就递出自己的名片,表示对他人的重视和自己的谦虚,这种递送通常会和自我介绍或他人引荐结合在一起使用。

(2)在交谈过程中,气氛特别融洽,讨论的问题达成了很多共识,这时可以递出名片,表示相见恨晚。

(3)交往结束即将告别的时候递出自己的名片,表示对下一次见面十分期待。

三、名片递送与接收规范

1. 真诚递送

在递送名片时,我们应面带微笑,稍欠身,并且目光注视对方。名片的拿法应该是:将名片的正面也就是文字的正面朝向对方,以双手的拇指和食指分别持握名片上端的两个角递送过去(图5-5)。如果双手递送有困难,可以只使用右手递送。名片递出的同时说"这是我的名片,请多关照"等客气类的话语。

名片的递送也要遵守次序,一般是晚辈先向长辈递送名片,男士先向女士递送名片，地位低的人先向地位高的人递送名片。如果和长者同时与他人交换名片，应请长者优先交换。

◎ 图5-5

当对方不止一人时，应先将名片递给其中的尊者，或者由近至远地依次进行，切勿跳跃式递送，以免对方误认为我们有厚此薄彼的意思。

2. 虚心接受

接受名片时，必须停下手中事务起身、欠身接受，并且要面带微笑，目光注视对方。用双手的拇指和食指接住名片的下方两角。态度也要毕恭毕敬。在实在不便用双手时要使用右手接过来，避免单独使用左手。名片接过来之后，不可一眼不看就收起来。应该表示感谢并认真阅读名片上的内容，必要时可以表达对对方的赞许、认可、仰慕等。

接到名片后，最好回敬对方名片，如若没有、没带或者刚好用完，要及时表示歉意并向对方解释。

3. 妥善存放

很多人只重视名片的递送与接收，而忽略了名片收放到哪里的问题。试想一下，对方拿到我们的名片以后，就随便丢到包里的任何一个位置或者直接在手里把玩，或者对方递给我们的名片是在包里翻找后才找出来的，那么我们对他的印象一定会大打折扣。

收到名片以后，名片夹是名片最好的归宿，包里专门的位置也是可以的。递送名片时，名片也应该从名片夹或包里最方便的位置拿出来。

四、名片递接的禁忌

在名片递接的过程中，以下情况是不能出现的：
（1）坐着接受他人的名片。
（2）左手递送和接受名片。
（3）使用破损的名片。
（4）使用涂改的名片。
（5）无度散发名片。
（6）在名片上做标注或标记，尤其是侮辱或嘲讽类的标注。
（7）玩弄他人递来的名片。
（8）将名片压在茶杯或其他物品下面。
（9）突兀地向他人索要名片。如果真的想要得到他人的名片，我们可以通过平等交换，或者是婉转向对方表达继续联系的方式来获取他人的名片。
（10）名片上印有违反法律法规的内容。

五、名片的其他用法

名片不只是一张小小的卡片，在某种程度上还相当于主人本尊。因此除了作介绍和表明身份的用途外，名片还可以有以下用法：

1. 用作短信

可以将留言内容用铅笔写在名片左下角，内容可以涉及祝福、感谢、慰问等。

北宋文学家秦观在自己的名帖上写上了"敬贺子允学士尊兄，正旦，高邮秦观手状"，意思就是祝贺子允学士新年快乐。然后名帖由仆人送出去，相当于自己亲自给对方送去了祝福。这种用法改变了名帖作为身份介绍的单一功能，使其功能又有所拓展。据记载，这种用法一直保留到清末民初。

2. 用作留言

在不方便的情况下，将给对方留言的内容写在名片上，委托他人转交给对方。

3.用作礼单

将名片用信封装好,随赠送的礼物一起赠送给对方。

虽然现在交流联系的方法很多,各种社交软件也早已融入我们的生活,但是如果能够利用好名片这一交往手段,就能够更好地表达出我们对他人的重视。相信在电子化交往盛行的今天,名片交往也是一种更有温度的交往。

第六节　介绍的礼仪

在社交活动中,人与人的交往常常都是从相互认识开始的。我们通过自己自主沟通或者是他人的引荐,与他人由陌生到了解、相识的过程,是社交活动中开启人际交往最重要的一环,这也就是我们常说的介绍。介绍是重要的沟通能力,一定要遵守介绍的礼仪。介绍可以分为自我介绍、为他人作介绍和为集体作介绍三种方式(视频5-6)。

一、自我介绍的规范和要求

自我介绍是交往中用得比较多的一种介绍方式,主动向他人介绍自己的目的一是希望对方认识自己,二是希望借机认识对方。

在作自我介绍的时候,介绍者往往会根据不同的情况,介绍不同的内容。但是,姓名、工作单位和工作岗位一般必不可少。例如:"您好,我是张晓宇,在鸿光集团工作,主要负责对外联络。"

有时介绍的内容还会更加丰富,例如:"您好,我是张素甜,目前从事珠宝行业,听说您一直在作珠宝设计,是吗?很高兴认识您!"

在交往中,在适当的时候进行自我介绍,往往会收到更好的效果,这也就是说,要清楚什么时机介绍比较合适。说到时机,就必须先了解一下自我介绍的动机。一般来讲自我介绍的动机有两个,一是自己想要认识对方的时候,二是对方想要认识自己的时候。

想要认识对方的时候,我们的自我介绍最好要自然介入。当谈到对方感兴趣的话题的时候,或对方此时没有

◎视频5-6

与他人交谈，我们的介入不会打扰对方的时候，都是比较好的时机。例如："张女士您好，刚才听了您的见解觉得十分受启发，我是张晓宇，目前也在作相关的项目，这是我的名片。"

对方想要认识我们的时候，也是作自我介绍比较好的时机。这时我们的信息对方会很容易记牢。

此外，在自我介绍时，还应该注意介绍的内容要实事求是，既不要夸大其词，也无须过分谦虚，同时注意自我介绍内容不要太过繁杂，时间不要太长。自我介绍是沟通能力的综合体现，面带微笑，注视对方，必要时配合致意、名片等，可能会达到更好的效果。

张力毕业后，如愿进入一家软件公司工作。6月30日正好是他工作一周年，又恰巧是他的生日，于是他准备联系自己的恩师王老师以及几位同学和现在的女同事刘悦在这一天晚上聚餐。

晚上，张力的同学和同事刘悦都提前赶到了，王老师打电话说马上就到。王老师一进来，同学们就热情地围上来和老师打招呼，大家都说王老师状态特别好，一点都不像将近60岁的人。

张力看到同事刘悦在一旁只能眼睁睁地看着他们和老师聊天，很是尴尬，为了缓和这种气氛，张力打断了大家，一边请王老师入座，一边赶紧为大家相互作介绍。

张力介绍道："刘悦，这是……"

还没等张力说完，刘悦就打断张力并微笑着说："张力我自己介绍吧，王老师您好，我是张力的同事，您是软件方面的专家，认识您真是太荣幸了！"

王老师伸出手，高兴地说："小刘你好，张力经常提到你，说你在业务方面非常优秀，看来你还是一个非常有礼貌的孩子啊。"

过后，张力不解地问："刚才你为什么要自己介绍啊？"

"介绍的时候应该先把晚辈介绍给长辈认识，我一听你准备先介绍长辈给我认识，担心王老师认为咱们不懂礼貌呢。"刘悦说完，张力不好意思地说："看来今后我得好好学习学习社交礼仪啊！"

二、为他人作介绍的规范和要求

为他人作介绍首先要明确三方关系，介绍双方信息的人被称为介绍者，掌握着全面信息。被介绍认识的两个人是被介绍者，如果被介绍者之间相互不认识，就需要介绍者依次介绍双方认识；被介绍者如果只有一方单向认识另一方，那就只需要将其中的一方介绍给另一方。

既然介绍双方认识，就必须明确顺序的问题。规范的做法是：应该遵循尊者享有优先知情权的原则，即先将位卑者的信息介绍给位尊者。具体到社交场合中，介绍长辈与晚辈认识时，应先介绍晚辈的信息，再介绍长辈的信息；介绍男士与女士认识时，应先介绍男士的信息，再介绍女士的信息；介绍未婚者与已婚者认识时，应先介绍未婚者的信息，再介绍已婚者的信息。

为他人作介绍的顺序必须通过介绍者的行为和语言表现出来，因此，就需要介绍者的语言和行为更加规范，主要有以下几方面：

1. 介绍时的手势

介绍时的手势要合理。合理的手势包括两部分内容，一是介绍时手势应该用手掌指示，而不是用手指。二是我们指示的位置不要太高，更不能指向对方的头部，最佳的位置应该是对方的胸、腰之间。手指距对方身体约十厘米左右的距离。

2. 介绍时的目光

介绍时，介绍给哪一位目光就要注视哪一位，也就是说目光要落在与之交谈的人的面部。

3. 介绍时的语言

介绍时语言表达要流畅，万不可介绍完一方信息后停顿时间太长，这样将被介绍双方晾在那里，是很失礼的行为，双方都会感到很尴尬。标准的表达方式是："刘女士您好，这位是我的同事张磊。张磊，这位是刘女士。"

当我们为他人作介绍时，可能会出现其中一方或双方的人数不止一人的情况，这时的介绍就是为集体介绍。在为集体作介绍的时候，介绍的先后顺序可以参照我们为他人介绍时的规则进行。为集体介绍时，不仅要按照顺序分别介绍双方，还要在一方之内按照尊卑关系依次介绍这一方所有的成员。例如："各位长辈，我给大家介绍一下，这三位都是咱们行业的新星，这位是李毅，这位是刘海，这位是王东；三位小伙子，这三位都是咱们的前辈，这位是张老，这位是温老，这位是谭老。"

三、介绍的禁忌

（1）介绍双方认识时未征得双方同意。
（2）自我介绍声音太大，影响他人。
（3）介绍时顺序错乱。
（4）介绍时忘记他人信息。
（5）介绍错误信息。

介绍是"一把钥匙"，能够开启与他人交往的大门。自我介绍、为他人作介绍和为集体作介绍三种方式，能够让大家由陌生到相识，继而使得"由相识到相知，由相知到相助"成为可能。掌握介绍礼仪，不触犯介绍禁忌，能让我们的人际交往变得更加顺利。

第七节　注意保持社交距离

从2020年起新冠疫情全面防控引起了全世界的极大关注，关于社交距离的话题也再一次走入大众的视野。公众普遍认为，有利于防控的安全社交距离为1.5米。其实社交距离并不是在病毒流行的时期才提出来的，社交距离源于人与人在社会交往活动中自然保持的空间距离。

一、为什么要讲究空间距离

在空间上保持一定距离是人与人交往时的一种习惯，是交往时情感的需要，是双方关系的直观体现。

1. 空间距离是文明习惯

《大戴礼记·保傅》中说道："少成若性，习贯之为常。"习惯是我们在长期的生活中逐渐养成的，是一种不容易改变的行为。在我们的社交活动中，通常习惯以保持一定的空间距离来表示对他人的尊重，我们从小的家庭教育、学校教育乃至走入社会的经验阅历，都不断提醒我们交往时一定要根据与对方的关系保持相应的距离。由此，空间上保持一定距离已经成为大家的习惯，这也是一种文明习惯。

2.空间距离是情感需要

交往的过程也是情感交流的过程，在情感交流的过程中，距离是能够起到调节和促进作用的。近距离的接触，有助于双方增进感情、加深友谊，可以说是交往中的润滑剂。但是没有规则的近距离接触却会收到相反的效果。例如：太近距离的接触可能会让对方产生窥探隐私的误解，还可能会产生心理上的压迫感。有学者认为人对于交往中的空间距离如此敏感，与动物的领地意识有关。因为人也是动物，所以在不断的进化中也保留了这样的意识。

有心理学家做过一次实验，在空旷的阅览室里面只有一名读者，后来的陌生读者专门选择坐在这名读者的旁边，实验整整进行了80人次，结果没有一个人允许陌生人紧挨着自己坐下。他们要么提高警惕，要么起身离开。究其原因就是这种距离是超越陌生人之间的关系的，从习惯上来说是别扭的，从情感体验上来说是不适甚至是害怕、抗拒的。

3.空间距离是关系的体现

空间距离的大小和双方的关系是高度相关的。这里所说的关系并不单纯指关系好坏，主要是指是什么样的关系类型，例如陌生、亲密等。美国人类学家爱德华·霍尔博士通过研究，将空间距离划分为四种，各种距离都与对方的关系相对应。因此，双方都能认可的空间距离是能够体现双方关系的。

其实，空间距离的三个方面有着内在的联系。交往中，当任何一方破坏了与双方关系不相符的空间距离时，情绪情感上都会让对方感到十分不适，对方会下意识地调整距离，直至自己感觉舒适为止。

二、社交距离的分类

社交距离即我们在社交活动中应该保持的空间距离。因为社交活动是一个大的范围，因此社交距离也会根据与交往对象的关系、交往活动所处的环境，以及交往活动面对的对象，细分为公众社交距离、一般社交距离和密切社交距离。

（1）公众社交距离。此距离一般是在一人对多人时，距离大视角宽阔，一个人能顾及众多的人。例如：当众演讲时，演讲者与听者的距离就是公众社交距离。这个距离往往在3米甚至更远一些。保持这样的距离时往往可以不使用有声语言相互沟通，甚至可以相互之间无任何表示。因为这是一个几乎能容纳所有人的开放空间,即使相互之间目光有交集,人们也完全可以对处于空间的其他人"视而不见"。如果觉得确实有必要进行进一步沟通的话,就应该缩短两个人的距离,才能够实现更有效的沟通。

(2)一般社交距离。一般社交是在1.5—3米左右,一般的交往活动都可以保持这样的一个距离,例如:与不大熟悉的人打招呼时就可采用此距离,在酒会上双方交谈也可保持这样的一个距离。在这样的距离范围内,人与人很少会有身体接触,双方从心理感受上也很少有肢体接触的需求。这种距离可以营造严肃认真和敬意有加的氛围。尽管如此,在此距离范围交往时,不能让对方觉得太冷淡,我们应当适当提高声音,有更充分的目光接触。如果距离远并且感受不到关切的目光,对方会有强烈的被忽视、被拒绝的感受。

(3)密切社交距离,是在0.5—1.5米左右,在双方拟进一步交往的活动都可以保持这样的距离。这是双方进行语言沟通时较为多用的一个距离,也是进行非正式的个人交谈时最常保持的距离。在这个距离,双方可以相互亲切握手,是适用于熟人交往的空间距离。一个陌生人进入这个距离时,会对别人在心理上构成侵犯。

一般社交距离和密切社交距离都有一个距离范围,靠近最小值或靠近最大值应该根据两人的关系而定。例如,对于密切社交距离而言,熟识的人都可以自由进入0.5—1.5米这个空间,但是,与相对陌生的人的沟通会更靠近这个方位的最大值,相反则应该靠近0.5米这一最小值。

一般0.5米甚至更近距离属于亲密距离,这样的距离一般是亲人、情侣和夫妻才会用的。而且这样的关系一般是不会当众表现出来的,所以我们没有把这样的空间距离纳入进来,因为在社交活动中,不是任何人都可以随意进出这一空间的,这样做也是很不礼貌的,会引起对方的反感。

在某些特定情况下,我们可能会被迫进入对方的亲密距离范围,例如,在乘坐轿厢式电梯,或是在地铁里。这时我们尽量不同他人交谈,哪怕是熟识的人,同时还应该避开他人的目光以免尴尬。

空间上的距离其实只是一种物理距离,我们研究这样的距离不仅仅是研究一个具体的数字,实际交往中我们更应该注重对方的心理感受。掌握三种空间距离,在不同的场合、面对不同的交往对象时保持正确的空间距离,这样才能成为社交中彬彬有礼的人。

第八节　其他见面礼

随着社会的进步，世界变成了地球村，人与人的距离不断缩小，我们交往的朋友圈也在不断扩大。面对交往中存在的多元化，在和不同文化的人交往的时候就必须得了解、熟悉、认同对方的文化，见面礼就是特别重要的一个方面。社交中的见面礼除了我们前面介绍过的握手、鞠躬、致意等形式外，比较通用的还有以下几种见面礼。

一、亲吻礼

亲吻礼是用唇或面颊接触他人的致意礼节。依照双方关系的亲疏不同，亲吻的部位与方式也有所区别。长辈只吻晚辈的额头，同辈如朋友、同事、兄弟姐妹之间只是脸颊相贴，而亲吻对方嘴唇是夫妻或情侣之间才有的礼节。

除了亲吻嘴唇、额头或是脸颊相贴，还有一种吻手礼流行于欧美上层社会之间的交往中。行吻手礼时，男女双方距离一步左右，双方须注目，然后女性将手轻轻抬起60度并作下垂状，男子轻轻将手提起，略俯身低头，在手背轻吻一下，然后缓缓将手放开。需要注意的是，吻手礼只能是男士向女士行礼，并且是已婚女士，不能吻单身女性的手。亲吻的区域只能是手背，手腕及以上部位为吻手礼的禁区。亲吻礼必须稳重、自然。在涉外交往中，年轻女性一般不宜与男外宾行亲吻礼，应行握手礼。当然，当外国年长宾客出于尊重行亲吻礼时，也应按照规范以礼相待。

二、拱手礼

拱手礼是中国特有的见面礼，也是历史悠久的见面礼仪。《礼记·曲礼上》记载道："遭先生于道，趋而进，正立拱手。"《论语·微子》也记载了子路对孔子行拱手礼，"子路拱而立"。虽然现代见面礼有很多，但是在交往中还是会有很多人使用拱手礼，表示欢迎、告辞、感谢、歉意、敬佩、仰慕等情感。因为没有肢体上的接触并且双方保持一定距离，现在也被称为最健康的见面礼。

拱手礼从字面理解就是行礼时双手应该成拱形，要求一手虚握拳，形成弯拱，另一只手从外面将弯拱的手顺手指包住，双手成拱后位置不高于下颌，不低于前胸，距离身体约为20—30厘米。需要特别注意的是，中国古代习惯以左为尊，因此男子行礼时应该左手在外，表示友好、真诚和尊重，也称为吉礼。如遇丧事则右手在外，此种行礼也称为凶礼。女子行礼恰恰与男子相反，女子行礼时右手在外为吉礼，左手在外为凶礼。双手成拱后双腿并拢直立，对方如若是平辈则直立面向对方，对方如若是长辈则需上体略前倾。古时的拱手礼，身体和双手一般都不动，但是，现在行礼双手可由内向外反复摆动几次以示友好欢迎等。

在实际使用时，大家可能会将拱手礼与抱拳或作揖等同使用。虽然从形式上来看三者都是见面礼，有一定的相同之处，例如三者都是将双手相握抬至胸前施礼，但在具体行礼规范上却是有区别的。最明显的差异是，行抱拳礼时，一手为掌一手为拳，常用于武艺切磋；作揖时不仅双手要成拱，行礼时身体还要前倾以表达更深的敬意。

三、合十礼

交往中的合十礼源自佛教，是东南亚地区信奉佛教的国家比较常见的致意礼仪。在我国，除了佛教场所，在其他场合也有使用。合十礼用以表示问候、告辞、道歉、感谢等含义，传递我们对他人的尊重、恭敬、善意和礼貌。

很多人使用合十礼，一是因为行礼方便，二是认为合十礼是拜见神明时使用的，因此对人使用会更能表达敬意。但是合十礼也有其规范的要求，尤其是在和有相关信仰的人交往时更要细心谨慎地使用。

行合十礼时，要面容和蔼，身体前倾。首先手指并拢，双掌合十，但要注意的是行礼时并不是双手掌心相贴，而是要双手微拱，双手相对以后掌内自然形成空腔。行礼时，指尖向上，目光注视指尖；手肘自然弯曲，小臂与地面呈45度；大臂不要刻意离开身体也不要仅仅夹在身体两侧，肩部要自然下沉。

行合十礼也要讲究一定的顺序，一般晚辈先向长辈行礼或者身份低的人先向身份高的人行礼。在实际交往中，合十礼的使用会根据行礼对象的不同，双手合十的位置也要略有调整，对方的地位越高，指尖的位置就越高，但是注意行礼时，双手不宜超过头顶。在使用合十礼的地区或国家通常还会有以下讲究：

（1）当行礼者与对方身份相同或地位相当的时候，双手合十置于与前胸相应的高度，这种情况也用于佛教徒见到僧侣或者佛教徒正在诵经布道时。

（2）当对方年龄长于自己或者对方是自己的领导时，要双手合十位于自己嘴唇的高度。

（3）当面对家中长辈或者学生面对老师，在离开家里或回到家里时要双手合十置于鼻尖的高度。

（4）当举办宗教仪式行礼时要双手合十放于额头高度。

在使用合十礼时要注意，当遇到对方行合十礼时，一定要及时还礼以表示对对方的尊重。

亲吻礼、拱手礼与合十礼是国际上较为多见的见面礼仪，除此之外还有一些不常见的见面礼节，例如：碰鼻礼。但是无论哪种见面礼，表面上是一种礼节形式，背后却代表了相应的文化，表达的是对对方的尊重。因此，我们既要重视不同的礼节礼规，更要重视其对应的深刻内涵。

第九节　恰当地称呼对方

在社交的会面活动中，除了用肢体语言表达对交往对象的尊重以外，还有一种向别人表达尊重的形式就是用语言问候他人。《礼记·仪礼》说："言语之美，穆穆皇皇。穆穆者，敬之和；皇皇者，正而美。"说的就是在人际交往中，对人说话要尊敬、和气、文雅。

热情的问候体现出的是一种友善的态度，而恰当的称呼则是友善态度的具体做法。礼貌的称呼不仅可以使交往对象的心情感到愉悦，还有助于维系良好的社交关系，帮我们结识更多的新朋友。因此，选择恰当、正确的称呼不仅能让我们拥有良好的人际关系，还能体现出我们良好的素质修养。

一、礼仪性称呼

作为这个社会当中的一员，我们每天会和不同的人打交道，所以，掌握礼仪性的称呼是非常有必要的。礼仪性称呼是指：在社交场合出于礼貌对他人的称呼，也可以理解为日常生活中常规性的称呼方式。

在社交场合当中，一般对成年男子的称呼为"先生"，不论对方是否已婚都可以使用这个称呼，当然也可以冠以姓名、职务、学衔等，如"王小波先生""市长先生""博士先生"等。另外，称呼的时候还要合乎常规、适应环境，不能太过于死板生硬。例如，在不是很正式的社交场合，面对年龄较大的男士可称呼"叔叔""爷爷"，这种称呼很亲切、自然，让人易于接受。

通常来讲，对女子而言比较常用的称呼是"女士"，对已婚的女士可称呼为"夫人"，戴结婚戒指的女士也可以称之为"夫人"。对未婚女子的称呼为"小姐"。如果不知道对方是否已婚，可以称呼为"女士"。对女士也可以用礼仪性称呼冠以姓名或姓氏，如"李丽丽小姐""王女士"等。另外，需注意的是，在称呼女士时，一定要运用恰当的称呼，千万不要把对方称呼错了，否则可能就会让对方心情不悦，引起不必要的误会。

王丽丽在参加一个活动时，突然感觉肚子不舒服，她想去洗手间，由于不熟悉洗手间在哪里，她只能去询问别人，正好看见一个中年女士在旁边，于是就说道："美女您好，请问洗手间怎么走呀？"对方回过头来看了她一眼什么都没有说就走了，只留下愣在那里的王丽丽。很显然，这位中年女士对王丽丽称呼自己"美女"十分不满。

所以，在社交会面过程中一定要注意称呼的恰当运用。

二、职务性称呼

在重要的场合为了表达对交往对象的尊重，在称呼时通常会运用到对方的职务。如我国的官职从高到低依次排列为：国家级正职、国家级副职、省部级正职、省部级副职、厅局（地）正职、厅局（地）副职、县处级正职、县处级副职、乡科级正职、乡科级副职等。

在具体称呼某人时，可以称呼其具体的官职如"部长""局长"等，也可以在职位的前面加上姓名，显得更加的具体和亲切，如"李新局长""于伟国书记"等。

对我国军人来说一般职务由低到高的排列顺序为：士兵、班长、排长、连长、营长、团长、师长、军长、司令员、军委主席，在称呼时可直接称呼官职，也可以加姓氏或姓名在官职的前面，如"司令员""军长""吴团长""许三多班长"等。

当与外籍人士交往时，要注意其文化背景和习惯，因为"十里不同风，百里不同俗"，这对于我们每一个人来说都应该注意。如联邦制国家的官职从高到低依次为：总统、副总统（参院议长）、众院议长、国务卿等，在具体的称呼过程中可以直接称呼官职加"先生"如"总统先生"，也可以称其为"奥巴马先生"等。

三、职称性称呼

对于具有职称，尤其是具有高级、中级职称的人，在工作中直接以其职称相称是对对方在专业领域的肯定，同时也会让对方感受到被尊重和重视。

以职称相称通常有三种方式：

（1）只称职称，如"教授""主任医师"等。

（2）职称前加上姓氏，如"王工（程师）""李编审"等。

（3）职称前加上姓名，如"张立教授""徐飞研究员"等。这种称呼可以运用在比较正式的场合。

四、谦称敬称

中国有着几千年的优秀礼仪文化，尤其是在交往活动中体现得十分充分。汉代刘向在《说苑》中说"辞不可不修，说不可不善"，说的就是说话的一种艺术，所以，在社交活动中一定要灵活地根据不同的情况采取谦称和敬称。

当在介绍自己辈分高或年龄大的亲属时，可以在称呼前面加一个"家"字，如"家父""家姐"等，而称呼辈分或年龄低于自己的亲属时，则加"舍"字，如"舍妹""舍女"等。称自己的子女，则可以在其称呼前面加"小"字，如"小儿""小女"等。这是社交活动中与人谈话时的一种常见的谦称，当然最终的目的是向交往对象表达敬意。

第二种情况，在称呼交往对象的长辈时使用敬称。可以在称呼的前面加上一个"尊"字，例如"尊母""尊兄"等。称呼交往对象的平辈时，可以加上一个"贤"字，如"贤妹""贤弟"等。第三种情况，不分辈分和长幼时可以直接在称呼前加一个"令"字，如"令堂""令尊""令嫒"等。

《弟子规》里说过"遇长者，勿呼名"，说的就是当面对年长者时，要注意不能直呼其名，要懂得尊敬。对于有身份的长者，可以以"先生"相称，在此意义上使用"先生"这一称呼时，可以不分男女，在"先生"前还可以冠以姓氏，如"冰心先生""何先生"等。

对文艺界、教育界或有成就感的人士，可以称之为"老师"。当然也可以在"老师"之前加上姓氏，如"林老师"。

对德高望重的年长者还可以称之为"公"或"老"，具体的做法是将姓氏放在"公"或"老"的前面，如"马公""谢老"等。

总之，与人交际称呼当先，不同的称呼反映了对交往对象不同的态度和情感。使用称呼应谨慎，要了解和掌握礼仪性称呼、正式性称呼和职称性称呼，并恰当使用谦称敬称。如若使用不当便是失礼于人，所以掌握以上几种称呼方式，在社交生活中是非常重要的。

第十节　问候语的四种形式

中国的语言文化博大精深，有着独特的语言文化魅力，下面我们就一起来分享社交会面时的问候语。

语言不仅是交流信息的重要手段，也是和他人建立关系并且维持这种关系的非常重要的手段，而语言交流则是从问候开始的。问候的形式是否正确影响着人际关系。掌握好问候的四种形式，是想要拥有良好人际关系的人必须学习的重要内容。

一、关怀式

在社交会面时问候他人，往往是想借此表达对交往对象的热情与友好。大家都知道如今的社会生活节奏很快，每个人都会在忙忙碌碌中度过一天，如果在社交会面时能通过问候让他人感受到温暖，又能让自己赢得和谐的人际关系，这将是一件双赢的事情。

不管是面对新朋友还是老朋友，关怀式的问候语往往能让彼此的关系更近。社交中常用的关怀式问候语可以从交往对象的实际情况入手，比如从生活、健康、工作、学习、家人等方面。选择一个正确的切入点并且正确地表达，才能起到事半功倍的效果，否则可能会引起不必要的误会，让人际交往陷入一个比较尴尬的境地。

于晴生病了，查出来是癌症，不过万幸是癌症早期，治愈的可能还是很大的。一天，隔壁邻居李丽在门口碰到于晴，她对于晴说："于晴，听说你得癌症了啊，现在怎么样了？"话音刚落，于晴一脸不高兴地对李丽说："我得了癌症和你有什么关系呀？"说完转身就走了。

以上的案例虽然是关怀式问候，但是因表达的方式不对，才让于晴非常生气。我们可以这样问候："于晴，听说你生病了，现在怎么样了？"这样的问候方式就回避了让人听到都害怕的两个字——癌症，这样做既表达了对交往对象的关心，也能让别人易于接受，会让对方感受到被尊重和来自问候者的温暖。

二、问候式

说到"问候式"，大家首先想到的是"你好""您好"。这句问候语简洁明了，通用性强，是当下的社交场合中使用最为普遍的问候语。这一问候看似非常简单，却在使用时有讲究。

按照中国人的表达习惯，一般很少单独使用"你好"或"您好"，这是对交往对象的信息一无所知，又出于礼貌要问候的情况下，我们才会选择的。单独使用"你好"或"您好"，会显得关系较为疏远。

在参加社交活动的时候，在"你好/您好"的前面或后面加上恰当的称呼，如"李亮，您好"或"您好，李亮"，这种突出称呼的问候就显得具有个性，会让对方觉得很受重视，不会让人觉得敷衍。当然，问候式还可以简略为"称呼语＋好"，例如"张老师好"等。

另外，在问候中还可以加上时间信息，把一天当中早、中、晚三个不同时间段体现出来，如"秦明，早上好""晚上好，王甜甜"。这样的问候方式会让人觉得亲切、自然，有生活气息。

三、夸赞式

一位名人曾经说过,夸赞就好像是寒冬里的阳光,正因有了它才使得我们的生活变得更加温暖。其实,在生活中人人都期待得到夸赞,运用夸赞的场合也非常的多,尤其是在人际交往时,夸赞式的问候不仅能让他人得到心理上的满足,同时也能快速拉近与交往对象的距离,并让自己收获良好的人际关系。

在社交会面时运用的夸赞式问候,不能是毫无根据的夸赞,应该从实际情况出发,找到交往对象身上或与他有关联的闪光点作为切入点,才能让别人易于接受,引起感情上的共鸣,否则可能让别人反感。

罗芳在朋友们的眼中是一个情商很高的人,这表现在罗芳总能看到他人身上的闪光点。例如:孩子考试考好了罗芳会说"您的儿子教育得真好,考了全班第一名",对方穿了一件漂亮的新衣服罗芳又会说"这件衣服真符合您的气质"。

从这个案例当中我们不难发现,夸赞式问候的语言一定要和当下交往对象的实际情况相符合,并且让对方感受到我们的真诚。夸赞式的问候语还有一定的时效性,如果错过了时间节点其效果便会打折扣。如以上案例提到的"孩子考得好"就有时效性,如果过了很久才说,就不如当下进行的好。

四、言他式

很多时候,人与人之间出于礼貌的需要,并根据见面时的情境,以"言他"的方式来问候对方,从而进行情感上的联络。言他式问候的表达方式不固定,问候他人时,尽管说什么是带有很强的随意性的,但是,还要视对方所处场合而定,一般主要询问对方已经完成的、正在做的、即将做的事情或者大家都能看到的某种事物,以此来表达对对方的尊重和理解,这样做还能够引出适当的话题。如在生活当中我们经常听到见面时的第一句问候语是"您吃了吗?"这样的问候方式是中国特有的,当然这种问候的方式一般用在吃饭时间前后才比较恰当。见面问"吃"源远流长,《战国策·赵策》中就有触龙见赵太后致意:"日食饮得无衰乎?"问候语问"吃",因为中国是一个食文化大国,"吃"在人们生活中所占的位置是非常高的,不仅具有充饥养身功能,而且还具有艺术审美和社会交往的功能。所以平时见面也亲切地问一声"吃了吗",使彼此感觉更加亲近。除了问"吃"还可以问"事"。比如:看见某人在散步时可以问候:"您散步啊?"看到邻居在买菜可以询问:"您买菜啊?"当然,在问候的前后也可以加上称谓。

生活中我们问候别人的方式不是固定、单一的,常见的关怀式、问候式、夸赞式、言他式等四种问候方式,具体选择哪一种,一定要根据当时所处的环境以及问候对象的状况进行灵活的变通,才能让对方感受到我们问候的真诚,以及对问候对象的尊重。

第六章　节庆活动礼仪

第一节　婚礼、寿礼、满月礼要有仪式感

婚礼、寿礼和满月礼，都是人生中值得庆祝的重要时刻，而仪式则是让这些值得纪念的时刻，在时间的长河中灿若星辰的不可或缺的重要形式。

一、婚礼

（一）婚礼的由来

中国古人认为黄昏是吉时，所以会在黄昏行娶妻、结亲之礼，演变到现在称为"婚礼"。在传统阴阳五行的观念里，女子属阴，黄昏是"阳往而阴来"，婚礼的一切都渗透着"迎阴气入家"的含义。

（二）古代婚礼的习俗

最初的婚礼形式大约始于原始社会末期，到了周代已经具备了完整的"六礼"——纳采、问名、纳吉、纳征、请期、迎亲。

（1）纳采。整个婚礼仪式中的首礼，也叫下聘礼。男方请媒人去女方家提亲，女方家答应议婚后，男方准备求婚物品，送至女方家，正式求婚。

（2）问名。男方家请媒人问女方的名字和出生年月日，一来为了防止同姓近亲结亲，二来也是为测八字，看二人能否适合成亲。

（3）纳吉。古人信奉神灵和占卜，在婚前会将男女双方的名字和生辰八字拿到庙里去占卜，卜得吉兆，就决定两人正式缔结婚姻。如果卜得凶兆，可能取消二人婚约。

（4）纳征。又叫纳币，男方正式将聘礼送到女方家里，礼单用红绿描金贴写上些吉利话，俗称"文定"，这也是证明这桩婚姻的合法性。

（5）请期。《礼仪·士昏礼》云："请期用雁，主人辞，宾许告期，如纳

征礼。"男方通过占卜选定婚期之后，由媒人告知女方家里，征求女方家里的意见。请期时通常会带一只大雁，大雁有情义，雌雄相配从一而终。所以古代有以大雁为礼物的惯例，以表示对婚姻的忠贞。

（6）迎亲。六礼中最后的程序，即婚礼当天，新郎亲自至女家迎娶新娘。新郎骑着马，新娘坐着花轿一路到男方家，拜天地后正式结为夫妻。

（三）西方婚礼习俗

西方的婚礼是一种宗教仪式和法律公证仪式，仪式的意义在于获取社会的承认和祝福。按照习惯婚礼习俗，新娘要准备一旧、一新、一借、一蓝。

一旧（Something Old）：母亲或祖母传下来的婚纱、头饰或首饰，代表传承美好的一切；一新（Something New）：朋友送的礼物如裙子、饰物，象征新的生活；一借（Something Borrowed）：可向任何人借物品，例如：从富裕亲友那里借来金或银放在鞋内，象征带来财运；一蓝（Something Blue）：新娘的一些小饰物或花束用蓝色，意味着新娘的纯洁及忠贞。

当然，还有程序感很强的婚礼仪式。

（四）现代中西合璧的婚礼

1. 定亲

与古代"父母之命、媒妁之言"不同，当代年轻人通常是自由恋爱之后才会告知父母。定亲是双方父母见面互相认识并商定结婚事宜的日子。通常是双方家人一起举行小型的仪式及共进餐宴。

2. 迎亲

新郎带着伴郎来到新娘家迎娶新娘。此时，新娘在伴娘和女性亲友的陪伴下在房间等候，其他的亲友会设置一些"拦门"活动。在古代，女儿出嫁以后就是别人家的人了，所以堵门的寓意也是让男方在门外恳求女方家人将女儿嫁给自己，并当着众亲友许下承诺，善待、呵护女孩，以此体现女儿的珍贵。这样的习俗延续至今，这也是婚礼当天热闹喜庆的一种方式。

3. 婚礼现场仪式

现代婚礼现场仪式大多是中西合璧的，比如：敬父母茶是中式的传承，交换戒指、倒香槟酒、切蛋糕、抛捧花等便是移植了西式婚礼风俗。

4. 婚礼的时间

现代婚礼的举行时间大多会选择节假日的中午或晚上举行，亲朋好友会从各地赶来共同见证这一意义重大的时刻。

5.婚礼的形式

（1）旅行婚礼。现在，很多年轻人将婚礼的形式化繁为简，选择把举办婚礼的预算，用作结婚旅行的费用。开阔眼界的蜜月旅行，不失为一种轻松愉快的婚礼选择。

（2）集体婚礼。集体婚礼作为一种新式婚礼，在民国时代便已开始，并于20世纪初开始盛行。集体婚礼作为一种新方式，往往是由某个单位或组织专门策划举行的、有若干对新人共同举办的结婚仪式。

（3）西式婚礼。常见的西式婚礼有草坪婚礼、湖畔婚礼等。因季节和气候原因，草坪婚礼在秦岭和长江以南温暖的地方比较盛行。草坪婚礼、湖畔婚礼是由国外教堂婚礼演变而来，这种形式的婚礼常在草地、花园、湖畔举行，基本流程和教堂婚礼相似，其核心是证婚仪式，让亲友团见证新人的浪漫结合。

受中华传统风俗的影响，在我国，纯粹的西式婚礼并不是很多。年轻人经常在证婚仪式结束后，新人的家庭成员偕同全体宾客移步至中餐宴会厅，脱下婚纱换上火红的中式婚礼服，进行一场中式喜宴。更有中西结合式婚礼，直接在中餐宴会厅举行，新人先穿西式婚纱礼服举行证婚仪式，之后换成中式礼服举行中式结婚喜宴，中西合璧、洋洋洒洒，颇为喜庆热烈。

（4）中式婚礼。近些年，中式传统婚礼悄然流行起来，新人们穿起传统的中式婚礼服——凤冠霞帔向传统致敬，隆重的中式婚礼也表明新人对婚礼的重视及对传统文化的热爱。

西式婚礼通常新娘穿白色的婚纱，新郎穿黑色的礼服。因为西方文化为白色代表圣洁，黑色代表正式和隆重。

中式婚礼通常穿中式礼服，颜色以红色为主、金色为辅。红色代表隆重、喜庆，金色代表权威和大气。

二、寿礼

《尚书·洪范》有云："五福，一曰寿，二曰福，三曰康宁，四曰攸好德，五曰考终命。"更是把"寿"摆在第一位。

寿礼，又称"祝寿礼"，也就是庆祝生日的礼仪。面对儿童叫作"过生日"，到了一定年龄才能叫"做寿"。寿礼一般40岁以上才开始举行，但是因为中国有"尊亲在，不言老"的讲究。所以，父母在世，即使年过半百也不能叫"做寿"。我国民间有"贺七十、庆八十、祝九十"的讲究。

1. 寿宴

寿宴，顾名思义是过生日的宴席。寿宴的装饰以红色为主，还会贴大大的"寿"字。现场的鲜花以天堂鸟（似仙鹤般长寿）、南天竹（寓意长寿）、长寿花（送老人的佳品）、龟背竹（寓意健康长寿）等为主。

寿宴上通常要准备长寿面，寓意长长久久并增添喜庆气氛。寿宴上的生日蛋糕源自西方，但很多老人不喜欢"吹灯拔蜡"的安排，所以，在寿宴进行之前，多要准备好寿桃，并根据老人的喜好决定是否准备生日蛋糕。

2. 寿词

伴随着祝寿礼，诞生了一种在寿诞礼上使用的专门文体，即寿诞礼辞，寿诞礼辞包括祝寿柬帖、祝寿锦幛、祝寿诗词、祝寿楹联等。

在日常生活中，我们通常用吉利话祝福生日，如"福如东海，寿比南山""增福增寿增富贵，添光添彩添吉祥""福寿安康，万寿无疆"等。

3. 寿礼

在我国传统习俗延续比较好的地方，寿礼依然会选择寿幛、寿联、寿桃、寿酒、寿面、寿烛、寿屏、富贵耄耋图、福禄寿图等作为贺礼。随着现代社会的发展，更多的人会选择寓意好的、实用的物品作为生日礼物赠送寿星。

三、满月礼

传统的庆贺生子仪式，一般包括"洗三仪式""满月礼""百岁礼""周岁礼"。

"满月"意味着孩子顺利地从"新生儿"成长为"婴儿"，度过了人生中的第一个重要的时期。这时，家长为了祝愿新生儿健康成长，通常会举行满月礼仪式——办满月酒。在这一仪式中，会邀请亲朋好友参与见证，为孩子祈祷祝福。

第二节　剪彩仪式的礼仪

剪彩仪式的起源有两种说法，因寓意祥和而逐渐形成世界范围内的、人们喜爱的仪式过程。

第一种说法，传说剪彩礼起源于西欧。古代西欧的造船业比较发达，新船下水往往会吸引成千上万的人前来观看。为了防止人群涌向新船而发生意外事故，主持人在新船下水前，在离船体较远的地方，用绳索设置一道"防线"。待新船下水典礼就绪后，主持人便会剪断绳索让观众参观。后来绳索改为彩带，人们就给它起了"剪彩"的名称。

第二种说法，传说剪彩最早起源于美国。1912年，美国一个乡间小镇的店铺即将开业，老板为了阻止顾客将优惠产品一抢而空，就随意将一条布带子拴在门框上，以阻止顾客蜂拥而入。此时，店主人的小女儿牵着一条小狗，突然从店里跑了出来，不小心将拴在店门上的布带子拽断了。结果，顾客纷纷进店争相购买货物，小店在开业之日的生意居然出人意料地红火。由此，人们便认为碰断布带的做法是一个好兆头，后逐渐演变成了现在的剪彩仪式。

通常情况下，剪彩仪式会在即将启用的建筑、展销会、博览会等现场举行，因其主要活动内容是约请专人使用剪刀剪断被称为"彩"的红色缎带，故称为"剪彩"。剪彩仪式可以在庆典活动中进行，也可以作为一项专门的仪式单独进行。

一、剪彩仪式的程序

1. 剪彩仪式地点的选择

剪彩仪式多会安排在启用的建筑物正门外的广场、正门内的大厅进行。在活动现场，会进行适宜的装饰：悬挂写有剪彩仪式具体名称的大型横幅或是拱门。剪彩仪式的节奏紧凑、气氛热烈。

按照惯例，剪彩仪式既可以是开业典礼中的一项具体程序，又可以独立完成，由其自身的一系列程序组成。

2. 剪彩仪式的准备

（1）花球与缎带。由红色缎带和花球相连而成。花球和缎带的数量，根据上台剪彩嘉宾人数确定，花球的数量为剪彩人数+1。

（2）剪刀。剪彩用的剪刀要款式统一、美观。每个剪刀把柄上可以略作装饰。数量为每位剪彩嘉宾人手一把。

（3）托盘。托盘里盛放剪刀和花球，托盘上可以铺上红色的方布，材质缎面、绒面、绸面均可。

（4）手套。手套为白色，放于托盘之上。

（5）礼仪人员。礼仪人员需统一着装、统一发型，人员数量比剪彩嘉宾数量多一位。在仪式开始前，端着托盘，托着花球、剪刀、手套候场。剪彩仪式开始时，将剪刀递给剪彩嘉宾。剪彩嘉宾剪开缎带之后，礼仪人员收起剪刀并放回托盘，托着彩球，在剪彩嘉宾退场后，依次退场。

3. 剪彩仪式的流程

在宣布仪式进行前，嘉宾、剪彩者、负责人率先就座。

（1）由主持人宣布仪式开始，全体人员起立，完成升旗仪式。在奏国歌结束后，还会演奏本单位标志性歌曲。

（2）由主持人介绍来宾及仪式活动相关情况。

（3）领导讲话。发言顺序为：东道主单位的领导、上级主管部门的领导、地方政府的领导、合作单位的领导等，发言的顺序要根据领导身份排序并请负责人审核。发言内容一般为介绍、道谢与致贺。内容要言简意赅，发言时间在三分钟左右为宜。

（4）剪彩。要首先介绍剪彩者，然后宣布剪彩开始。剪彩时，剪彩嘉宾和礼仪人员的位次要交叉排列。剪彩嘉宾从礼仪人员手中接过剪刀，用余光关注其他剪彩嘉宾的动作，力争同时剪断红色绸带，剪彩完成后要将剪刀放回托盘，与其他与会人员一起热烈鼓掌。必要时可以奏乐和使用电子礼花。

（5）退场。剪彩完成后，剪彩嘉宾与东道主简单寒暄祝贺、合影，然后有序退场。在剪彩嘉宾退场后，礼仪人员方可顺序退场。

二、剪彩仪式的注意事项

1. 剪彩仪式的位次安排

剪彩嘉宾与礼仪人员交叉排列。剪彩嘉宾的站立位次遵循"居中为尊"的原则。

2. 剪彩仪式的着装礼仪

礼仪人员应统一着礼仪服装，化淡妆，并将头发盘于脑后。鞋子为统一颜色的中跟船鞋，鞋跟高度为5厘米左右。配饰统一，不要戴夸张或张扬个性的配饰。

剪彩嘉宾的着装。剪彩仪式是隆重而正式的场合，所以，着装以正装为主，在颜色的选择上除了藏青色和深灰色，也可选择更为庄重的黑色。

剪彩仪式是所有仪式当中较为喜庆的仪式之一，不论在仪式中我们是什么角色，均需要了解剪彩仪式的细节规范及程序，让我们一起在剪彩仪式中"剪出人生好兆头"。

第三节　庆典仪式的礼仪

庆典仪式也是社会交往中重要的、喜庆的仪式。

一、什么是庆典仪式

庆典仪式，顾名思义是庆祝典礼，也是各种庆祝仪式的统称。在社会交往中，庆典活动是人们联络情感、促进交流的最佳方式。庆典活动更是政府和企业实力及核心文化的充分体现，庆典仪式的目的是传递核心价值观，建立集体记忆，提高文化认同。

《宋史·乐志十六》中写道："层闱庆典年年举，千古播徽音。"清代陈康祺《郎潜纪闻》卷八有："道光辛丑八月，恭值圣寿六旬，部院臣工，照例奏请举行庆典。"胡适《易卜生主义》中："孤儿院造成了，他把儿子唤回来参预孤儿院落成的庆典。"

可见，庆典是文化的重要组成部分。

二、庆典仪式的四个目的

大型庆典仪式的举办具有以下四个目的：

（1）凝聚作用。庆典仪式有助于塑造政府和人民之间、社交群体之间的共同价值观，以达到凝聚人心的效果。庆典会让我们对这一事件产生认同感，会带来正面意义的直观心理感受。例如：孩子的生日庆典，可以使现场所有人产生认同感并形成集体美好记忆。

（2）建立自信。庆典仪式具有建立文化自信，增强文化实力的表达功能。

（3）传递正能量。庆典仪式有助于宣导和传递社会和群体的正能量。

（4）服务及推动。面对企事业单位的庆典活动，其中的一个重点是服务于经济发展。例如：中华人民共和国成立 70 周年之际，一场国庆大典在天安门广场隆重举行，这一庆典活动，在体现我国改革强军的成果，展示我国的硬实力之外，也蕴藏着丰富的文化元素，尤其是其中的传统文化、社会主义先进文化等元素，充分彰显了中华文明的魅力，为中国崛起而服务。

三、庆典仪式的分类

（1）逢五逢十大典。国家、单位、党派或民间组织的周年庆典，通常是逢五或逢十进行的。也就是在成立的五周年、十周年或它们的倍数举行的庆典，比如 2019 年举行了中华人民共和国成立 70 周年庆典。

（2）荣获某项殊荣时的庆典。会举行庆典活动来宣告和庆祝荣获的殊荣。

（3）当单位取得重大业绩或者重要时间节点，例如：开业典礼、奠基典礼、竣工典礼、销售额破亿、乔迁仪式等。

（4）单位在发展中取得显著成绩时举办庆典。例如：融资扩股、兼并其他企业、开设分店或连锁店、确定新的合作伙伴等需要庆祝的时刻。

（5）重大活动周期的开幕式和闭幕式。例如：奥运会、糖酒会、花博会的开闭幕式等。

（6）社会团体及家庭庆典。这是我们经常参与的社会交往活动。例如：好朋友的孩子考上了大学，庆祝长辈 80 岁寿辰等。

四、庆典仪式的筹备

1. 资金的预算

根据活动内容，核定预算，报由领导或活动负责人批准。

2. 场地的落实

根据庆典内容的不同选择活动场地，例如：开业仪式的场地通常会在公司或商铺门口，奠基仪式的场地会在工地，表彰仪式的场地会选择在会议室或者礼堂，长辈寿辰庆典场地多选择在酒店等等。

3. 人员的确定

确定己方出席人员，确认邀请嘉宾人数并落实重要与会领导和嘉宾。

通常大型的庆典活动主办方会成立庆典活动组委会，并且开全体人员动员大会，力求全员参与。

4. 形式的准备

大型庆典除了仪式现场之外，通常还会安排庆典文艺演出，这也是要提前考虑到的。

五、庆典仪式一般流程

1. 开业典礼

（1）主持人介绍庆典内容，并宣布典礼开始。

（2）东道主致开幕词。

（3）领导或嘉宾致开幕词。

（4）揭幕仪式或剪彩仪式。

（5）嘉宾和观礼者入内参观。

（6）迎接顾客。

2. 开学典礼

（1）主持人宣布典礼开始。

（2）升国旗、奏国歌。

（3）介绍相关领导和嘉宾。

（4）校方领导致辞。

（5）上级领导致辞。

（6）学生代表讲话并宣誓。

（7）家长代表致辞。

（8）学生特色节目表演。

（9）活动结束。

3. 毕业典礼

（1）主持人介绍活动背景，并宣布典礼开始。

（2）介绍出席活动的领导和嘉宾。

（3）校方领导讲话。

（4）嘉宾领导讲话。

（5）学生代表致辞。

（6）授位仪式。

（7）为优秀学生颁奖。

（8）学生优秀节目展演。

（9）典礼结束。

4. 寿辰庆典

（1）主持人介绍寿星履历及庆典活动的意义。

（2）介绍出席活动的相关人士及嘉宾。

（3）主办家庭负责人致辞。

（4）嘉宾或参与方负责人致辞。

（5）寿星讲话。

（6）晚辈集体行礼。

（7）宴请开始。

（8）庆典结束。

精心的准备保证了庆典活动的质量，流程为庆典活动带来秩序井然的美好体验，这均与细节的规范到位相关。

第七章　餐桌礼仪

民以食为天。"酒过三巡，菜过五味。""一粥一饭，当思来之不易。半丝半缕，恒念物力维艰。""谁知盘中餐，粒粒皆辛苦。""美酒不过量，美食不过饱。"这些名言、谚语都体现了中国人对吃这件事的重视和讲究。

第一节　宴请是社交活动的重要舞台

在社交场合，我们经常要参加各式各样的宴会，在宴会中，我们如何做才能给对方留下期待的好印象呢？让我们从一份让人惊喜的菜单讲起。

一、周总理为西哈努克写菜谱

1965年，柬埔寨的西哈努克亲王访问中国时，曾在重庆坐船游三峡。周总理清楚西哈努克亲王爱吃肥肉，尤其喜欢红烧狮子头和梅干菜烧肉，便特意嘱咐重庆地方第二天中午为西哈努克亲王做这两道菜。可是，船上的厨师只会做川菜，不会做红烧狮子头和梅干菜烧肉。为此，周总理特地写下了这两种菜的配方，配方十分细致：瘦肉馅用多少，肥肉馅用多少，荸荠用多少，花椒和大料等调料各用多少……密密麻麻写满了一张纸，叮嘱厨师按此准备。第二天，虽然准备好了食材，可厨师还是为难地表示不会做。周总理得知后，又亲自和厨师讲解这两道菜的详细做法，让厨师成功地做出了红烧狮子头和梅干菜烧肉。

周总理日理万机，却还亲自为西哈努克亲王写菜谱，不仅为西哈努克亲王带来了惊喜，也为中国与柬埔寨的友好外交打下了坚实的基础。

所以，任何一次的"吃"都有其深刻的意义。

二、宴请的意义

宴请是社交活动的重要舞台，是一种协调关系、联络感情、消除隔阂、增进友谊、求得支持、加强合作的方式。每个国家的宴请都有自己国家或民族的特点与习惯，国际上通用的宴请形式有宴会、招待会、茶会、工作餐等。

我国发起的"光盘行动"活动，其宗旨是餐厅不多点、食堂不多打、厨房不多做。该活动倡导厉行节约，反对铺张浪费，带动大家珍惜粮食、吃光盘子中的食物，这一活动得到从中央到民众的支持。因此，我们在宴请的时候，也要学会确定一份令客人满意、科学合理的菜单，准备的菜品一定要适当适量，不铺张浪费，让大家吃得健康、吃得尽兴，这样的宴请才更加有意义。

三、如何做好宴请

1. 邀约方应有的礼仪

（1）作为邀约方，我们应当首先确定好宴请主题，比如"生日宴会""欢迎宴会""答谢宴会"等，便于有目的地参与其中，双方愉快交流。

（2）确定好宴请主题后，我们要以文字形式正式发出邀请函，不能仅仅是口头邀约，因为口头沟通容易出现差错。

（3）邀约发出后，要以电话或微信的形式征询主宾的意见，再确定宴请的具体时间。

（4）在确定了主宾和宴请时间后，邀约方就要尽快做好宴会前的准备工作，具体内容如下：

①了解受邀客人的情况（名单、身份，是否带陪同人员等）。

②根据参加宴会者的身份和人数预定场地。

③根据场地确定座位。

④依据受邀客人的饮食习惯、口味、禁忌、本地特色、用餐人数、季节时令、经费预算等方面综合考虑后确定一份令客人满意、科学合理的菜单。

⑤安排本次宴请的陪同人员，一般陪同人员应少于或等于受邀客人。

⑥做好分工，比如：场地布置、客人接待、物料准备、费用预算等。

（5）宴会当天，邀约方要提前到达宴会现场，并在宴会开始半个小时前做好所有准备工作并人员就位，准备迎接客人。

2. 应邀方需注意的礼仪

（1）受到邀约时，应邀方要尽快明确答复是否赴约。

（2）应邀方要根据宴会的主题，提前通知相关人员，做好赴约准备。

（3）应邀方要事先告之邀约方参加宴请的主宾及陪同的人数，让对方心中有数。

（4）赴约的前一天，应邀方要与邀约方再作沟通，确定宴会要注意的细节。

（5）在参加宴会前，应邀方还要做好以下准备工作：

①准备适合出席宴会的服装。

②准备有纪念意义、有特色的礼物。

③准备出席宴会要搭乘的交通工具。

④准时抵达宴会现场。

中国自古以来就是礼仪之邦，要做好一场宴请，邀约方一定要友好主动、真心诚意、细致周到，受邀方也要积极配合。只有做到互相尊重，在宴请交流中加深认识、升华情感，这样的宴请才是圆满的。

第二节　中餐桌次的安排

中国早在周朝就有宴请时应遵循的礼仪，经过几千年的历史演变，中餐宴请的礼仪更是形成了系统并十分讲究。进餐，也是社交活动的一种具体形式，不仅可以表达出进餐者的个人修养，还能够表达对他人的尊重和友好。其中，中餐桌次的排列也是宴请过程中不容忽视的重要内容。

李嘉诚曾在香港宴请一批来自内地的合作伙伴，为了照顾每一位来宾的感受，他安排所有来宾都进行一次抽号，以抽到的号数决定桌次和位次。所以坐在哪一桌、哪一个位置，全凭自己的手气。后来人们发现，每一桌都有意多摆放了一副碗筷，在用餐过程中，李嘉诚没给自己安排桌次，而是在每桌都坐上15分钟的时间，并且不会只与某一人或几个人单独交流。

由此可见，中餐桌次的排列是一个非常敏感的话题，而我们在社交场合常见的桌次安排要遵循三个原则：居中为上，以右为上，以远为上。具体可分两种形式。其中一种形式为两桌横向排列（图7-1）。

两桌横向排列时：以面向正门为准，右为上。

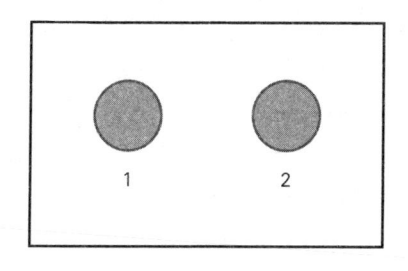

◎ 图7-1

第二种形式为两桌纵向排列（图 7-2）。

两桌纵向排列时：以面向正门为准，远为上。

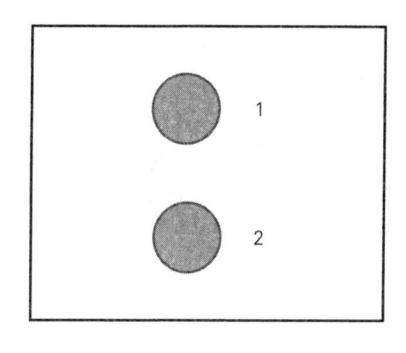

◎ 图7-2

三桌或三桌以上时：桌次的排列以面向正门为准，面门为上。以主桌的位置作为基准，其他桌次的排列，以距离主桌近为上。与主桌距离相等的桌次，则以右为上。距离正门比较远为上（图 7-3、图 7-4、图 7-5、图 7-6）。

在参与宴请中，尽管桌次多不是由我们自己安排，但通过桌次，我们可以获得参与宴请的各位的身份信息。所以，一是要做到听从主办方的安排，二是选择适宜的交流方式。

正门

◎ 图7-3

正门

◎ 图7-4

正门

◎ 图7-5

正门

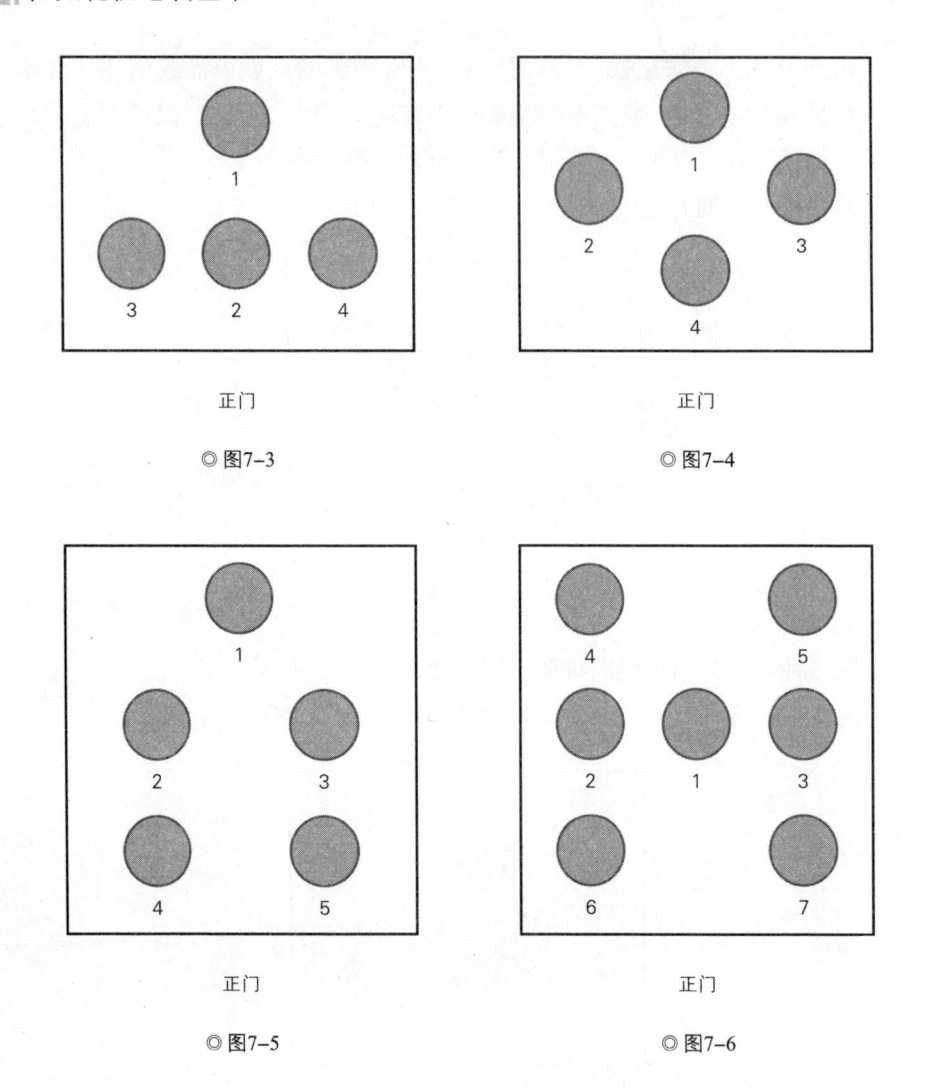

◎ 图7-6

第三节　尊位的五种规则

在中华民族的文化中，十分注重方位所代表的身份地位高低，所以，在社交场合中，就餐时的座位安排也是很有讲究的。

《史记·项羽本纪》中的名篇《鸿门宴》，原文中有："项王即日因留沛公与饮。项王、项伯东向坐，亚父南向坐。亚父，范增也。沛公北向坐，张良西向侍。"由此可知，项王、项伯是首席，范增是第二位，再次是刘邦，张良为侍坐。从古代宴请中，我们可以看出哪里是尊位，哪个席位次之，在宴请中座位安排是一个人身份和地位的象征。

在上一节中，我们分享了关于桌次的排列，而每一桌又离不开座次的排列。下面我们一起分享五种常见的尊位安排规则，从而在社交场合中心中有数、从容大方。

一、尊位的安排规则

1. 面门为上

面门为上指的是面对正门的座位为尊位，而背对正门的座位为卑位。

一次，李总参加一位朋友的宴请。开餐前，李总的秘书请服务员转交李总一份物品。恰巧李总有事耽误了，在他到场时只剩余两个座位了，他便在其中一个空位坐下。

一会儿，服务员来到尊位转交物品："李总，这是您秘书让我转交给您的。"客人听后一头雾水，他回答道："我姓张，我没有秘书呀！"服务员又说道："没错的，宴会开始前，对方特意交代我说李总是坐在面对正门的这个位置。"那一刻，李总连忙起身示意："东西是转交给我的，谢谢！"坐在尊位的客人十分尴尬并连连道歉。

所以，在社交场合中用餐时，一定要清楚位次，这不仅体现出自己的修养，同时也能避免发生尴尬。

2. 居中为上

在三人或多人就餐时，落座于中间位置的人是尊者。所以，我们在请客时要请尊者落座于中间的位置，自己最好坐在客人的左侧。

3. 以右为上

我们要请客人落座于我们的右侧，自己坐在客人的左侧。因为中餐在上菜的时候，服务员摆放好菜品后，通常会将转盘上的菜肴以顺时针方向旋转到主人右侧的客人位置，以主宾首先得到关照，使主宾感受到我们的细心和重视。

4. 以远为上

在宴请时，为了防止服务人员和其他人干扰客人就餐，通常需要将客人安排在距离通道或正门比较远的位置，比如：距离墙壁比较近的地方。

5.观景为尊

在很多餐厅里，会布置一些美好的景致，甚至还有席间表演。这时，就应将尊位安排在方便观看演出或观看景致的位置上，让客人在享受美食的同时还能得到精神的愉悦。

二、具体的座次排列方法

在宴请中，尊位的排列有以上五种原则，在正规宴请中通常会有以下两种不同的排列方法。

一种是每桌只有一个主人时，主宾落座于主人的右侧，副主宾落座于主人的左侧，其他客人以此类推（图7-7）。

另一种是每桌有两位主人时，主宾和副主宾分别落座于主人的右侧和左侧；第三主宾和第四主宾分别落座于副主人的右侧和左侧，其他的位置以此类推（图7-8）。

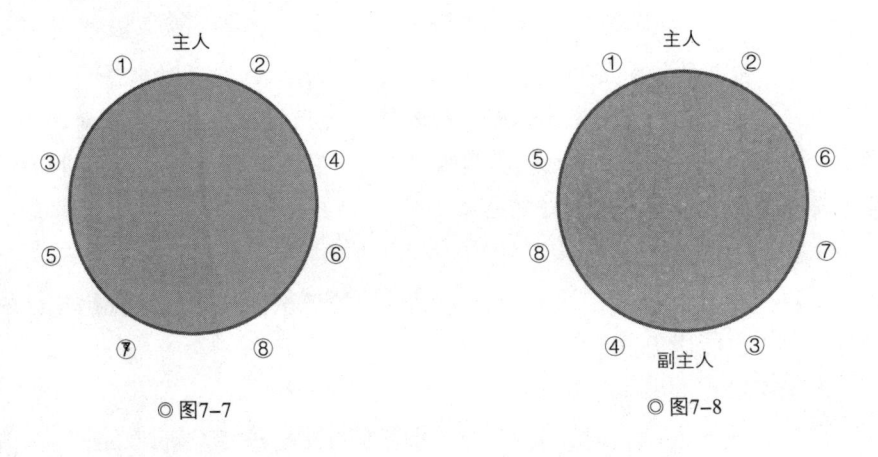

◎图7-7　　　　　　　　　　◎图7-8

另外，当主人身份低于主宾时，可以将主宾安排在主人的座位，这样可以充分体现出我们对主宾的尊重。在位次排列中，我们需要把握好规则，这样才能让宴请在和谐的氛围中取得预期的效果。

第四节　如何确定菜单

黄玲已在广州的一所高校工作了6年,最近考上了公务员。为此,她约了9位好友一起聚餐,以答谢好友的帮助。

平时,黄玲很少请客,更不清楚如何点菜。于是,她向好姐妹章妍求助。章妍很爽快地答应了她,陪她提前1个小时到达约定的餐厅,一起研究这个餐厅的菜谱,最后确定了以下菜单:餐前小吃(酱萝卜、炸花生米)、凉菜(酱牛肉)、热荤菜(烧鹅、烤羊排、盐焗鸡、清蒸多宝鱼、小炒肉)、热素菜(芹菜百合炒藕片、上汤腐竹桑叶)、老火靓汤(五叶神煲龙骨汤)、主食(金丝燕麦包)、水果拼盘及2瓶红酒。10个人的聚餐,点了10菜1汤,荤素搭配、冷热均有,既兼顾了黄玲的家乡潮州菜和广州本地菜的特色,还照顾到了北方籍和湖南籍的朋友们,大家吃得都很开心、尽兴。

我国幅员辽阔、地大物博,物产、气候、风俗、人情各异。在宴请中,如何确定菜单,对于很多人来说都是一个很大的挑战。比如:菜品安排不能太素,也不能全都是荤菜,要有特色的佳肴和醇香美酒,还要依据受邀客人的饮食习惯、口味、禁忌、本地特色、用餐人数、季节时令、经费预算等方面综合考虑。如果菜品点少了,就会怠慢客人;如果太多就会造成浪费。因此,确定一份科学合理、令客人满意的菜单就显得特别重要。

点菜是有学问的,我们需要根据以下七个方面进行。

一、依据饮食习惯

人们的生活习惯各不相同,饮食习惯也会"萝卜青菜各有所爱"。比如:有人喜欢吃火锅,有人喜欢吃小炒;有人喜欢吃烧烤、麻辣烫,也有人喜欢吃刺身;有人喜欢在五星级餐厅用餐,也有人唯独钟爱大排档。因此,我们在确定菜单的时候,要依据客人的饮食习惯来确定。

例如:选择冷菜时,我们可以根据客人是否喝酒、喝什么酒来确定相关冷菜。喝酒的客人一般喜欢简单、易入口、味淡又爽口的冷菜。比如:

花生米、萝卜干、毛豆等。不喝酒的客人更喜欢吃起来松脆、口味偏重的菜，例如：泡椒凤爪、卤水鹅掌之类的冷盘。在热菜上桌前大家可以尽情享受，不急于催热菜。

二、依据口味

各地菜肴从口味上讲，有"东辣、西酸、南甜、北咸"的特点。从菜系来说，有"四川菜系、广东菜系、山东菜系、江苏菜系、福建菜系、浙江菜系、湖南菜系、安徽菜系"等八大菜系。每种菜系都有自己独特的原料和调味方法，使得中餐具有花样繁多、色香味形丰富多彩的特点。

下面，我们一起了解八大菜系的特点和代表菜肴，并了解各个地方的不同口味：

（1）川菜的特点是清、鲜、醇、浓并重，并以麻辣为主要特色。其代表菜肴有：麻婆豆腐、鱼香肉丝、怪味鸡块、东坡肘子、回锅肉、水煮鱼、老坛子泡菜等。

（2）粤菜的特点是口感鲜、嫩、甜、滑，色彩浓重，滑而不腻。其代表菜肴有：蜜汁叉烧、荔枝炭吊烧鹅、盐焗鸡、白切鸡、白灼虾、耗油生菜、冬瓜盅、客家酿豆腐、潮州卤水拼盘、白云猪手等。

（3）鲁菜的特点是味鲜、形美、加工精细，功在火候。其代表菜肴有：糖醋黄河鲤鱼、九转大肠、汤爆双脆、烧海螺、烤大虾、清汤燕窝、干蒸加吉鱼、麻粉肘子等。

（4）苏菜的特点是浓中带淡、鲜香酥烂、原汁原汤浓而不腻，口味平和、咸中带甜。其代表菜肴有：松鼠鳜鱼、清炖狮子头、三套鸭、扬州大煮干丝、文思豆腐、梁溪脆鳝、盐水鸭、西瓜鸡等。

（5）闽菜的特点是色泽美观、滋味清鲜。其代表菜肴有：佛跳墙、醉槽鸡、酸辣烂鱿鱼、清蒸加力鱼、荔枝肉、烧片糟鸡、太极明虾等。

（6）浙菜的特点是清、香、脆、嫩、爽、鲜。其代表菜肴有：东坡肉、西湖醋鱼、生爆鳝片、龙井虾仁、西湖莼菜汤、叫化童鸡、油焖春笋、大汤黄鱼、爆墨鱼卷、锦绣鱼丝等。

（7）湘菜的特点是用料广泛、油重色浓、刀工精妙、形味兼具、技法多样，尤喜煨，多以辣椒、熏腊为原料，口味注重香鲜、酸辣、软嫩。其代表菜肴有：红烧肉、腊味合蒸、东安子鸡、红煨鱼翅、发丝牛百叶、油辣冬笋尖、板栗烧菜心、剁椒鱼头、汤泡肚、冰糖湘莲、干锅茶树菇等。

（8）徽菜的特点是选料朴实、讲究火候、重油重色、味道醇厚、保持原汁原味。其代表菜肴有：符离集烧鸡、火腿炖甲鱼、雪冬烧山鸡、火腿炖鞭笋、腌鲜鳜鱼、毛峰熏鲥鱼、奶汁肥王鱼等。

在宴请中，我们可以根据客人的出生地及喜好进行选择。

三、依据禁忌

在确定菜单前，要准确把握客人的年龄、性别、职业、籍贯、工作居住地等特征，了解客人的生活习惯和饮食禁忌。尤其在接待外宾或其他民族和地区的客人时，更应该准确把握对方的饮食习惯、喜好、禁忌等。比如：西方国家的人大部分不吃动物的内脏，穆斯林不吃猪肉等。只有清楚地了解客人的饮食禁忌，才能使所点的菜品更具有针对性，更好地满足客人的需求。

四、依据本地特色

现代民俗旅游业的发展，带动了本地特色菜肴的发展与变化。在确定菜单时，除了了解客人对各大菜系的喜好外，还应该结合本地特色，选择能突出当地乡土民俗饮食特色的菜肴。比如：在广东潮州宴请朋友时，可以点牛肉火锅、卤水狮头鹅、芡实香芋煲、牛肉炒粿条；在湖南岳阳宴请朋友时，可以选择麻辣小龙虾等。

五、依据人数

在确定菜单时，还要依据用餐人数，以人均消费500克的净料为原则点菜。所点菜肴的数量还应与所点的菜肴档次相关，如菜肴档次高，品种和形式丰富，每份的数量相对要少。菜肴的数量一般为人数减一为佳，比如：9人用餐可以点8个菜。

六、依据季节

《周礼·天官》中说："凡和，春多酸，夏多苦，秋多辛，冬多咸，调以滑甘。"春季菜肴的口味应偏酸性，夏季应该清爽，适当加入苦味，秋季则偏向辛辣，冬季口味应该浓重。我国民间自古就有"冬吃萝卜夏吃姜，不用医生开药方"的说法，因此，在确定菜单时还应依据季节的变化来选择时令菜肴。这些菜肴一般选用当季的新鲜原料，充分体现季节时令特色，还能降低请客的成本。

七、依据预算

在宴请前，我们都会作预算，在确定菜单时要依据预算来选择菜肴。点菜时要有档次价位较高的菜肴，也要有中低价位的菜肴，这样预算就比较容易控制。合理的点菜，既能使宴请者大大方方，又能使客人吃得开心。一般来说，在有比较重要的客人时所点的菜品，要以精、巧、雅、优为主，件数无须过多，但档次要高、质量要精，要讲究菜品的口味和装饰，这样就能比较好地控制预算；为一般客人所点的菜品以美味、营养、可口、实惠为主，菜的档次适中，菜点的件数不能过少，要保证每人吃饱吃好，同时又要实惠和丰富。

当我们依据受邀客人的饮食习惯、口味、禁忌、本地特色、用餐人数、季节时令、预算，用心、用情、用智慧确定菜单时，用餐的客人一定可以感受到我们的热情与尊重，从而拉近彼此的距离，让友情升温。宴请的目的便一定能实现。

第五节　中餐餐具使用有讲究

中国的饮食文化在世界上享有很高的声誉。其中，如何"吃"也有很多讲究。

"吃相"很容易反映一个人的修养，这也是社交形象中很重要的部分。拥有良好的就餐形象，首先要从正确使用餐具开始。中餐的餐具品种多种多样，尤其是筷子、汤匙、碗、盘等，在中餐进餐中扮演着非常重要的角色。

一、筷子

筷子是我们就餐时最重要的工具，目前，世界上除了我们国家使用筷子以外，还有韩国、日本和朝鲜也使用筷子。尽管如此，我们的筷子和他们的筷子在形制上还是有区别的。

中国人使用筷子有三千多年的历史。《史记·宋微子世家》有这样的记载："纣始为象箸。"可见从商纣王时代，我国人民就开始使用筷子吃饭了。在古时候，人们把筷子称作"箸"。随着时代的发展，筷子有铁制、金制、竹制、银制、木制、塑料制等许多种。

相传大禹是中国用箸的第一人，大禹治理水患时曾三过家门而不入，由于都在郊野用餐，为图便捷，往往食物刚煮开就马上进食，进食后便立即赶路。但是食物在滚热的汤中是无法下手的，于是便向环境取材，折树枝夹肉、菜来吃。

在使用筷子时有相应的礼仪要求，比如：在用餐之前，筷子要摆放在碗、盘的右侧，以方便拿取，这也是我们中国人的习惯。另外，在使用筷子的时候还有下列行为规范：

（1）筷子上有残留食物时不能舔食。

（2）不要用筷子将菜肴反复翻弄、挑东挑西。在备有公用的筷子时，一定要用公用的筷子取菜。

（3）和人交谈时，要暂时放下筷子，不能一边说话，一边像挥舞指挥棒似的挥舞筷子。

（4）不要把筷子竖着插放在食物里面。因为这种做法，多用于祭奠死者。

（5）筷子只是用来夹取食物的，不要用来剔牙等，这些行为都是失礼于人的。

（6）当两只筷子不整齐时不能在桌上蹾齐，这样做既不雅观又不卫生。

二、汤匙

汤匙在进餐中的主要作用是舀取菜肴或食物，当我们用筷子取食时，也可以借用汤匙来辅助。如果需要单独用汤匙取菜时，应使用公用汤匙。在使用汤匙取食物时，注意不要盛得过满，免得溢出来弄脏餐桌或自己的衣服。

暂时不用汤匙时，应放在碟子上，不要把它直接放在餐桌上，或是让它在食物中"立正"。在用勺子取食物后，要立即食用或放在自己碟子里，不要再把它倒回原处。如果取用的食物太烫时，不可用勺子舀来舀去，也不要用嘴对着吹，可以先放到自己的碗里等凉了再吃。另外，还要注意不要把勺子塞到嘴里，或者反复吮吸、舔食。最后，在使用汤匙的过程中，应该轻拿轻放，尽可能避免碰到碗、盘而发出声音。

三、碗

碗与我们的一日三餐息息相关，我们可以用来盛放米饭、汤等食物。拿取时，注意用左手的四个手指支撑碗底，拇指放在碗的沿上。

在使用碗的过程中，不能用筷子敲击它，如果这样做了会显得没有礼貌和修养。

四、盘

盘子有很多种，比如：稍小点的盘子叫碟子，主要用于盛放食物，使用和碗大致相同。我们在使用盘子时要注意以下几点：

（1）摆放于自己面前的盘子，是用来放置从公用的菜盘里取来的菜肴的，注意一次不要取放过多的菜肴。如果把多种菜肴堆放在一起，它们会相互窜味，既不美观，也不好吃。

（2）骨头、鱼刺等不要吐在地上、桌上，而应放在盘子里。在国内有的地方，自己面前的盘子只用来存放食物残渣，食物则会放在碗里。

（3）如果盘子里食物残渣较多，可以请服务员更换盘子。

中餐的餐具使用，不仅展现出我们民族的优秀文化，更是一个人礼仪修养的体现，我们都应当重视餐具的使用方法并做到正确使用。

第六节　西餐席次的安排

随着我国经济的发展，我们和西方国家的交往也越来越频繁，随之西餐文化也逐渐走进我们的生活。

西餐，是对欧美地区菜肴的统称，用西餐和用中餐一样，也有很多的礼仪规则需要我们去遵守。

一、席次的文化内涵

西餐席次的安排，首先体现出女士优先的原则。这主要由于西方受到基督教的影响，因为耶稣的母亲，圣母玛利亚备受推崇和尊敬，所以尊重女士的观念和行为是一种高贵的美德。另外，西方国家的骑士文化也是以保护女性为己任，这种骑士文化对社会风尚产生了深远的影响。所以西方人一向把尊重女士作为衡量一个人素质高低、是否有修养的标准。

尊重女士成为西方男士礼仪或风度的体现，并形成了社会公德和风尚。所以在用西餐时，也要注意体现出对女士的尊重。

二、席次安排的原则

西餐一般都使用长条桌，在席次的安排上与中餐有比较大的区别。在西餐宴请中，我们要注意遵守席次的安排规则，以表达对客人的重视和尊重。一般而言，在西餐宴会上，男女主人会落座于桌子的两侧，男女主宾则分别坐在女主人和男主人的右边，以示尊敬。其他宾客会交叉落座，具体有以下几种情况：

1. 女士优先

在西餐宴请中，女士处处受到尊重。所以，女士的席次要比男士高，即在安排用餐席次时，主位应请女主人就座，以体现女士优先的原则，而男主人则与女主人面对面，落座于第二主位。另外，如果是男士和女士一同用餐时，背靠墙、离入口远及能够观赏到美丽风景的地方，都是比较好的位置，应该请女士落座于此，以彰显男士的绅士风度。

一次，王琳娜参加好朋友的生日聚会。当天，这位朋友邀请了很多人到场，聚会安排在一家环境非常好的西餐厅，好友安排王琳娜坐在观景台的旁边。正当她要入座时，没想到一个男士突然大踏步地抢先坐在了这个位置上，嘴上还说着："这个位置可以看风景，真不错。"看到这一幕，王琳娜和她的好朋友都连连摇头。

2. 以右为尊

在西餐宴请中，除了女士优先以外，在排列位次时，以右为尊是基本原则。就某一特定位置而言，右侧的位置高于左侧。例如：男女主人右侧的席次高于左侧的席次（图7-9）。

3. 面门为上

面门为上又叫作迎门为上，意思是指面对餐厅正门的座位是比较尊贵的位子，通常身份较高的人或女主人会坐在这里（图7-10）。

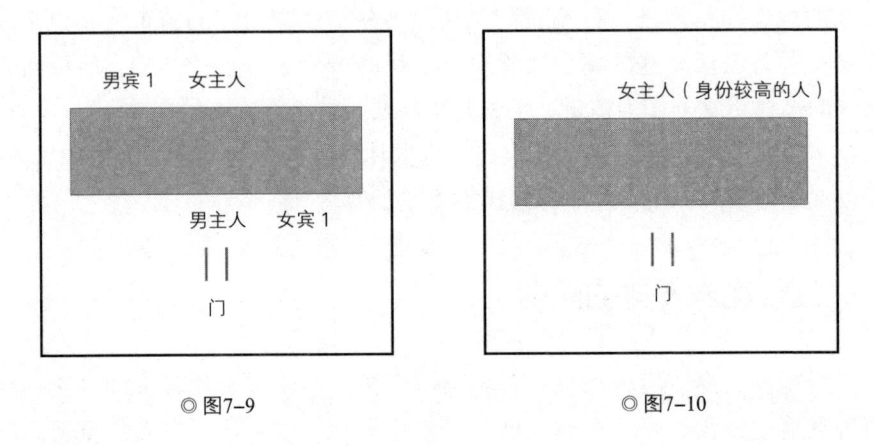

```
┌─────────────────────┐     ┌─────────────────────┐
│  男宾1   女主人      │     │  女主人（身份较高的人）│
│  ▓▓▓▓▓▓▓▓▓▓▓       │     │  ▓▓▓▓▓▓▓▓▓▓▓▓▓       │
│  男主人   女宾1      │     │                      │
│        ││           │     │        ││            │
│        门           │     │        门            │
└─────────────────────┘     └─────────────────────┘
```

◎ 图7-9　　　　　　　　　　◎ 图7-10

4. 交叉排列

在西餐宴请中，当有多人一起用餐时，还要做到男、女交叉排列。这样做的益处是有益于交流（图7-11）。

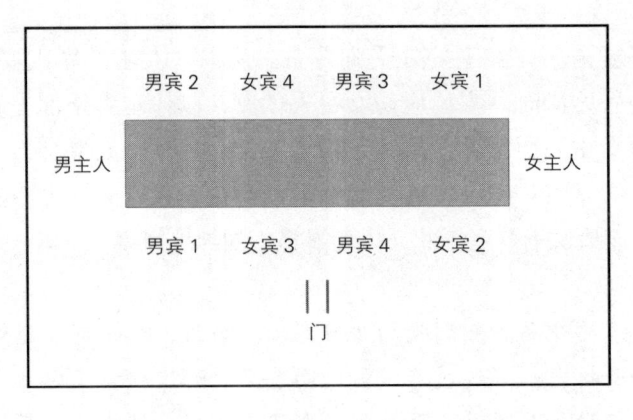

```
┌──────────────────────────────────────────┐
│       男宾2  女宾4  男宾3  女宾1          │
│  男主人 ▓▓▓▓▓▓▓▓▓▓▓▓▓▓▓▓▓▓▓▓▓▓ 女主人    │
│       男宾1  女宾3  男宾4  女宾2          │
│                 ││                       │
│                 门                       │
└──────────────────────────────────────────┘
```

◎ 图7-11

学习西餐的席次礼仪，不仅是我们个人素养提升的需求，也是促进社会交往的需求，对我们每一个人来说都是非常有必要的。

第七节　刀叉的种类及使用方法

在社交场合中，如果我们要在西餐厅用餐，大家都会精心打扮一番，以便更好地与宴请主题、餐厅氛围、精美餐食等相和谐。我们还需要清楚西餐中各种餐具的使用方法。其中，首先要了解的就是刀叉的种类及摆放规则。

中餐所有的菜品都是摆放在餐桌上，我们用手中的筷子或公筷取食；而西餐却是在上菜前已将每一道餐食分好，放在就餐者各自的盘子里，每一道菜都使用相应的餐具。

一、刀叉的种类及摆放

西餐餐桌上经常出现的刀叉有：取黄油用的刀、吃沙拉用的刀叉、吃肉用的刀叉、吃甜点用的刀叉等。它们的用途不同，摆放的位置也不同，常见摆放方法如下（图7-12）。

◎ 图7-12

如果是规格较高的西餐宴会，刀、叉会更多一些，常见的摆放方法如下（图 7-13）。

◎ 图7-13

二、刀叉的使用方法

我们清楚了刀叉的摆放方法后,还需要知道其使用方法,这样才能在社交场合中从容地享受西餐。刀叉的使用方法有两种。

第一种方法是在进餐时,始终用右手持刀,左手持叉,一边切割食物一边用餐叉进食,这是公认的、文雅的刀叉使用方法。在正式西餐宴会场合,我们宜选择这种方法(图7-14)。

◎ 图7-14

另一种方法是在进餐时,先用右手持刀,左手持叉,将盘中的食物全部切割好,再将右手所持的餐刀放在餐盘前方,刀口向内,并将左手的餐叉换到右手,然后开始叉食盘中的食物。这种方法可以在便宴中使用(图 7-15)。

◎ 图7-15

在使用西餐餐具时,我们应从外侧向内侧按顺序取用。西餐一般一道菜配一副刀叉,每一道菜品吃完后,服务员会将这道菜品的餐盘和餐具一并收走。放于盘子上方的餐具是吃甜点用的。

最后,在使用刀叉时,我们还需要注意以下几个细节:

(1)在切割食物时,我们的手肘要下沉,活动幅度不能太大,要保持优雅的仪态。

(2)在切割食物时,避免刀叉与餐盘间碰撞、摩擦而发出叮当作响的声音。

(3)切割食物时,要根据自己一次入口的量进行操作。

(4)要使用餐叉叉取食物送入口中,避免用刀直接将食物送入口中。

(5)当不小心将刀叉掉落在地上时,不要自己去捡拾,应请服务员帮助换一副新的。

(6)在初次用餐,因不熟悉而用错餐具时,不要紧张,请服务员帮忙换一下即可。

(7)如果看到其他人用错了餐具,不要指指点点,以免对方尴尬。

建议大家对刀叉的使用多加练习,以便让自己从容参与每一次西餐宴请。

第八节　餐巾的使用方法

餐巾，又名口布，不论是中餐还是西餐都会用到。虽然餐巾普遍用于宴请中，但是，中餐、西餐的餐巾使用是有区别的。

一、中餐餐巾

中餐餐巾的主要作用体现在以下两个方面：

（1）餐巾是装饰美化餐台的艺术品。不同的餐巾花型，蕴含着不同的宴会主题。形状各异的餐巾花，摆放在餐台上，既美化了餐台，又增添了热烈的气氛，给人以美的享受。

（2）防止食物污染衣服。在用餐的过程中，有时汤汁、菜肴会滴落，这时，铺在腿上的餐巾就可以避免汤汁、菜肴弄脏衣物。

餐巾的使用方法是：入座后，轻轻拿起餐巾，将其中的一个角压在盘子下面，其余部分平铺在自己的大腿上。

二、西餐餐巾

西餐的餐巾，据说是在15、16世纪时的英国出现的，那时的男士都喜欢留胡子，在当时还没有刀叉的情况下，他们在以手抓食物时经常将胡子搞得很油腻，于是便用衣襟擦嘴。随着时间的推移，演变成了西餐的餐巾。

在西餐厅，在等候第一道菜上桌之前，就需要把餐巾展开，沿着中线或对角线对折，折口向外，将餐巾平铺在我们的大腿上。

王阿姨给李明介绍了一个对象，李明想：第一次见面，一定要给对方留下好印象。于是，两人在一家西餐厅见面了。

不应该的是，在用餐时李明把餐巾的一角塞到了衬衫的领口中，给姑娘留下很滑稽的印象，中途，姑娘以身体不适为由提前离开了。

由以上案例我们可以看到，了解餐巾的正确使用方法对每一个人都是非常必要的，否则就会像案例当中的李明一样闹出笑话。

在西餐中，餐巾还会起到传递信息的作用。

在正式宴会上，当女主人将餐巾铺在腿上时，便是宴会开始的标志。在用餐结束时，女主人会将餐巾放到餐桌上，大家便清楚宴会结束了。

在就餐过程中如果需要暂时离开，应当将餐巾放在本人椅面上，这样做，服务员便会明白我们将继续就餐，从而不会收走我们的餐具。

在使用餐巾时，需要拿起餐巾，使用餐巾的内侧轻按擦拭即可。在吐出鱼骨或水果的籽时，可以用餐巾遮掩。切记餐巾不可以用来擦汗或是擦鼻子，女士将口红印在餐巾上的做法也是不可取的。

餐巾的使用，反映出我们的个人修养，所以不论是中餐还是西餐，在用餐的过程当中我们都应该遵循使用餐巾的规范。

第九节　自助餐礼仪

自助餐是非正式的宴会，相比其他形式的宴会，给人放松、自由、方便的感觉，深受大家喜爱。面对可以自由取用的美食，我们依然要保持良好的形象，讲究自助餐的用餐礼仪。

一、取餐

自助餐的取菜顺序依次是：冷菜、汤、热菜、甜点和水果、咖啡。我们要按照取菜的顺序，沿着餐台顺时针的方向进行。取餐时，应当排队。取餐时，不能直奔自己喜欢的菜，不可以插队，也不能让晚到的朋友直接站到自己前面来取餐。

取餐前，我们应先准备好盛菜的盘子，使用公用的餐具进行操作。每种菜品都会配备专门的公用取菜餐具，避免菜品串味，不可直接将自己的餐具伸到公共的菜盘里。这些配备的公用取菜餐具都有固定的摆放处，取完菜后，应及时将餐具放回原处，方便后边的客人使用。

取餐时，我们的身体不要距离餐台过近。取餐时，也不能在公共菜盘里挑来选去。夹到自己盘子的菜品也不可以再放回公共菜品中。取菜时不要慢悠悠的，这会耽误后面的人取餐。

自助餐是允许多次取餐的，所以，建议大家先观察一下菜品的种类，做到心中有数，少量多次，避免浪费食物。

二、进餐

根据自己的口味和喜好挑选好了相应的菜品，接下来就是进餐了。

进餐时需要注意自己的"吃相"，比如：在吃面包时不要直接用嘴咬，每次撕下一块，大小以刚好能一次放入口中为宜，用黄油刀涂上黄油，再放到嘴里。咀嚼食物或喝汤时，不要发出响声。在喝咖啡时，咖啡勺只能用于搅拌。搅拌完成后，要将勺子放回碟子上。如果需要加糖，不能直接使用自己的勺子，而是使用公用的夹子夹取后放入杯中，更不要用勺子舀着喝咖啡。

在用餐过程中，不能只顾自己埋头就餐，而将注意力全部集中在美食上，要与他人进行恰当的交流。也不要边就餐边看手机，忽视他人的存在，这样会给他人留下比较糟糕的印象。

在进餐时，要和大部分人保持一致，不要太慢或太快。不能在自助餐厅里吸烟，应去指定场所吸烟。

三、离席

用餐完毕后，要观察是否需要将餐具送到指定位置，如果不用，也需要在离席前对自己的桌面稍加整理，便于服务员收拾整理。

如果临时有事需要暂时离开，可以将餐巾放在座位上。如果用餐完毕，准备离席，可以直接将餐巾放在桌子上。

离席时，不要将食物带走，包括自己吃剩下的食物。

自助餐已成为越来越普及的用餐形式，我们要了解基本的用餐礼仪，才能体现出个人的品位与教养。

第十节　西餐酒礼

西餐的酒文化和中餐有很大的不同，不论是酒的原材料，还是食物的搭配都是不同的。下面，我们将从酒品种类、酒具种类、酒品与食物的搭配、品酒的方法和敬酒的方法五个方面来介绍西餐酒礼。

一、酒品种类

西餐中的酒，以配餐方式分类，可以分为餐前酒、佐餐酒和餐后酒。

（1）餐前酒。顾名思义即餐前饮用的酒，也叫开胃酒，能够起到唤醒味觉、增加食欲的作用。能开胃的酒极多，常见的开胃酒有鸡尾酒、威士忌、伏特加、香槟酒等。餐前酒的饮用方式为净饮、加冰饮、混合果汁等。

（2）佐餐酒。在正式用餐时饮用的酒水，常用的佐餐酒为葡萄酒，如白葡萄酒、红葡萄酒、玫瑰红葡萄酒和气泡葡萄酒等。在饮用葡萄酒时，要遵循：先白葡萄酒，后红葡萄酒；先新酒，后陈酒；先淡酒，后醇酒的顺序饮用。

（3）餐后酒。餐后酒指的是用餐之后，用来帮助消化的酒。比较常见的有马德拉酒、波特酒、雪利酒、白兰地等。其中的餐后酒白兰地，被称为"洋酒之王"；而马德拉酒、波特酒、雪利酒三款酒主要是佐助西餐最后一道食物——餐后甜点时饮用的酒品。

二、酒具种类

在吃西餐时，我们会发现酒杯形状多样，入口后感到酒体滑顺如直线的葡萄酒，适合盛装于郁金香型酒杯；酒体圆润丰满的葡萄酒，适合盛装于气球型酒杯。下面，我们了解几种在西餐中常用的玻璃酒杯（图7-16）。

（1）勃艮第葡萄酒杯。属于红葡萄酒杯，气球型高脚杯，适用于勃艮第产区出产的红葡萄酒以及黑品乐葡萄酿造出来的红葡萄酒。

勃艮第　　波尔多
葡萄酒杯　葡萄酒杯　　白葡萄酒杯　　香槟杯　　白兰地杯

◎ 图7-16

（2）波尔多葡萄酒杯。属于红葡萄酒杯，郁金香型高脚杯，适用于波尔多、智利、澳大利亚产区出产的果香浓郁的红葡萄酒。

（3）白葡萄酒杯。郁金香型高脚杯，适用于大部分的白葡萄酒。

（4）香槟杯。笛型高脚杯，适用于所有气泡酒。标准的香槟杯持杯方法是：握住酒杯的杯脚。

（5）白兰地杯。气球型矮脚杯。持杯方法是：握住酒杯的杯身或将杯身捧在手掌上。手的温度使白兰地的温度升高，口感会更香醇。

三、酒与食物的搭配

西餐非常讲究酒与食物的搭配，我们经常能听到"白酒配白肉，红酒配红肉"。这种搭配还表现在酒品与菜肴在色、香、味几个方面的和谐。

（1）色的和谐：在西餐进餐过程中，酒水和食物色彩上搭配的口诀为："红配红、白配白，玫红香槟都可来。"意思是说红葡萄酒搭配红色肉类菜肴，如牛肉、羊肉等；白葡萄酒搭配白色肉类菜肴，如鱼、鸡肉等；玫瑰红葡萄酒和香槟酒可以与任何菜肴相搭配。

（2）香的和谐。酒的香气和菜肴的香气一样都是十分复杂的。一般情况下，干红葡萄酒是奶酪的最佳搭档；但气味很重的奶酪，会完全掩盖优质红葡萄酒的口感，因此，对于一些味浓的奶酪，可以选择甜红葡萄酒或口味香甜的利口酒。

（3）味的和谐。干性酒有含糖量低，不会柔化、弱化菜肴的风格特征，成为佐餐咸食的最佳选择。而甜味菜肴的最佳搭配用酒也是同属甜味味型的酒品。风格清淡爽口的本味型菜肴应与风格同为清新淡雅的酒品相搭配。

四、品酒的方法

学习品酒，我们首先要学会高脚杯的持杯方法。常用的持杯方法如下：握住酒杯的杯脚（图7-17），或握住酒杯的杯底（图7-18）。

◎ 图7-17　　　　　　　　　　　◎ 图7-18

品酒方法如下：

（1）观其色。首先是观看酒的颜色。葡萄酒一般用高脚酒杯来盛放。在高脚酒杯里倒入1/4—1/3杯的葡萄酒，用食指和拇指捏住酒杯的杯脚，眼睛垂直观察液面，看液面是否有光泽；再举杯与双眼平行，对着灯光或以白色为背景，观察酒的颜色与纯净度；然后将酒杯稍微向外倾斜，观察酒在杯壁的附着情况，若杯壁上残留的酒分布均匀成膜状，则酒质极佳。

（2）闻其香。这个环节我们要分成三个步骤：

①第一步。在没有摇动酒杯的情况下轻轻闻一闻酒，感知酒的原始气味、结构性和纯度，这是葡萄酒的"第一气味"。

②第二步。先轻轻摇动酒杯几次，使杯内的葡萄酒沿杯壁旋转，让酒多接触空气。此时，我们所闻到的香味由扩散性最强的香味物质所产生。

③第三步。继续摇动酒杯，将酒杯放在鼻部深闻酒的气味，这是葡萄酒的"第二气味"。可以判断出清淡、新鲜、酸、甜、浓郁、腻、刺激等气味，这是用以判定酒质优劣最明显、最可靠的方法。

（3）尝其味。葡萄酒以酸、甜、苦、咸四种味为主，舌尖对甜味最敏感,舌两侧对苦,舌根对酸,接近舌尖的两后侧对咸最为敏感。我们在品尝葡萄酒时,需要喝一小口,酒量在 6 毫升至 10 毫升之间,先让酒在舌尖部分多停留几秒,然后慢慢地下咽,品出酒的余味。

五、敬酒的方法

在西餐中,敬酒的方法首先要考虑时机,一般是在喝餐前酒(如开香槟)或在进餐中品尝甜点时敬酒。

在正式宴会上,主人先向客人祝酒,起立举杯并完成祝酒词。

碰杯时,主人和主宾先碰,然后再与其他客人一一碰杯,最后示意性地饮酒并落座。被敬者要拿起酒杯喝一小口。

向距离较远的客人敬酒时,可以举杯点头微笑致意。需要碰杯时,双方可略倾斜杯身,以杯肚轻轻碰撞即可。

随着经济全球化的不断推进,我们和国际社会的联系越来越紧密。西餐也已经从舶来品变为了家常。学习西餐酒礼,将有助于个人素质的提升及扩大自己的交际范围。

第十一节　中餐酒礼

提到中餐宴请,我们会想到"无酒不成席",还会想到"酒逢知己千杯少"等名句。

我国有着历史悠久的酒文化,酒在中餐里起着助兴、寄情、陶情怡志等积极作用。下面,我们将从酒品种类、斟酒的方法、敬酒的方法来认识中餐酒礼。

一、酒品种类

古代将各种酒统称为醪醴,醪为浊酒,醴为甜酒。

下面,我们一起来认识一下适合中餐宴请饮用的酒品:白酒、啤酒、葡萄酒、黄酒、米酒、果酒。

(1)白酒。以高粱、玉米、大麦、大米、马铃薯、豌豆、蚕豆、红薯麦、粟等含有淀粉和糖类的粮食酿制而成的酒。按酒精度数分类，白酒可以分为高度酒（53%以上）、中度酒（38%—53%）和低度酒（37%以下）；按酒香型分类，白酒可分为清香型、酱香型、浓香型、米香型、窖香型、馥香型、兼香型、药香型八类。

（2）啤酒。以大麦和芳香气味的啤酒花（香蛇麻草）为主要原料，经发芽、糖化、发酵而酿成的酒，因含有人体需要的多种维生素，被誉为"液体面包"，其酒精含量一般不超过4%。啤酒按是否经过杀菌处理分类可分为鲜啤酒（生啤）和熟啤酒；按颜色分类可分为黄啤酒和黑啤酒；按麦汁浓度分类可分为低度啤酒、中度啤酒和高度啤酒。

（3）葡萄酒。指以新鲜葡萄或葡萄汁为原料，经全部或部分发酵酿制而成的酒，其酒精含量一般在8%—20%。葡萄酒按糖分含量来分类，可分为甜葡萄酒、干葡萄酒、极干葡萄酒、半干葡萄酒。

（4）黄酒。以稻米、黍米、黑米、玉米、小麦等为原料，经过蒸料，拌以麦曲、米曲或酒药，进行糖化和发酵酿制而成的酒，酒色黄亮，素有"天乳""天之美禄"等美称，其酒精含量为10%—20%。黄酒按糖分含量分类，可以分为干黄酒、半干黄酒、半甜黄酒、甜黄酒、浓甜黄酒、加香黄酒。

（5）米酒。米酒又称糯米酒、甜酒、酒酿、酒糟，是将糯米蒸熟成米饭后放凉，将捻成粉后的酒曲与糯米饭均匀地搅在一起，盛入容器，盖严，放在30摄氏度左右的温度下发酵36小时而成，其酒精含量为10%—20%。

（6）果酒。以四季水果或野生果实为原料，经过破碎、榨汁、发酵或浸泡等工艺精心酿制调配而成的低度饮料酒，其酒精含量为5%—10%。

二、斟酒的方法

在中餐宴请中，主人应当首先为客人斟酒。在席间，可由主人或陪同人员给客人续酒。斟酒时我们要遵循以下方法：

（1）客人入席后，主人要当场打开酒瓶，然后右手持酒瓶，开始为客人斟酒。

（2）斟酒时，站姿要端正，稍微欠身，从主宾开始顺时针完成。

（3）斟酒时，瓶口不要碰到酒杯杯口，以相距1—2厘米为宜，防止将杯口碰破或将酒杯碰倒；也不要将瓶拿得过高，以防酒水溅出杯外。要将酒徐徐倒入杯中，在斟至适量时停下，并旋转瓶身，抬起瓶口，使最后一滴酒随着瓶身的转动均匀地分布在瓶口边沿。这样斟酒，可以避免酒水滴洒在台布或宾客身上。

（4）斟酒时，要注意量的控制。一般来说，白酒、啤酒要斟满；葡萄酒斟3成。

三、敬酒的方法

敬酒要做到以下七个方面：

（1）用餐开始之前，由主人首先向全体来宾致祝酒词，然后举杯，向全体来宾敬酒。

（2）敬酒时，应起身站立，面带微笑，目光注视敬酒对象。

（3）碰杯时，要让自己的酒杯低于对方的酒杯，表示谦恭和尊重。

（4）敬酒的顺序应遵循先职位高后职位低、先宾后主、先年龄大后年龄小的原则。

（5）敬酒时，不要强劝他人饮酒。

（6）来宾要手持酒杯与敬酒者对视致意之后再落座。

（7）接受敬酒之后应适时回敬主人。

中国是礼仪之邦，中餐礼仪文化源远流长。传承数千年的中华酒文化，积淀了丰厚的饮酒礼仪风俗，无论是三五好友聚会的小酌，还是盛大宴席的敬酒，我们都要掌握约定俗成的中餐酒礼，这样才能让酒在中餐宴请中帮助我们传递祝福，传递友好，活跃气氛，增进友情。

第八章 娱乐活动礼仪

第一节 观赏音乐会的礼仪

常见的音乐会有以下几种：高雅音乐会，通常在正规的剧院举办；流行音乐演唱会，通常在体育场举办；LIVE音乐节，通常在大型公园的草坪上举行。

相对于流行音乐来说，在剧院举办的高雅音乐会是要特别注意观演礼仪的。大型的音乐会，成百上千的观众聚集在音乐厅里，如果没有规矩和秩序，场面可想而知。我们要遵守以下音乐会的礼仪规范。

一、着装礼仪

在西方，观赏音乐会时的着装通常是男士着礼服，女士着裙装、小礼服或晚礼服。得体着装不仅仅是对演出者的尊重，更呈现了个人素养。

在国内，虽然观看演出时不会要求穿礼服，但也需要服装整洁。不能穿过于休闲的服装，比如：牛仔裤、T恤衫、短裤、人字拖和奇装异服等，着这些服装及配件是不允许进入音乐厅的。

二、入场礼仪

观赏音乐会，要从遵守入场的礼仪规范做起。

（1）不要迟到。我们至少要提前40分钟入场检票，提前10分钟进入音乐厅。衣冠不整及酗酒者谢绝入内。

（2）要准备好入场票并排队检票。

（3）检票流程是机器验票，然后过安检。不要携带大件行李，随身带的包也需要通过安检闸机之后开包检查。食品和饮料是严禁携带入内的。

（4）通过安检后，便可以寄存携带的物品了。

（5）没有携带包的观众可以直接凭票入场。剧院座位号码一般分为堂厢单号、双号，楼厢单号、双号。我们需要根据票上写的票号，在内场人工复检后，找到指定的区、排、座位，对号入座。

（6）为避免影响演出，在迟到时应在曲目之间或幕间进场。

（7）在音乐会进行中不要中途退场，若有特殊情况需要提前退场时，应在一首乐曲结束后，指挥谢幕、观众鼓掌时悄悄离开。

（8）凭票入场，成人、儿童均一人一票，对号入座。传统音乐会1.2米以下儿童谢绝入场（儿童场次除外）。

（9）不得携带宠物入场。

（10）不能携带大件物品进场，不能携带食品、饮料入场。

三、常规观演礼仪

为了更好地观赏演出，我们要注意以下方面：

（1）在音乐会前，不要吃太多导致频频上厕所的食物及饮料。不要吃得过饱，避免现场打嗝。少吃豆类食物，以免胃肠胀气。如果咽喉不适，建议提前准备润喉糖，避免在音乐会期间咳嗽影响他人观演。

（2）提前熟悉曲目。在音乐会开场前，剧院工作人员会提供本场的纸质节目单或者是电子节目单，节目单上有演出背景、曲目介绍以及演员介绍。在到达音乐厅之后，要提前熟悉演出内容，以更好地欣赏音乐会。

（3）演出期间不要在场内走动，更不要大声喧哗。要将移动通讯设备置于静音状态。不要在演出期间接打电话，不要在场内聊天。

（4）根据《中华人民共和国著作权法》，主办方需要保护演出剧目的版权，所以通常演出期间不得拍照和录像。闪光灯不仅会干扰到其他观众，还会干扰到演员，容易造成演出事故，要避免此现象的发生。

（5）若给自己喜欢的艺术家献花，需要提前与工作人员联系。鲜花需要放在指定的位置。在演出结束以后，从指定的位置上台献花。

（6）为了不影响其他观众观演，场内不能戴帽子。在看歌剧演出时，应尽量避免穿浅色衣服，浅色容易分散演员的注意力。

（7）交响乐的演出，上台的顺序是大部分演员上台坐好后，首席小提琴手上台，在与大家校音完毕后，乐队指挥登场。所以，乐队成员分三次登场时，我们都应报以热烈的掌声。

（8）为了乐曲的整体性，在演奏过程中不要鼓掌，这样做会影响乐曲的进行，同时会干扰演奏者的情绪表达。通常是在一曲结束以后，指挥转身鞠躬致谢时鼓掌。如果观众持续积极鼓掌，艺术家通常会选择返场加演。

（9）不要触摸音乐厅内的电源、音响、照明器材、钢琴等物品及消防设施。

（10）演出开始之前以及演出结束之后，即便舞台上没有人也不能随意登上舞台。

（11）安静倾听是观赏音乐会的基本礼仪。在比较好的剧场，音乐会是不需要扩音设备的。通过建筑师设计的声场效果，就能将原声准确地传送到每一位观众的耳畔，所以在观看演出时，切忌发出噪音，因连塑料袋摩擦的声音都会影响其他观众的观赏效果。

（12）演出结束以后，应尽快安全有序撤离，不要拥挤。

四、不同剧种的观演礼仪

观赏不同的剧种，其要求是略有区别的。

1. 歌剧

（1）经典歌剧剧目以意大利语、德语、法语、俄语居多，在观看演出之前可以提前了解剧情介绍。现场也会有中文字幕可以帮助大家迅速进入剧情。

（2）歌剧演唱，因为全场是一个剧目，所以可以在特别精彩的唱段唱完以后报以热烈的掌声，还可以喊出："BRAVO！"

2. 音乐会

与演唱会不同，音乐会在乐章之间是不允许鼓掌的，要在曲目结束之后鼓掌。在节目单上也会有曲目名称。如果实在不清楚，不要做第一个鼓掌的人即可。

3. 舞蹈

舞蹈类似于歌剧，我们的掌声就是演员的"兴奋剂"，只要段落之间没有音乐，便可以鼓掌。

4. 话剧

观赏话剧最好保持安静，掌声容易干扰其他观众听清台词，最好待每一场结束之后再鼓掌。

5. 戏曲

戏曲是最热闹的演出项目，每个亮相都能鼓掌，还能叫好。这种发自内心的叫好声叫作"满堂彩"。

剧场其实也是考场，不仅仅考验我们的艺术功力，也考验我们的文明素养。

第二节　观看体育赛事的礼仪

观看体育赛事，已经成为我们精神文化生活的重要活动之一。在观看体育比赛时，我们的言行举止不仅仅是个人素养的体现，也是国家文明水平的体现。遵守观看体育赛事的礼仪，还能够让我们在欣赏体育比赛的同时，为促进体育文明的发展贡献一己之力。

（1）要讲究着装。观看体育赛事的着装相对自由，以得体大方、穿着舒适为主，可以根据季节、气候、场所以及个人爱好而定，也可以选择所支持一方的队服等。需要注意的是，着装不能过于暴露，只穿背心或是光着上身，这样做不仅不雅观，也是不尊重的表现。

（2）入场时不能携带易燃易爆等危险物品，打火机、酒瓶、凳子、刀具、易拉罐等物品不得携带入场；不得携带宠物入场。入场时要积极配合安全检查。如开车前往，要按规定路线行驶，并停放在指定区域。

（3）提前入场，避免迟到。入场后要尽快对号入座，不要随意占座。如果迟到，应向邻座道歉，可以伴随着"对不起""打扰了""不好意思，借过一下"等道歉性语言。观看比赛期间不要频繁起身离座去买饮料、上厕所等，以免影响其他观众。不能把脚踩在或搭在其他座椅靠背和扶手上。不要站着观看比赛，因为站起会影响别人视线，更不能站在椅子上观看比赛。

（4）喝彩。精彩的体育赛事非常振奋人心，良好的互动可以激发运动员的斗志，呐喊和欢呼也是情绪达到巅峰的自然流露。为自己支持的一方加油鼓劲、欢呼叫好，还能让大家有参与感，也能增加现场氛围。精彩的时刻可以喝彩，但是喝倒彩、起哄、谩骂、围攻、向场内扔东西、踩踏座位、攻击裁判等行为，都是不文明行为，程度严重者甚至会触犯法律，一定要杜绝。

第八章　娱乐活动礼仪

（5）体育场馆内严禁吸烟，可以吃零食、喝饮料，但不能吃带响声的食物，不能乱丢果皮纸屑。退场时应自觉把垃圾带走。

（6）观看比赛时要遵守秩序，看管好小朋友，不能任由小朋友在场内跑来跑去或者哭闹喧哗。

（7）有的赛事是禁止拍照和录像的。要听从赛事管理人员安排。即使允许拍照也要切记不能使用闪光灯，避免对注意力高度集中的运动员造成干扰。

（8）如遇到比赛中突然停电，应保持安静，不要随意走动，并将手中的荧光棒、手机手电筒等照明设备点亮，但不能使用打火机、火柴等明火照明。如果无法继续比赛、比赛被迫中止或是延期时，要听从工作人员指挥，借助应急灯光，根据安全出口指示灯的指示方向，有序退场。

（9）升国旗、奏国歌。在观看比赛中的升旗仪式时，应当面向国旗，肃立敬礼，切忌随意走动或者嬉戏打闹。对于其他国家的升旗仪式，也应肃立、行注目礼，本着平等、尊重的原则，给予应有的尊重和礼遇。

（10）比赛结束时，要向双方运动员鼓掌致意。在比赛结束后离去时，要按照顺序，有序退场，随着人流由最近的出口离场，不要互相拥挤，以免发生意外。离场时应主动将饮料、矿泉水瓶、果皮果核、零食包装等杂物带出场外。

不同场所的赛事礼仪如下：

1. 观看室内比赛的礼仪

（1）乒乓球、网球、羽毛球、体操、举重之类的项目，很大程度上是心理比赛，运动员需要一个良好的比赛环境。室内场馆是相对封闭的，我们在比赛时一定要保持安静，因为在比赛中，选手处于全力以赴的状态，注意力高度集中，瞬间的刺激会使他们分心，影响他们的情绪和节奏，从而影响成绩，甚至会导致受伤。应当有节制地加油助威，比如：在得分时或者非常精彩的一击或是做完一套动作时，可加油叫好。但是当球员准备发球时，应迅速保持安静。观看比赛时，不可随意交谈、大声喧哗，也不要吃东西，手机应调成静音或关机模式。

（2）比赛进行中不可随意走动，如必须走动，应在局间休息时迅速离开。

（3）比赛中不得与裁判、球员进行任何形式的交流，不得以任何形式干扰比赛。

2. 观看室外比赛的礼仪

（1）在观看比赛时，可以带上横幅和标语牌、旗帜等，内容一定要积极健康，尺寸大小恰当，不影响其他观众观赛。

（2）在运动员入场仪式中，会介绍双方队员。球员在向我们行礼时，无论是哪一方的球迷，我们都应为每一位球员鼓掌。在观看比赛时，可以用呐喊、喝彩、鼓掌、欢呼、吹喇叭、敲锣打鼓、敲气棒等多种形式为运动员加油助威，但一定不能发出与裁判员相同或相似的哨声，以免混淆球员的判断。在结束比赛或者领奖时，可以尽情为运动员呼喊。

（3）举止得体、行动理智、文明观赛，不得做任何侮辱性质的手势，注意语言文明和行为文明，不向场地内投掷杂物，不扰乱比赛秩序。不嘲讽、辱骂运动员、裁判员、教练员，不做有损国格、人格的事。

（4）当比赛用球飞进观众席时，要及时将其交给场边的工作人员，而不能直接扔回场内，更不能为了留作纪念拒绝交出。

每一种体育赛事都有自身的赛事规则和观赏规则，我们应提前了解，这样才能更好地融入比赛和欣赏比赛。

第三节　参加舞会的礼仪

交谊舞会起源于西方正式的跳舞集会，参加者自愿相邀共舞。舞会集音乐、舞蹈、灯光、沟通交流于一体，具有较强的文娱性与社交性。人们在娱乐的同时还可以认识新朋友，扩大社交圈。但是，如果舞会的参与者不注意自己的言行举止，不遵守舞会的礼仪规范，就会成为舞场里令人厌烦的人，与参加舞会的初衷背道而驰。遵守舞会的礼仪规范，要注意形象与行为两个方面。

一、参加舞会的形象礼仪

1. 舞会仪容礼仪

跳交谊舞时，我们与舞伴之间的距离非常近，首先应当注意的是个人卫生问题。参加舞会之前，应当保持身体清洁无异味，体毛不外露。男士需要剃须修面，女士若穿短袖或无袖装，则需要剃除腋毛。保持头发的整洁，梳理成适当的发型。特别需要注意口腔卫生，保持口气清新，舞会前不能食用气味刺激的食物。如生葱、生蒜、韭菜等。如果罹患感冒或者其他的传染病，应自觉居家休息，不要参加舞会，以免传染给其他人。在舞会上不要嚼口香糖，禁止在舞场抽烟。

女士在参加舞会前，应根据个人情况进行适度的化妆和美发。舞会大都在晚上举行，女士的妆容可以稍浓重一些，但也要注意得体雅致。只有在参加化装舞会时，才能出现夸张和怪诞的妆容。男士也应该注意美发、护肤和清除体味。

2. 舞会服饰礼仪

舞会的着装应干净整齐、优雅大方，不要戴帽子、墨镜，不要穿拖鞋、凉鞋、旅游鞋，也不要穿休闲装、军装、工装等。如果舞会举办者对着装有要求，则应严格按照要求着装。

参加交谊舞会时，男士要穿皮鞋、西裤、西服，参加隆重的舞会时则要穿燕尾服、戴领结。女士应穿高跟鞋、长裙，服装不宜过露过透，也不能过短或过紧。着裤装跳舞通常也是不礼貌的表现。穿无袖裙时可以戴长手套。女士参加舞会时可以佩戴较为华丽的首饰，与舞会高雅的氛围相得益彰。

二、舞会的行为礼仪

舞会的行为礼仪包括邀请的礼仪、拒绝的礼仪、跳舞的礼仪。

1. 邀请的礼仪

在舞会上，邀请他人与自己共舞一曲，是参加者必做的事情。我们在邀请别人跳舞时需要注意以下方面：

（1）男士、女士可以互相邀请，不过，通常是由男士邀请女士，但女士可以拒绝；而当女士邀请男士时，男士则不能拒绝。

（2）正式舞会上，同性不宜共舞。两位同性共舞，意味着他们不愿意邀请在场的任何一位异性。

（3）舞会上的第一支舞曲和最后一支舞曲，一般由男士邀请与自己一同前来的女士共舞；第二支舞曲开始，则需要交换舞伴，与更多的人共舞；一般情况下，舞会上，一对舞伴仅宜共舞一曲。

（4）选择适合的共舞对象。和谐的共舞对象，能为舞会带来美好的感觉。一般来说，我们可以邀请以下几类对象共舞：首先是年纪相当的人，年纪相当的两个人比较容易合作。其次是身高适宜的人，如果共舞的双方身高悬殊太大，会比较尴尬。再有是性格秉性相近的人，这样，比较容易有共同的话题，相互之间容易产生好感。

（5）通过共舞联络感情。邀请久未谋面的人一起跳舞，可以找到重新联络的契机。希望结识某人，邀请其共舞也是一个礼貌结识对方的好办法。

（6）邀请他人跳舞时，邀请者应该举止优雅大方，表情谦恭自然，不要紧张和做作，当然更不能落于粗俗，如嬉皮笑脸或者叼着香烟去请人跳舞，会让人反感。男士邀请女士时，应庄重地走到女士面前，微微躬身，彬彬有礼地伸出右手，也可轻声微笑着说："您好，可以请您跳一支舞吗？"在担心对方拒绝时，可以找熟人引荐。

（7）如果一位女士单独静坐，或坐在一群人当中，男士便可以发出邀请。如有其亲友在场，则应向亲友致意，并征得同意。

2. 拒绝的礼仪

在舞会上，除了邀舞者应该遵守舞会礼仪，彬彬有礼，受邀者也应举止大方，表现出良好的修养。如果拒绝他人的邀请，也要遵循一定的礼仪，正确地拒绝邀请才能体现出我们的良好修养。

（1）拒绝时，要注意分寸和礼貌用语，要委婉地表达。要表情和蔼地说："对不起，我有点累，想休息一下。"或者说："不好意思，这支曲子我不太熟悉。"这样做，对方一般会心领神会。

（2）如果女士已经答应和别人跳舞，应当向男士表示歉意说："对不起，已经有人邀我跳了，等下一曲好吧。"

（3）当女士拒绝一位男士的邀请后，如果这位男士再次前来邀请，在确无特殊情况的条件下，女士应愉快地接受对方的邀约。

（4）女士面对两位或者两位以上的邀请者时，同时进行委婉的拒绝，是比较礼貌的做法。

（5）女士一旦拒绝某位男士的邀请，就不要再接受另一位男士的邀请。

3. 跳舞的礼仪

跳舞时需要注意以下礼仪细节：

（1）在步入舞池时，应该女士在前，男士在后，由女士选择跳舞的位置。在跳舞的过程中，则应由男士领舞，女士配合。

（2）跳舞中，不管我们与舞伴是何种关系，都要与舞伴保持30厘米左右的距离，男士右手轻扶舞伴后腰（略高于腰部），左手轻托舞伴右掌。

（3）跳舞动作要与舞曲协调，不要乱跳乱舞，更不能以夸张怪异的动作去吸引他人的注意。

（4）万一不慎碰撞或踩踏了别人，应立即向对方道歉。

（5）除交谈之外，跳舞时不要长时间紧盯着对方的双眼或身体的某个部位。

（6）一曲舞毕，跳舞者应首先面向乐队立正鼓掌，以示感谢。同时，男士应将自己所请的女士送回原来的位置，道谢告别后，才能再去邀请其他女士。

舞会，是陶冶情操的高雅场合。我们需要掌握舞会的相关规则，以使自己和舞会的氛围相和谐。

第四节　参观美术展的礼仪

美术展是展览美术作品和艺术品的场所，在参观美术展的过程中，应注意言行，文明、有序地参观，与主办方共创良好的参观环境。

一、参观美术展的着装礼仪

美术展的场馆环境相对于其他公共场合，具有自身的特殊性。美术展展出的一般都是具有较高价值的美术作品和其他艺术品，因此，美术展对馆内环境要求非常高，对参观者的礼仪要求也比较高。

美术展的氛围是高尚优雅的，如果参观者衣冠不整，或者穿着很随意，比如：夏天穿着背心、短裤、拖鞋，冬天穿着沾满泥土的靴子，就会破坏整体参观环境。

在参观时，不修边幅的拖沓形象或许是自我个性的表现，但是会给其他参观者、工作人员带来不良的感受，对参展的艺术品和作者也是不尊重的表现。因此，我们在参观美术馆的时候，要尽量选择相对正式的服装，男士最好是穿西装、打领带、穿皮鞋，夏天最好也能穿长裤、衬衫和包头皮鞋；女士可穿着比较正式的裙装或具有审美品位的服装。同时还需要注意的是，穿着的鞋子或者佩戴的饰品不要发出响声，以免影响到其他的参观者。

二、参观美术展的言语礼仪

美术展是一个讲究安静的场所。在静雅的环境中，参观者才能静下心来感受艺术品带来的美感。因此，我们在观赏画作的时候，需要从言语上约束自己，以免影响美术展的整体氛围。

（1）展厅内应始终保持安静，我们要学会默默地品味和欣赏艺术品的魅力，不要旁若无人地高谈阔论，也不要大声喧哗，这些做法都会导致馆内充满嘈杂的声音，影响他人参观的情绪，分散他人的注意力。如果要和别人进行交流，要尽可能地压低声音。

（2）不要随意对作品发表评论。不能为了炫耀自己而对画作等随意品头论足。要尊重展品和艺术家，无论我们是否认同或是否能理解展出的作品，都不要在观展时对作品指指点点，毫无事实依据地随意发表评论，更不能贬低或者诋毁作品的创作者。我们可以不欣赏作品，但要尊重艺术品，尊重艺术家，尊重其他观展的人，这也是尊重自己的表现。

（3）不要轻易打断讲解员的讲解。在参观过程中，若有讲解员介绍作品，应耐心听取讲解员的讲解，不要轻易打断讲解员的介绍。有不明白之处可以在讲解员讲解暂停的空隙时间内礼貌请教，但不宜不停地发问，以免影响讲解员的正常讲解，给其他参观者带来不良影响。在参观过程中如果对某一画作感兴趣，或者想进一步了解某艺术品的情况，应选择合适时机向场馆内的工作人员礼貌地提出。

（4）在携带手机观展时，应在参观前将手机调为静音。不要在展厅里接打电话，可走出展厅再去接听。在展馆内大呼小叫地接打手机，是缺乏教养的表现。

三、参观美术展时的行为礼仪

参观美术展时的行为礼仪，有以下六个方面：

（1）不要随意触摸展品。美术展厅里的作品都是艺术家呕心沥血创作出的珍品，展品都具有极高的艺术价值和经济价值。随意触摸，手上的油脂、汗液等会对作品带来极大的伤害，甚至会对画作等起到破坏作用。因此，在美术馆参观的时候，一定要与艺术品保持一定的距离，用双眼和内心欣赏，而不要对展品"动手动脚"。在观看有玻璃保护层的艺术作品时，不要趴在玻璃上观看，以免污染玻璃甚至损坏玻璃及艺术品。

（2）不要在展厅内乱跑嬉闹。在参观美术馆时，不要在展厅内急行猛跑、打闹嬉笑，这样很容易和他人碰撞，也很容易损坏珍贵的展品，还会干扰他人参观展览。如果要带孩子参观美术展，首先要确定该展厅是否允许儿童进入。如果不允许儿童进入，起码要妥善安排好孩子，不能强行要求携带儿童。允许孩子进入的展厅，也要在观展之前告诉孩子参观美术展的注意事项，并与孩子约定纪律，告诉孩子艺术品被破坏的后果。在观展时，尽量让孩子始终跟随在自己的身边。如果孩子出现哭闹或打闹的现象，应及时把孩子带离现场。

（3）对标有"禁止拍照"的展品要遵守规则。展厅中的很多艺术品会因版权原因禁止拍照，特别是一些临时展览和引进展览，主办方一般都会明确提出不允许对参展展品进行拍照。闪光灯也会对画作的颜料等产生破坏，而且展厅内一般会比较幽暗、静谧，拍照时的光会影响其他观众的正常欣赏和参观。因此，我们应该克制自己拍照的欲望，以保护艺术品免遭破坏。

（4）不要妨碍他人参观。在参观时，不要在一幅作品前逗留太久，也不要离作品太近挡住他人的视线。在参观者比较多的时候，如果我们在一件艺术品前停留太长时间，就会影响其他参观者以正常速度参观。看到自己非常中意的作品时，我们应该先随人潮行进，等人少了以后再回来继续参观。参观的时候尽量不要影响到他人，这是尊重他人、具有良好礼仪素养的表现。

（5）不要在展厅内吃东西。这是为了防止食物和饮料附着到展品上，对展品产生破坏，同时也是在保护美术馆的环境。如果我们所吃的食物碎屑掉落在地上，或者甜味饮料滴落到地上，就有可能招来蚂蚁、蟑螂之类的昆虫，继而对艺术品产生破坏。在参观的时候不要口含口香糖、糖果之类的东西，这种随意的举动也是对作品及其创作者的不尊重。如果年纪较小的孩子需要喝水或进食，可以在进入场馆参观之前完成。

（6）保持场馆的卫生。保持公共场所的卫生是我们应该具备的素养。而美术展更是一个讲究环境整洁优雅的场所，因此在参观的时候，参观者要做到不吸烟、不随地吐痰，也不乱扔垃圾。

高雅的美术馆，欢迎遵守礼仪的观众前来参观。文明的参观过程，会像艺术品一样令人欣赏。

第五节　参观博物馆的礼仪

博物馆的展品通常都是具有科学性、历史性或艺术价值的珍品。通过参观博物馆，可以让我们增长知识、陶冶情操。在参观博物馆时，我们应遵守相关参观礼仪，爱护文物，维护展馆的参观环境。

一、遵守博物馆拍照的规定

大部分博物馆的馆藏品是允许拍照留念的。但是，很多文物，比如：书画、古籍善本、织绣品等都很怕光，闪光灯的照射会加速它们的老化，甚至造成永久性的损坏。出于保护文物的目的，即使允许拍照的展品，也是禁止使用闪光灯的。所以，即使拍照也要注意自身、他人及展品的安全。

博物馆内的光线一般都比较暗，展品多在玻璃展柜内，拍摄难度较大，拍照时不要只关注摄影效果而忽略了环境，导致碰撞他人、碰碎展柜的玻璃，甚至碰坏展品，造成不可挽回的巨大损失。有些博物馆引进的临时性展览是不可以拍照的，此类展览在展厅门口及展厅内都会设立明显的提示标识，我们一定要注意查看并遵守。

二、遵守携带物品及存包的规定

博物馆规定，所有危险品以及法律法规明令禁止的、可能影响观众参观或文物安全的物品都不允许带进博物馆。存包处是博物馆为参观者临时寄存物品、包的场所，在存物品及包前，要自觉接受安全检查，不得存放危险品、违禁品和贵重物品；如要求存放电子产品、艺术收藏类等特殊物品，需要我们先行登记并签字后才可以存放。

三、爱护博物馆的展品

博物馆展出的展品，很多都是历史长河中沉淀下来的独一无二的、无法用金钱衡量其价值的国家珍宝，一旦损坏，损失难以估算。因此，要爱护展品，不触摸展品，不碰触展台和保护性的玻璃罩以及照明等设施。

有些文物并未放在玻璃罩等防护设施内，但因其年代久远材质已经非常脆弱，或者一些古画、丝织品等很容易沾染手上的污浊之物，随意触摸很容易造成文物损伤且无法修复。因此在参观的时候，动眼不动手，远观展品是应有的做法。

出于安全考虑，不要在博物馆内随意跑跳、嬉闹。在观看展品时，应注意查看展品旁的文字说明，听语音导览或听讲解员讲解，以便了解展品的历史背景及文化价值,不要因为喜欢展品而情不自禁上手去摸,更不能在博物馆避人之处偷偷刻字留名。

四、做博物馆的文明观众

(1)参观博物馆时,首先要做到安静参观,不要大声喧哗,不干扰他人。不要穿发出响声的鞋,并将手机调至静音状态。

(2)在讲解员讲解时,不要打断讲解员询问自己的问题,也不要当众批评讲解员或与讲解员争辩。对某个展品特别感兴趣时,可以等讲解员休息时,征得其同意之后再向其请教。期待学习相关知识时,可以主动参加博物馆举办的讲座、直播等相关活动。

(3)不要在展厅里接打手机,更不能因为展厅内信号弱而对着手机大喊大叫。很多博物馆的重要展厅会屏蔽手机信号,需要接打手机应自觉到展厅外操作。

(4)讲究卫生,不要在展厅内吃东西,也不要乱扔垃圾。博物馆内禁止吸烟。

(5)参观者众多时,应随着人流缓慢行进,不要试图强行超越前面的人,也不要长时间驻足,这样都会影响他人,甚至造成安全隐患。他人在观赏某件展品时,尽量不要从其前面走过,以免挡住其视线,影响他人观赏。不得已从他人面前经过或超越他人时,应注意不要碰触他人,并且说"对不起,请让我过一下,谢谢"等礼貌用语。

博物馆是传承人类文明的地方,我们的言行举止一定要遵守礼仪,做到尊重他人、爱护文物、遵守规定、文明参观。

第九章 拜访与接待礼仪

第一节 拜访前的三项准备

现代社会离不开人际交往，人际交往需要有来有往，有来有往才能常来常往。拜访是人际交往中必不可少的环节。通过拜访，交往双方可以交流信息、沟通情感、增进友谊。拜访他人若想要取得好的效果，做好拜访前的各项准备至关重要。接下来的拜访准备内容是社交拜访成功的三大法宝。

一、形象准备

1. 形象准备的意义

社交拜访不同于商务拜访。商务拜访是商务人员联络业务、沟通情感的重要方式之一。而社交拜访是在特定的社交场合进行的拜访。拜访者应根据拜访的目的、对象等，在出发前作有的放矢的准备。如果拜访者想在拜访的第一时间及拜访过程中给对方留下好印象，形象准备必不可少。

子曰："君子见人不可以不饰，不饰无貌，无貌不敬，不敬无礼，无礼不立。"可见，"不饰无貌，无貌不敬"是儒家形象观的基本规范。这段话包含了两层含义。第一，待人接物时必须要重视形象。人的外在形象是内在素养的外化表现形式，重视形象，内在美才能充分地表达出来，这也是人们应有的待人接物的态度。第二，修饰形象的目的在于尊敬他人，通过恰当地修饰形象，使他人感受到被尊重。

不论与他人是初次见面还是再次见面，我们都希望通过良好的外在形象给交往对象留下好的第一印象，因为一旦产生好的第一印象，形成首因效应，往往能起到很好的正向引导作用。在人际交往中，如果我们能够很好地把握第一印象，注意第一次交往中的任何一个细节，就会在人际交往中把握主动。

2. 做好拜访前的仪容与服饰准备

拜访者应选择适合社交场合的服饰，着装要整洁、大方、得体。在拜访前应当对着镜子仔细检查自己的形象——服装是否适合拜访所去的场所，是否适合拜访对象的审美，妆容是否整洁，头发、眼睛、鼻孔、耳部、指甲、口部、手部、鞋面等是否清洁、干净、符合社交场合规范，口气是否清新，纽扣、拉链是否处置妥当，饰品是否符合自己的身份。

通常，社交场合的服饰与政务、商务场合略有不同，更能体现时尚度和个性化。

3. 做好拜访前的心态准备

准备好仪容和服饰后，不要忘记准备好阳光的心态，并且检查自己的表情。我们要紧握微笑这把金钥匙，积极地调整心态、整理心情，以最佳的心情和友善的表情拜访他人，向对方表达自己的真诚、友好以及个人魅力。如果感到有些紧张，可以使用预演未来的方法，认真预想会面的场景，梳理每一个小细节，做到成竹在胸，让自己的心情放松下来，这不失为一个好办法。我们相信当拜访者的心态做好充分的准备，掌握正面积极的思维习惯，必将助力社交拜访，这也是情感有效沟通的必经之路。

二、预约时间准备

拜访他人时必须要事先预约，这是礼貌，更是对对方的尊重。预约可以使拜访对象有所准备，如果没有约好拜访时间，就直接登门拜访，会让对方措手不及。如果对方不接待，拜访者吃了闭门羹，可能会空跑；如果接待，打乱了对方的生活节奏或计划，可能需要久等，甚至会面临拒绝。因此，没有预约的拜访，很可能达不到预期的拜访目的，这样鲁莽的行为会使对方对拜访者产生强烈的不信任感，从而使人际关系受到影响。因此，为提高拜访的成功率，拜访者在拜访前一定要事先预约，不打无准备之仗。那么如何进行预约呢？

1. 预约方式

我们知道信息时代使沟通更加便捷。拜访前的预约可以通过电话、短信、微信、电子邮件、发传真等方式进行，选择哪种方式取决于拜访对象的喜好。万不得已不要用让别人捎话的方式进行预约，这样会让对方感到自己不受尊重，除非这位捎话人德高望重。

这里特别要提醒的是，与对方预约时间与地点，一定是在对方已经同意拜访的情况下才具体确定，优先服从对方的时间就是尊重对方。可以询问对方是否有时间或者何时有时间，具体到周几的几点，甚至提前告知对方拜访的时长。如果是去对方的家里拜访，时间的选择很有讲究。晚上17:30—19:00这个时间段是被拜访者处理家事的时候，其重心和关注度也不在沟通事项上。平时晚上7—8点半或者周末的9—11点，下午的2—4点是非常适合拜访的时间，在这个时间段进行拜访，双方都有充足的时间进行深入的沟通和交流。

可以询问对方在哪里见面比较方便，是在咖啡厅、会所还是家里呢？通常，如果对方邀请您到家中进行拜访，说明您在对方心目中非常重要。

在预约的时候，应主动告诉对方己方人数以及拜访的目的是什么，这样做可以在会面之前做到彼此心中有数。特别要注意的是，尽量避免在拜访中安排对方不喜欢甚至极为反感的人。切勿在没有告知主人的情况下随意增加拜会人员，以避免给主人造成不必要的干扰，影响拜访效果。

2. 预约的时机

通常情况下，应提前3天预约。除此以外还需要注意些什么呢？拜访者如果通过电话预约，为了不打扰或影响被拜访者的工作或休息，一定要避开以下时间：避开节假日时间，避开刚上班或要下班时间，避开吃饭时间，避开休息时间（特别是午休的时间），避开一切对方不方便的时间。切忌随口一约、随便一说，这是非常敷衍的方式。

当拜访者做好拜访前的形象准备和事先预约后，也就为接下来的拜访打下了很好的基础。在第一次拜访时，如果希望与拜访对象进行高质量的对话，还需要充分了解对方，下大力气、做足功课，做到知己知彼。

三、对方情况准备

1. 提前了解对方

做好提前了解是拜访工作取得好的效果并达成深入沟通的关键。实际上，在拜访他人前，拜访者必须提前了解对方的姓名、性别、职位、学历、大致年龄、地址、行车路线等相关信息。如果还能了解对方的籍贯、家庭成员情况、个人学习或生活的习惯、兴趣爱好、宗教信仰等信息，将会为拜访提供更多保障。这些信息，有助于拜访者在正式拜访时，恰到好处地与对方进行沟通、交流。

同时，如果与对方已经约好了时间和地点，那么一定要事先对约会地点的交通道路、周边环境有比较充分的了解，千万不要临到出发时才发现地址不够确切，那样会让拜访变得被动，还可能导致失约。

2. 礼品准备

在拜访他人时，随身携带一些小礼物也是必不可少的，礼物可以起到联络情感、调节气氛的作用。虽然"礼轻情意重"，礼物的选择仍需要下一番工夫。要在事先了解对方喜好、品位的基础上，把礼物送到对方的心坎上，令对方开心，甚至是带来惊喜，这将大大增进彼此的情感，促进沟通与交流。

第二节　准时到达是必备修养

做好拜访准备后，还有一些细节需要我们注意。守时，就是首先需要遵守的礼仪。

拜访者要严格遵守双方约定的时间，如期到达会面地点，到达的时间要争取比预约时间提前10分钟。拜访者如期而至是对被拜访者的尊重，提前10分钟到达可以让自己比较从容淡定。当然也不要过早到达，提前拜访会让对方感觉措手不及，也许被拜访者尚未修饰好仪容仪表，也许会面环境尚未准备到位，也许被拜访者还有未处理妥当的事项，这时就会出现让双方尴尬的局面。如果到达的时间过早，可以在约定地点周边稍等一会儿，也可趁此时机思考拜访的主题，等时间差不多时再上门。

如果因为特殊情况不能准时到达，应提前至少30分钟告知对方，以便对方尽早调整计划，同时获得对方的谅解。实在无法提前通知而迟到时，应当诚心诚意地道歉，并询问自己的过失是否会影响对方的计划，如何进行补救等。不要不道歉，或者急于摆出一大堆理由为自己辩解，这样容易引起对方的反感。

拜访外国友人时，切勿未经约定便不邀而至，并尽量避免前往其私人居所进行拜访。

如期而至，不做失约之客，让被拜访者感受到拜访者的诚信，展示出拜访者美好的内在素养，为成功拜访拉开了序幕。

第三节 礼貌交谈与适时告辞

交谈是人与人之间表达思想、交流信息、抒发情感的基本方式，在人际交往中，我们要与不同年龄、不同背景、不同身份、不同性别的人打交道，能不能有效地组织和运用语言进行交谈，直接影响着人与人之间的理解与沟通，甚至影响人际关系。俗话说，会说话的让人笑，不会说话的让人跳，如果说话不讲究艺术，有时会带来不良或严重后果。

面对不同的场景，我们可以谈什么、怎么谈，事关沟通的效果和交往质量。而人际交往中，切入正题之前的闲谈，可以为正式交谈创设一个较好的谈话氛围。要想使闲谈和言语呈现出相同的作用，就一定要遵守相应的规则。

拜访时的语言要注意哪些细节呢？

一、话题选择要文雅

1. 选择恰当的谈话内容

可以将大家都熟悉的话题作为谈话的内容。

（1）格调高雅的话题：如文学、艺术、哲学、历史、地理、建筑等。

（2）轻松愉快的话题：如电影、电视、天气、交通、体育、旅游、休闲、烹饪、小吃等。

（3）时尚流行的话题：如足球、演唱会、热播电视剧等。

（4）对方擅长的话题：如对方的学术成就、科研成果、发明专利、专业特长等交谈对象所擅长的话题，让对方获得展示自己的机会。

"一看您的肌肉线条这么漂亮就知道您是健身达人，特别想向您请教。"

"您的新书马上出版了，到时候我一定第一时间购买拜读。"

"听说您是河南人，您老家的文化底蕴深厚，有很多典故啊。"

"咱北京又新开了一个火车站，叫'北京朝阳站'，您了解吧？"

"您今天的这套服装特别漂亮，一看您就是时尚达人。"

以上内容均属于比较中性的话题，在人际沟通中，可以把它们作为双方沟通的基础。我们相信，双方在达成共识、产生共鸣的情况下会有较高质量的沟通。

2. 不适合的谈话内容

为了营造良好的沟通氛围，也为了避免谈话内容给对方带来不愉快的心情，我们要杜绝以下话题：

（1）有关自己与他人的健康情况。经常讲自己身体欠佳，容易给人需要帮助，使人产生有某种负担的感觉。而经常问对方身体可好，会使他人产生是不是在我们的心中，对方连最起码的能力都不具备的印象。

（2）和对方的现状相关的负面信息。比如在医院看望病人，谈论对方或其他人不好的医疗消息及有关生死的话题；对方业务失败，谈论失败带来的消极后果或这个行业、这个单位的负面消息；有人要去旅游，与之谈论近年来旅游过程中发生的意外伤亡事故等。

（3）涉及政治错误的话题。如带有错误观点的话题，违背社会道德、价值伦理的话题等都不适合交谈。

（4）收入。收入是一个人社会价值的体现，属于个人隐私，直接或间接地谈论自己或他人的收入，会使对方产生不愉快的情绪。

（5）有争议的兴趣爱好。每个人都有不同的兴趣爱好，不要站在自己的角度批评别人，不要将自己的喜好强加于人。要回避这些有争议的话题，以免双方争论得面红耳赤。

（6）一切疾病、死亡、荒诞离奇、耸人听闻或黄色低俗的内容都不适合作为交谈内容。

我们知道，一个人关注什么就会将什么话题挂在嘴边，所以要提高谈话的品位和思想性。

二、切入方式要合适

音乐始于序曲，会面始于寒暄，寒暄是开场的序言，是交谈沟通的序幕。见面交谈之前，特别是初次见面交谈前，应有几句寒暄语作为情感的铺垫，同时，寒暄还可以成为进一步交谈的催化剂，在双方之间建立一座桥梁，使交谈气氛更融洽，让彼此更亲近。

（一）以寒暄作为谈话的切入方式

中国人是讲究情感的，所以问候寒暄相对比较复杂。可以以下面几种方式与对方进行适当寒暄：

1. 关心对方吃喝

这种寒暄方式其实"醉翁之意不在酒",以此来表达对交谈对象的关心,借此作为接下来交谈的铺垫。比如"您吃着呢""您吃了没"。需要注意的是,这类寒暄要注意时间、场合,比如对方下午三四点钟在洗手间,这样的寒暄就适得其反了。另外,鉴于文化差异,如果和外国人这样寒暄,对方很容易误认为你要请他们吃饭。

2. 问候对方行动目的

这是中国特色的寒暄内容。比如:"您来啦""来这里多久了?习惯吗""好久不见,近来怎样"等,这样"明知故问"的寒暄后,可以小桥流水似的引入交谈正题。

3. 赞赏对方

世界上最美丽的语言就是发自内心的赞赏,赞赏是让对方特别愿意接受的寒暄方式。比如:"李女士,您的气质特别优雅端庄,在人群中特别出众。"交谈双方很容易轻松自如地打开话题,并切入正题。

(二)寒暄、闲谈要适可而止,切入正题是关键

社交拜访需要寒暄、闲谈,但切忌啰唆。在闲谈中,还要审时度势,把握闲谈的时间,必须适可而止,不能本末倒置,变成一场跑题的交谈。因为再好的寒暄,也是为引入正题所作的铺垫。一般闲谈的时间应把握在3—5分钟较为适宜。

闲谈的场合可以在宴会前、聚会前,注意不要影响周围的人,不要只与某个人交谈,而忽视了其他人。

当对方还在滔滔不绝时,如果我们想要将话题转移到正题上来,可以选择礼貌的方式转移话题:"与您的交谈让我感到很愉快,我都忘了今天的正题是什么了。"

三、交谈态度要真诚

1. 交谈的真诚体现在非言语肢体动作和服饰打扮上

西方学者通过研究发现,人类情感的表达,7%来自语言,38%来自声音,55%来自肢体动作和服饰打扮。这组数据所表达的是人与人之间交往成败的三个因素,以及三个因素所占的比重。面对73855定律我们发现,肢体动作和服饰打扮在人际交往中很重要,如果不引起重视,必将面临失败。

所以交谈双方的态度是否真诚，通过对方的肢体动作和服饰打扮了解其内心世界，判断其交流的态度，有相当的准确性和可靠性。

所以在与人交谈时，站姿要规范，坐姿要大方，表情要友善，行姿要稳健，手势要得体。交谈中可上体略微前倾，以表达乐意与对方交流的意愿。为营造平等宽松的交谈氛围，可采用"散点柔视"凝视对方，注视对方的社交凝视区域，同时要平视对方、正视对方，以表达对对方的关注和重视。交谈中要认真倾听，并适时地以点头或微笑回应对方，也可以时不时地重复对方说过的话，以表达自己在全身心地倾听对方的讲话，并对对方讲话的内容很感兴趣。

2. 交谈的真诚体现在言语上

在《礼记·表记》中，先人教导我们做人要"不失足于人，不失色于人，不失口于人"。这句话的意思是做人要举止不失体统，仪表不失庄重，言语要谨慎。在人际交往中，不失口的言语是真诚的，真诚的语言是使人信服的。

在与人交流时，要理解对方的情感，与对方的情感保持一致，富有情感的语言是真诚的。比如，我们将"我非常理解您的心情""我明白您的意思"等话语挂在嘴边。我们将"您、请、您好、谢谢、对不起"这金子般的十一字礼貌用语时时融入与人的交流中，并且音量适宜，发音清楚，语音、语速、语气恰当，同时随着交谈内容的变化而变化，让这一切成为我们的语言习惯，并富有情感地与他人交流，我们相信对方一定能感受到我们的真诚。

3. 交谈的禁忌

（1）交谈要注意场合。别人无暇顾及时要长话短说，不重要的事先不说。一起用餐时要尽量少说，且不说倒胃口的话。而在卫生间等特殊场合，能不说就不说。

（2）寒暄要适可而止，切忌啰唆，不能本末倒置。否则既浪费时间，又会使对方厌烦，甚至怀疑你的沟通诚意。

（3）不要显得自己有恩于别人。这在他人看来是骄傲自满、显摆自大的表现。

（4）不要阿谀奉承，虚伪客套。在与人交谈中，态度要诚恳，实事求是，不要故弄玄虚。

（5）不要独白。沟通是双向了解，每个人都希望得到尊重和重视，既然交谈讲究双向沟通，在交谈中就要做到目中有人，礼让对方，给对方发言的机会，让对方多谈自己。

（6）不做"杠精"。他人在讲话时，出于尊重，不要与人争辩。争辩有悖于交谈的主旨。

（7）少用命令式语言或否定式语言。因为在与人交流时，这两种语言容易让对方产生不愉快的情绪，甚至是敌对的情绪。

（8）肢体动作不要过大，动作要适当。与他人交流时要保持社交距离，不要离得过近或过远，更不要随意触碰对方。不要左顾右盼、看表、伸懒腰、打哈欠等，尤其注意不要唾沫星四溅。

（9）不便讨论的话题要注意回避，转移矛盾。

（10）如遇冷场，要主动寻找话题，避免尴尬。

四、告辞时机把握好

拜访过程中，时间为第一要素，双方谈得再投机，也得有结束的时候。作为拜访者，适时告辞，不仅是风度，更是智慧。

1. 客观情况

拜访时间不宜拖得太长，否则会影响对方其他安排。如果双方在拜访前已经约定了时长，拜访者一定要严守拜访时间。如果双方没有约定时长，拜访时间控制在15分钟以内比较好，重要拜访控制在30分钟，要在最短的时间里讲清所有问题，适时告辞，以免耽误被拜访者处理其他事务，即便是拜访者觉得意犹未尽，也不能单方面延长拜访时间。

快到休息或就餐时间，毫无疑问就应告辞了，除非你想要请对方吃饭，或者对方非要请你吃饭，否则在快到就餐时间时，就应提前告辞，否则有蹭饭的嫌疑。

拜访中如果遇见有其他客人来访，在这种情况下就要征求主人的意见，是否结束拜访，尽快告辞，以免给主人的接待工作造成为难。

2. 主观情况

有一些主观情况发生，拜访者也要及时知趣而退。

当主人做出希望结束的一些举止行为的时候，比如当你说话的时候被拜访者反应冷淡，甚至是被拜访者站起来，或是把你们的谈话总结了一下，并说出以后可以再继续交流的话。甚至是被拜访者虽然显得很认真，但反复看手表。

或者对方很有可能因突然的一些事情，希望提前结束拜访，不论交谈结束与否，都要及时回应，也需要征求主人的意见，比如说："那今天我们就先谈到这里，咱们改日再谈。"

3.注意事项

起身告辞时，最适合的告辞时间是在自己说完一段话之后，不要选在被拜访者或其他人说完一段话之后，这会使人误以为你对他的话不耐烦。同时告辞前不应有打哈欠、伸懒腰等举止。

提出告辞的时候，即使对方说"再坐坐"之类的客套话，如果没有非说不可的话，就应毫不犹豫地起身告辞。

告别前，应该对被拜访者的好客、热情等给予答谢，并使用"打扰您了""谢谢""和您说话真是一种享受"等客套话。要同主人和其他客人一一道别。出门后，回身主动与主人握别，说"请留步"。待主人留步后，走几步再回首，挥手致意"再见"。

适时告辞，不做"难辞之客"，这是一种修养，也是对对方的尊重。

第四节　接待中的位次规则

在接待中，和拜访一样我们也需要作细致周到的准备，例如：接待用的场地、茶具、水果、自己的仪容仪表等都能让对方感受到接待方的用心程度。除此之外，可能会被大家忽略的一个问题就是接待中的位次规则。在接待中，彼此之间的位次安排既要遵守常规的要求，又要照顾和关注对方的习惯与感受。

一、遵守常规要求

在接待过程中，位次关系一般可分为引领时的位次，行进时的位次和座位的位次，常规要求如下：

1.引领时的位次

在引领陪同时，常规情况下我们按照国际惯例遵循以右为尊的原则，即引领人员走在客人的左前方1米左右的位置，把右侧留给客人。虽然中国传统礼仪中讲究以左为尊，但是随着全球化交流与融入的加深，我们在社交方面的位次规则也向国际规则靠拢。

虽然引领时总的位次规则是以右为尊，但是在实际引领过程中，由于场地、周围环境的变化还会有更加细致的要求（视频9-1）。

◎ 视频9-1

（1）大堂的引领。在大堂引领时，要行走在客人外侧1米左右的前方。也就是客人要走在大堂更加靠近中心的位置，以凸显对对方的尊重。这种规则我们称为以内为尊。

（2）楼梯的引领。在上楼梯时，除了以右为尊外，通常还会从安全的角度出发，让客人总是走在高于自己2—3个台阶的位置，即上楼梯时接待者要走在客人的后面；下楼梯时接待者要走在客人的前面。这种规则我们称为以高为尊。

（3）电梯的引领。在乘坐无人控制的电梯时，接待者要做到先进入电梯对电梯进行控制，同时也起到引导的作用。到达相应楼层后，要请来宾先走出电梯，然后自己再走出电梯。为了表达接待者更深的敬意和更高的接待规格，建议接待者采用反手挡门的姿态控制电梯。

（4）走廊的引领。在日常，我们的行走习惯是靠右行走，由于走廊空间狭小，为了避免对向来人对客人的打扰，在走廊引领时通常让对方走在接待者的右侧，即走廊的引领遵循以右为尊的规则。

（5）进出房门的引领。进房门时，对于向内开的房门，接待者要先走进房门，之后用自己的后背控制房门，请来宾进门。对于外开的房门，接待者要首先打开房门，请来宾先进门。

2. 行进时的位次

行进时，如果双方是并排行进要注意两点：一是以右为尊，即双方只有两人并行时，一般请客人走在右侧，因为我们的行走规则是靠右行，这样对方能最大限度地免受打扰；二是居中为尊，即三人或三人以上并排行进时，一般请客人居中而行，方便对方与其他人交流。

行进时，如果是单行纵向行进，一般让客人走在靠前的位置。

3. 座位的位次

相比前两个方面，座位的位次就显得更加重要也稍微复杂一些，无论是会谈还是就餐或者是观看表演时，一般按照面门为上，居中为上，以右为上，以远为上和前排为上的原则进行。

面门为上即请客人面对正门落座，主人背对正门落座（图9-1）。

居中为上即三人或三人以上时，请客人坐在中间的座位（图9-2）。

◎ 图9-1

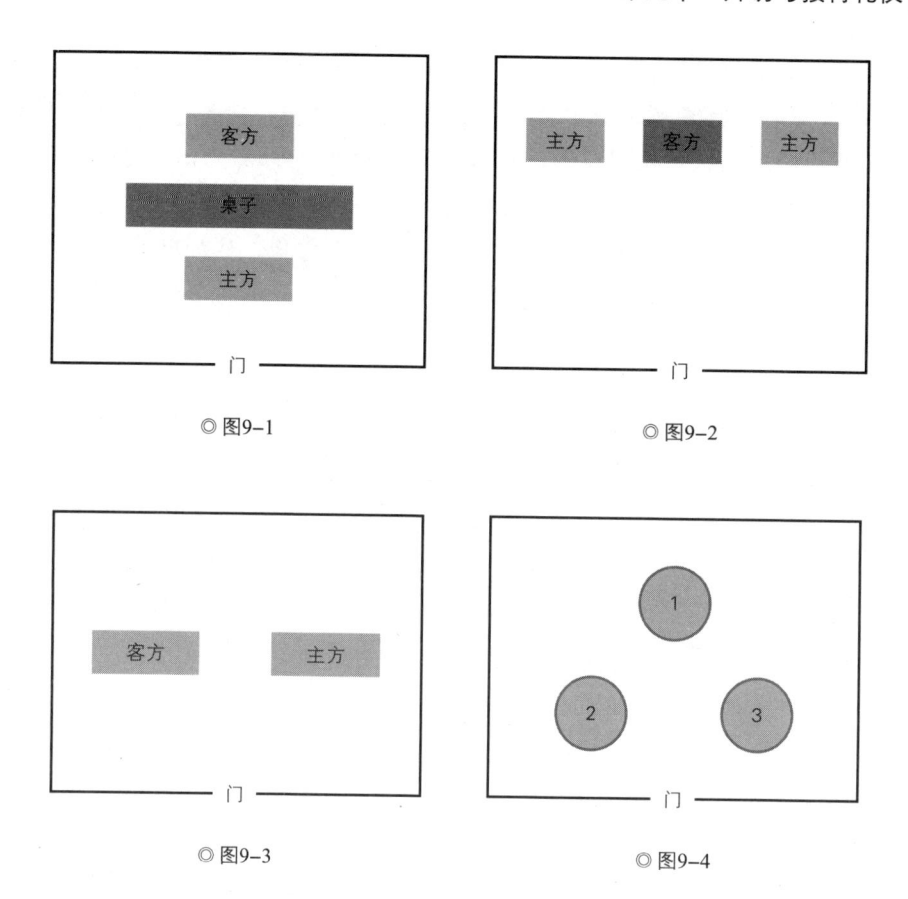

◎ 图9-2

◎ 图9-3

◎ 图9-4

以右为上即客人坐于主人的右侧（图9-3）。

以远为上一般是在就餐座次中遵守以面向正门为准，距离门比较远、面向正门的餐桌为上，其他桌以距离主桌比较近，在主桌右侧为上（图9-4）。会客的座次有时也会遵循以远为上的规则，例如为客人安排座位的时候，不能把靠近门的座位安排给客人。

前排为上即在有多排座位的情况下，座位靠前排者为尊，在观看比赛、音乐会、演讲报告等情况下都按照前排为上的规则安排座位。

二、照顾对方习惯

位次的安排虽然有章可循，但在实际操作的过程中却不可生搬硬套，如果对方有自己的习惯，应适当作调整。

刘雯的公司成立整整一年，为了答谢亲朋好友长期以来的支持，他组织了一个小型的聚会，还特别邀请了自己的大学导师王教授前来参加。聚会当天，刘雯在楼下迎接王教授。车在停车场停好后，刘雯赶快上前迎接。两人并行向前走，但是刘雯并没有按照以右为尊的原则陪伴，而是走在了王教授的右侧。王教授转过头说：这么多年了，你还记得老师这个习惯啊。原来王教授在部队的时候为了救人左侧肋骨严重受伤，从那以后就习惯性地左侧避人。王教授并没有因为没有享受到以右为尊的待遇而不悦，反而因为刘雯的细心而感到欣慰。

三、关注对方感受

在交往中，注重对方的感受很重要，因为对方的感受会直接影响交往效果。因此接待时的位次除了要遵守常规，还要适当关注对方的感受。例如在引领时，适当的语言提示会让对方更加明白接待者的意图。另外，无论是哪一种座位位次，都不能将客人孤立地晾在那里，虽然是尊位，但也会产生被冷落的感觉。

小王喜迁新居，邀请几位同事去新居参观。家中安排座位时，小王觉得为了方便和大家交谈，自己一人和大家隔着茶几分坐在两侧。小王去倒水的工夫，大家都推脱说一会儿还有事情准备离开。小王觉得有点不解，事后悄悄问朋友孙伟。孙伟说：那天你坐在我们对面好像要作领导讲话一样，大家可能觉得别扭就提前离开了。

位次不仅是社交规则，更是社交中人与人尊重的心理需求。当我们按以上三个方面完成接待时，体现出的不仅是自身的礼仪素养，更是交往中对他人习惯、情感的关照，相信这样的接待一定会得到对方的认可。

第五节 引领与陪同的要领

在接待中，引领的位次能够体现出我们对客人的尊重，而引领与陪同的细节更能展现出我们对客人体贴入微的照顾。接到客人以后，我们要尽快将客人引领到目的房间或楼层等，这其中要注意以下事项。

一、热情欢迎

接待中有时是主人做引领人员，客人到达后，主人要面带微笑上前迎接，距离1.5米时应热情问候，如是第一次见面则需要作自我介绍，有同行迎接人员的话要逐一作介绍。

有时引领人员是专职人员，但客人到达后最好由主人亲自迎接，待双方介绍寒暄以后，引领人员上前作引领准备。

公司王主管的儿子周末在同济大酒店举行婚礼，年轻人小张帮忙在酒店门口负责引领各位宾客。小张非常主动热情，甚至王主管还没来得及与宾客交谈，他就上前一步问候迎接。王主管虽然嘴上夸小张引领得好，但是心里却有些不满意。

引领人员需要注意的是：切不可喧宾夺主、大包大揽，否则主宾双方都会很尴尬。

二、引领与陪同时的语言

引领与陪同不仅是位次和欢迎的学问，恰当的语言表达更是做好引领的关键。无论是在欢迎、引领开始、引领途中或引领结束时，都应该有得体的语言。

欢迎问候语言：这类语言要展现的是我们真诚、热情的态度。若是代替主人迎接客人，则须讲明主人不能前来迎接的原因并带上主人的问候。

引领与陪同时的语言：这类语言主要有两个作用。首先是要有明确的提示作用，包括方向的提示、行动的提示与路况的提示等。因此，语言力求做到准确、简洁、清晰，让对方很容易就能明白引领人员的意图。例如开始引领时说"张先生，这边请""王女士，请随我来"；引领中说"刘教授，前面右转""何小姐，小心台阶"；引领结束时说"张总，302房间到了"。

这类语言的另一个作用是解答疑问，包括客人提出的和没有提出的问题。例如，有的客人会问到"宴会厅在几楼""其他人都到了吗"。或者当发现有的客人对某一内容格外关注，我们就可以适当、主动地介绍或说明，以展现主方的热情。但是在解答疑问时要注意，不清楚的话不乱说，涉及隐私的话不能说，容易误会的话想清楚再说，拒绝的话婉转地说。

一般情况下，陪同过程中需要讲解的内容都应该提前做好准备。什么时候说，用什么语速说，用什么情绪说，都要提前练习，以免发生失误，导致双方尴尬的情况出现。

面对建筑物、设备设施、雕塑等大型物品，讲解宜在到达位置前进行；对于照片、展品、展牌等小型物品宜到达位置后进行；对于准备好的其他讲解内容则应根据行走速度，是否与周围环境有所关联而进行。当然讲解应该给对方留有思考与交谈的时间，切勿从头到尾喋喋不休。

讲解时的语速一般为220—260字/分钟，如果语速太慢可能会与陪同过程脱节，如果语速过快则容易使对方听不清楚。同时在讲解时应保持饱满的热情与积极的状态。

三、引领与陪同时的规范动作

引领与陪同人员的首要任务是做好"带路人"，因此引领的手势、引领的行姿，以及引领时身体的协调性等都是在引领与陪同过程中需要时刻注意的。

引领时的手势用来表示有请和指示方向。手势的基本状态是五手指自然并拢，手掌角度为斜向135度，既不要手掌垂直于地面，也不要手心向上或向下，更忌讳使用"一指禅"（图9-5）。

指示水平位置时，手肘距离身体约三拳距离；指示高处物品时，手掌一般不超过自己同一侧耳朵高度；指示低处物品时，手肘应有一定弧度。

表示有请时，一手用引领手势指向行进方向，另一手自然垂放于体侧，目光注视宾客，同时辅以有请的语言。引领时，引领陪同人员可正常行走，直线路程需要间隔使用引领手势指示，路程发生变化时需提前用引领手势指示。

引领时与陪同时，行进速度应依据宾客行进的速度而定。行姿的要求前面已有讲解，这里不再赘述。

引领与陪同过程中，手势与行进一般为同时进行，

◎ 图9-5

动作看上去简单，实际上却在考验接待人员的协调性：既不能因为指示而忽略了行进，也不能因为照顾行进而出现错误手势，甚至有的引领人员因出现同手同脚"顺拐"的现象而被贻笑大方。

四、引领人员的仪容仪表

在前面提到的仪容的修饰与着装的TPOR原则，在这里也是适用的。尤其是"角色"这一原则，更需要引起注意。主人亲自做引领人员时，要依据身份选择相应的妆容、发型、服装款式与色彩；如果是专职人员作引领工作，那他（她）的仪容修饰与着装的款式颜色等方面要尽量低调，不要过分张扬，以免过多分散大家对于主人与来宾的注意力。

五、注重对方的心理感受

引领陪同也是一种交流沟通的方式，切忌只作引导不作沟通，这样会让对方有被忽略的不良感受。过程中既要按照既定的安排按部就班地执行，也要根据现场的情况予以灵活调整。例如对方感兴趣的内容我们可以多用一点时间。对于宾客表现出的博学多识、宽容理解、高明见解等，如果能适时给予肯定和夸赞，就会为接待工作锦上添花，让宾客有良好的过程体验。

总之，引领陪同是接待工作中的重要内容，尤其是细节在这里起到的作用尤为重要，需要接待方多下工夫才能达到更好的效果。

第六节　礼让奉茶讲究规范

接待中我们最讲究"热情"二字，而奉茶可以说是我们热情接待的必备程序了。不同地区有着不同的奉茶礼仪细节，但是大体规范则是一致的。

一、奉茶的时机

客人到达即可上茶，这是我们通行的做法。但是需要大家注意的是，奉茶不能过早,要等客人坐下后再进行。当然也不能太晚,如果等到双方开始谈事情才端上茶来,就会打扰到双方的交谈,客人也会产生被怠慢的感觉。如果客人没有全部到齐,等待过程中也是可以奉茶的,不需要等所有人到齐之后才奉茶。茶水通常要现饮现泡,不要提前泡好,否则不但影响茶的口味,也会让对方对饮品的卫生安全产生顾虑。

二、奉茶的顺序

奉茶时应该先客人后主人,当客人不止一人的时候,我们应该先长辈后晚辈,先女士后男士。如果对方身份相差不多,则可按照以下几种顺序进行:按照宾客到来的先后顺序奉茶,按照由近及远的顺序奉茶,按照顺时针顺序奉茶,也可以准备好茶饮请大家自行取用。

无论哪一种顺序都表示对尊者的尊重与对所有人的一视同仁,不讲究顺序则会让对方产生厚此薄彼的误解,是奉茶的时候不可取的做法。

三、茶具及茶的准备

茶具有储茶用具、泡茶用具和饮茶用具三类。储茶罐有锡罐、竹罐、铝罐;泡茶则应当用茶壶,材质多为陶瓷和紫砂;饮茶常用的有茶杯和茶碗,材质以陶瓷和紫砂为上。当然如果不是专门品茶性质的饮茶,我们也可以将茶具简化,比如可以用茶杯将泡茶用具与饮茶用具合二为一。但即使简化也要注意茶具应该洁净、卫生、美观。例如茶杯上不能有水渍,储茶罐上不能有尘土。我们取茶叶时应该用茶匙,取茶杯时手指不能接触杯口,更不能伸到里面触碰杯子内壁。茶杯有陶瓷带盖茶杯、透明玻璃杯,有时也会用到一次性纸杯。陶瓷带盖杯子给人以传统、严肃、正式的感觉;透明玻璃杯能看到茶水色泽和茶叶在杯内的浮动,因此会给人明快、轻松的感觉;而一次性纸杯虽然方便但却会给人以临时性、随意的感觉。

不同的茶叶有不同的味道和口感,因此人们对不同种类茶叶的喜好也因人而异。如果有条件的话建议多准备几种茶叶以供客人选择。为客人奉茶前应当先询问一下对方的喜好,情况允许的话可将茶叶的特点作简单介绍,这样也会让接待过程显得热情、周到、有品位。

四、不同茶叶的特点及冲泡要求

中国是公认的茶叶饮用发源地,虽然对用茶起源的时间还存在争议,但是茶文化深深融入我们的生活中却是不争的事实。在生活中大家可能习惯按照绿茶、普洱茶、白茶等命名对茶叶加以区分,但实际上按照茶叶的制备方法,可以分为不发酵茶和发酵茶两大类。

从字面来看两种茶的区别就在于是否发酵。没有经过发酵的茶叶保留了茶叶内的天然物质,这些天然物质具有消炎、杀菌、抗衰老等功效。经过发酵的茶叶会形成茶黄素、茶红素等深色物质,具有和胃、调节人体血脂、血糖、助消化等功效。发酵茶根据发酵程度不同又可分为轻发酵茶、半发酵茶、全发酵茶和后发酵茶。

生活中典型的不发酵茶就是绿茶,轻发酵茶有黄茶和白茶,半发酵茶有乌龙茶,全发酵茶有红茶,后发酵茶有黑茶,详见表9-1。

表9-1 不同种类茶叶的发酵程度

发酵程度	茶叶种类	茶叶名称
无发酵	绿茶	龙井 碧螺春 黄山毛峰
10%—20%	黄茶	君山银针 霍山黄芽 广东大叶青
20%—30%	白茶	白毫银针 贡眉
30%—60%	乌龙茶	大红袍 铁观英 冻顶乌龙
80%—90%	红茶	正山小种 滇红 金骏眉
100%	黑茶	安化黑茶 普洱茶

既然茶叶的加工工艺不同,不同茶叶的口感各有特色。为了保持他们各自独有的特点,在冲泡上还有很多要求。

绿茶的冲泡温度在80—85℃之间，茶水比一般为1∶50（1克绿茶对应50毫升水）。

黄茶的冲泡温度最好在85—90℃之间。按照茶具容量放入四分之一黄茶茶叶能发挥出极佳的味道。

白茶的冲泡温度掌握在85—90℃为宜。

乌龙茶须用100℃的沸水冲泡，它的投茶量也比较大，一般可占到所用容器容量的一半以上。

红茶最好用刚煮沸的水，投茶量与绿茶相近。

黑茶冲泡时也要用100℃的沸水，投茶量约为绿茶的两倍。

以上为各种茶叶的泡法，除此以外在泡茶的时候还应该注意水量合适。我们常说的茶满欺客指的就是泡茶的水量不能太满，应为茶杯的七分满。

五、奉茶及续水的规范要求

奉茶时可以使用托盘一起端上，也可以单独一杯一杯奉上。使用托盘时应双手端托，注意托盘要稳，单独奉茶时也应该使用双手。一般是用右手端茶杯的杯把，左手拖住茶杯的杯底将茶奉至宾客面前，杯把要朝向对方方便拿取的位置（图9-6），同时语言表达"请用茶"。如用纸杯，最好使用杯托，防止手指碰触杯口。

◎图9-6

当茶水饮用过半，应该及时为客人续水。续水可以通知服务人员，也可以主人亲自续水。续水时可以将水杯拿起离开桌面，也可以在桌面上较为安全的位置进行。

拿起水杯离开桌面续水时，从安全的角度考虑，水杯位置应该低放，如果是有杯盖的杯子，可以采用图9-7的方法进行，当然也可将杯盖放于桌子上，但要避免杯盖朝下。在桌面续水时，应避开文件、手机等怕水的物品，同时语言轻声提示。续水时如果客人表示不再需要则不要强求（视频9-2）。

◎ 视频9-2

接待是一项需要细上加细的工作，位次、引领和奉茶是尤其需要注意的三个方面。我们在接待时不能停留在规范要求的层面，而是应该在此基础上照顾宾客的情绪体验，否则接待中的礼仪就会成为过场，更不会让他人体会到接待人员的用心了。

◎ 图9-7

第七节　探望要身心兼顾

在生活中，人们经常通过探望来表达对亲朋好友或同事的关怀。但是探望不是简单地去看一看，也不是简单地走一走流程的人情往来。尤其是对身体不适或住院亲友的探望更不能流于形式，探望不仅是去了解具体情况，更要带去关怀、祝福、希望和好心情。所以，社交礼仪的探望要做到身心兼备。身心兼备的"身"指的是不影响对方休息或是病人的治疗恢复，"心"指的是对方的情绪感受。

关注探望时间的选择，其实就是在照顾对方的"身"。亲朋好友之间联络感情的探望，去之前也是需要预约的。预约时间的选择要注意以下三个方面：

1. 不应打扰他人

探望时间不应太早或太晚。上午9点之前和晚上8点之后，不宜安排探望，以免打扰到对方。

169

2. 不应妨碍他人

探望时间不应安排在午休时间或者是就餐时间，如果探望结束时对方挽留用餐，一般情况下要婉言拒绝，实在盛情难却，就要向主人表示感谢，餐后要停留片刻再离开。

3. 根据实际情况

上文提到的时间是通识性的时间，如果对方给定了时间的选择范围，则探望时间以对方方便的时间为首要考虑条件。

除了上述提到的一般探望，还有探望病人等特殊情况人员的探望，这类人员因需要多休息，还因要治疗等原因对探望的时间要求更多一些。

（1）要遵守院方规定的时间。为促进患者康复，打造安静舒适的住院环境，医院一般会加强探视及陪伴管理。一般医院规定的是每天上午7:30—11:30、下午14:00—17:30、晚上21:00之后为禁止探望的时间。

（2）根据病人情况选择时间。探望病情较轻的病人，时间的选择上相对宽松一些，只要是不影响病人的正常休息，都可以前去探望。而探望病情较重的病人，我们除了要考虑到病人的休息时间，还需要考虑治疗的时间，所以在去之前，最好先对病人的治疗及休息时间安排作一个了解，以便能准确地安排好探望的时间。对于危重患者的探视可凭病危通知单随时探视。对有传染可能性或在隔离病房的住院患者以及病情不允许的住院患者根据医院要求谢绝探视，或者根据医院要求在采取隔离措施的前提下探视。

（3）选择合适的探望时长。探望病人停留的时间不宜过长，也可根据病人状态确定时间。在一般情况下，陪伴病人的时间以一刻钟至半小时最为适宜。如果病人感觉精神状态比较好，或因感到寂寞需要你多陪伴，那在其挽留之后，应满足病人的要求，但最好不超过1小时，以免影响病人休息。要是病人身体欠佳，非常需要休养，或是医护人员特别关照"不宜长谈"，则要尊重医护人员的建议，表达了慰问之情后，即可告辞。

相比起"身"，"心"的照顾才更让人温暖。礼品与探望时的语言表达在探望的效果上能发挥更加积极的作用。这里我们先谈探望中的礼品，语言表达在下一节会详细介绍。

探望朋友最好不要空手而去，但是礼品作为情感交流的桥梁，不宜非常贵重，否则双方会有心理负担，自古就有礼轻情意重的说法。探望时带上一些小礼物，例如平常探望可以带生活用品和食品，家里有幼儿的可以带玩具，家中有学生的可以带文具，刚刚旅游归来的可以送旅游地纪念品，如果是新居搬迁则可以带美化家庭环境的物品，比如装饰摆件或者鲜花等，探望长辈，可以带上一些保健品等。

如果是探望病人则需要提前作更细致的准备。哪些是对恢复有益处的，哪些是有积极向上寓意的，哪些是宜储存的。相反，那些生病期间不能食用的，容易引起歧义的，宜变质的，则不适合选择。探望时准备礼品要做到具体情况具体分析，有以下注意事项：

1. 食品类

在生病期间，需要补充营养，所以一般会选择送些食品，比如水果、牛奶、营养品等。在选择食品时，要考虑到病人的习惯及禁忌，比如看望上海人，不送"苹果"，因为在上海话中"苹果"同"病故"同音。特别要注意的是要根据病人的病情来选择，比如，看望糖尿病人，选择含糖分低的水果；看望心肌梗死的病人，应带些香蕉、橘子、西瓜给病人食用，保持大便的通畅以缓解病情；看望高血压、冠心病患者，应带山楂类食品，柑橘、猕猴桃等，这类水果含有丰富的酸类物质和维生素C，可软化血管；看望肺炎、肺结核的病人，可带去梨或有益于疾病治疗的营养品。

2. 用具类

生病或住院期间需要用到的一些用具，比如对于行动不便的病人，及时地送一个拐杖，对于产妇，及时送去尿不湿，就显得特别贴心。

3. 能让心情愉悦的精神礼品

比如内容休闲有趣的杂志，有助于病情康复的相关书籍，芳香的鲜花，都会让病人得到精神上的享受，也有利于康复。送给病人的鲜花，不宜选清一色的白花和黄花，也不要送盆花，而以象征青春永驻的紫罗兰，象征安慰的深红色天竺葵和睡莲等为宜。值得注意的是选择送花，一般是看望快要康复的病人，如果是病情加重的病人就不太合适了。送花时还要考虑到是否会影响到病人或同病房的人，比如空间比较狭小，比如是否对鲜花过敏，或者不适宜呼吸有花粉的空气等等。

探望是人际交往中的主要活动，是情感交流的重要方式。在探望中达到身心兼备的目的是一种境界，也需要一定的技术，下面我们谈一谈探望的表达。

第八节　探望中的合理表达

著名作家柏杨因肺炎住进了医院,许多人前去探望他。柏杨的一个干女儿竟然说:"干爹,来世我们还做父女。"这句话,气得柏杨脸色铁青,当场落泪。另一位探望者哭丧着脸说:"我真舍不得您啊,柏杨!"这令柏杨更加伤心。事后,他无奈地对妻子张香华说:"好可怕,跟他们说谢谢,都不用再来了。"这些人的话语均强烈地刺激着柏杨,让他在忍受病痛之外还感到万分伤心。

合理表达是在探望时表示关怀、传递情感、鼓舞对方的重要途径,也是达到身心兼备目的的主要方法。通过上面真实的案例,我们可以发现,探望中合理的表达有非语言表达和有声语言表达两个方面。

一、探望中的表情管理

表情是表现在面部或姿态上的思想感情,是情绪的主观体验的外部表现模式,主要有三种方式:面部表情、语言声调表情和身体姿态表情。

1.面部表情

在病中的人由于罹患疾病,身心皆忍受着病痛的折磨,感情敏感又脆弱。探望病人时,我们不能忽视病人的感受,面部表情应当尽量自然、平和、亲切,保持平时的状态。哪怕是为病人担心或者是难过也不应当愁眉苦脸甚至当场落泪。治疗中的病人,情绪低落且相当敏感,如果探望者控制不住自己难过的情绪,会使病人思绪更加烦乱,更加悲观,甚至会丧失战胜疾病的勇气,不利于康复。

当然也不适合探望时满脸笑容,这样极有可能让病人产生误解,误会自己不被关注和重视,因而产生悲观失落的情绪,加重病情。

不仅如此,在病房里,见到治疗用的针头、皮管及其他医疗器械,不要表现出惊讶的神态,也不要过多地询问有关这些器械的问题,否则难免给病人带来压力。

2. 语言声调表情

在探望病人时，语气要委婉，语速要不快不慢，语音语调要保持平稳，不要过于低沉也不要高亢。语速快，语调高，容易给人急躁、敷衍、不重视的感觉，病人会产生烦躁的情绪；语速慢，语调低，表达情绪过于悲伤，会让病人情绪低落，不利于康复。尤其是在一些语气助词上，使用过分的声调表情更是会增加被探望者的误解。

3. 身体姿态表情

探望病人时，为了不引起病人不安的情绪，探望者进入病房后，不要走来走去，应该静立在病床边与病人交流。在有条件的情况下，尽量坐下，最好是靠近病床，坐在病人的身边，身体稍稍前倾，与病人交谈，这样的身体姿态表情，能传递出真诚的关心与慰问。

二、语言表达技巧

由于特殊的心理状态，人在患病期间都相当的敏感，在探望时要掌握表达的技巧。

1. 话题合适

当病人的病情较轻时，我们的谈话可以选择较为轻松愉快的话题，多谈病人关心、感兴趣的事，以转移对方的注意力，减轻精神负担。探望重病人时，不要当着病人的面谈论病情，或对医生的治疗水平、方法及用药妄加评论，避免因此引起病人的恐慌，甚至出现不配合或放弃治疗的情况。

2. 避开忌讳

对于患了重症的病人，在探望时，切记谈话要忌讳提及实情。即使病人所患并非绝症，谈话内容也要避免触及病人最难受的症状。例如术后很多病人需要流食，如果询问饮食怎么样，会使病人强化只能吃流食的难受感觉。所以探望时，我们建议采用笼统的问法，例如："您感觉好些了吗？"再比如生病的人都希望早日康复，最怕病情继续恶化，所以探病时，即使我们发现病人脸色比较憔悴，呈现出病容时，也不能大吃一惊地问："您的脸色看上去怎么这么憔悴？"而要说："放心，这家医院的医生和医疗条件都非常不错，您的病一定会很快治好的。"

3. 积极鼓励

病中的人，除了要安抚和照顾，也需要鼓励，所以要多说些有益于养病、宽慰病人的话。比如，可以向病人介绍自己或熟人治愈该病的经验，让病人了解，生病是人之常情，从而正确对待疾病，积极配合治疗；还可以介绍新闻报道或媒体杂志上登载的与疾病斗争的案例，增强病人战胜疾病的决心和信心。

4. 减轻负担

病中的人，因行动受限，除了对病情的担忧，还会担心因自己生病给家人和单位带来的不便。所以探望病人时可以多讲讲病人家庭和睦，子女、老人平安，工作单位情况良好，所负责的具体工作进展顺利等事情，这样的话可以解除病人的后顾之忧，专心投入治疗疾病当中。

5. 认真倾听

倾听是最好的沟通方式之一。与病人谈话时，如果病人流露出需要表达的意思，作为探望者就应做一个很好的倾听者，这样能帮助病人抒发内心的情感，宣泄情绪，减轻心理压力。特别是在病人讲述病情时，要认真地倾听，不要心不在焉，左顾右盼。认真倾听能让病人感受到我们的关心和重视。

生活中，当我们的亲朋好友、同事患病时，前往探望、慰问是人之常情，也是一种礼节。探望时我们要把握好非语言和语言表达的技巧，多说一些关心、鼓励的话，让病人感到愉快，减淡病痛带来的苦恼，以帮助病人增强战胜疾病的勇气，让我们的探望更有效。

第九节　馈赠有学问

在社会交往中，越来越多的人通过赠送礼品来表达尊重、敬意、谢意、祝贺、纪念、友谊……礼物，可以增进了解，加深情感。《礼记·曲礼上》记载："礼尚往来，往而不来，非礼也，来而不往，亦非礼也。"

一、千里送鹅毛的故事

唐朝贞观年间，回纥国是大唐的藩国。一次，回纥国为了表示对大唐的友好，便派使者缅伯高带了一批珍奇异宝去拜见唐王。在这批贡物中，最珍贵的要数一只罕见的珍禽——白天鹅。

一路上缅伯高最担心的就是这只白天鹅，万一有个三长两短，可怎么向国王交代呢？所以，都是由他亲自喂水喂食，一刻也不敢怠慢。

这天，缅伯高来到沔阳河边，只见白天鹅伸长脖子，张着嘴巴，吃力地喘息着，缅伯高心中不忍，便打开笼子，把白天鹅带到水边让它喝了个痛快。谁知白天鹅喝足了水，一扇翅膀，"扑喇喇"一声飞上了天！缅伯高向前一扑，没能抓住白天鹅，只拔下几根羽毛，眼睁睁地看着它飞走了。一时间，缅伯高捧着几根雪白的鹅毛，直愣愣地发呆，脑子里来来回回地想着一个问题："怎么办？拿什么去见唐太宗呢？回去又怎么向回纥国王交代呢？"

思前想后，缅伯高决定继续东行，他拿出一块洁白的绸子，小心翼翼地把鹅毛包好，又在绸子上题了一首诗："天鹅贡唐朝，山重路更遥。沔阳河失宝，回纥情难抛。上奉唐天子，请罪缅伯高。物轻人义重，千里送鹅毛。"

缅伯高带着珠宝和鹅毛，披星戴月，不辞劳苦，来到了长安。唐太宗接见了缅伯高，缅伯高献上鹅毛。唐太宗看了那首诗，又听了缅伯高的诉说，非但没有怪罪他，反而觉得缅伯高忠诚老实，不辱使命，重重地赏赐了他。

从此，"千里送鹅毛，礼轻情意重"的故事广为流传，这也成了我国民间礼尚往来、交流感情的常用语句。

二、礼物的意义在于内涵价值

在这个故事里，缅伯高不仅为人真诚，而且也很有才气、有担当。鹅毛和鹅相比，自然价值要小很多，但配上了缅伯高的诗还有缅伯高的诚意，鹅毛的价值便被放大了。

礼物就是在人际交往中表达人与人之间最温馨、最美好的心意。最好的礼物不一定是最贵重的，礼物也不一定是实质物品，它可以是一个行为或是一件事。

在一次大学同学的聚会中，班长在现场神秘地说，为每一个到场的同学都准备了一份礼物。我们都很好奇是什么，当礼物发放给每一个在场的同学时，大家惊讶了，是一本记录着同学们大学时点点滴滴的画册，有校庆时同学们演出的，有演讲比赛时的，有大家去敬老院做公益活动的，有运动会上同学们拼搏时的……太多美好回忆都记录在了这本画册里。捧着这本画册，大家激动不已，这份礼物、这份情谊太珍贵了。

礼物的最终目的是送礼物的人希望把自己的心意传达给受礼者。礼物的价值在于送礼者的善意和心意,而非礼物本身的价值。所以礼物不需要太贵,只要表达了心意就可以了。

三、合理选择礼品

礼品在我们的日常交往中是必不可少的。比如:朋友过生日表示祝福,朋友乔迁之喜表示祝贺,春节前亲朋好友之间互送年货等等,我们都会准备礼品。在赠送礼品时,送给谁、为什么送、送什么、何时送、什么场合送以及如何送等要素是我们需要考虑的内容。只有这样,我们选择的礼物才能恰当地表达自己的送礼意愿。

什么样的礼品是社交送礼的佳品呢?

1. 突出特点

在选择礼品时我们一定要根据送礼对象来进行选择。可以针对送礼对象的身份不同来挑选。如果送礼对象是长辈老人,则以实用为佳,可以选择水果、食品糕点等。

如果送礼对象是女性,可以选择鲜花或者化妆品之类。如果送礼对象是领导则要选择具有一定的纪念性或独特性的。

2. 突出意义

"千里送鹅毛,礼轻情意重"这个典故告诉我们,礼品的好坏不在于价格,关键看它所代表的意义。有的礼品有着特殊的寓意,比如说我国的古人,在别离的时候,送行者往往会折柳相送,因为"柳"和"留"是谐音,象征着朋友之间的依依惜别之情。

2005年4月,国民党荣誉主席连战先生访问北京大学。北大送给他一份特殊的礼物,就是连战先生的母亲赵兰坤女士76年前毕业于燕京大学时的学籍档案和照片。包括他母亲当时的高中推荐信、入学登记表、成绩单……大多数是连先生母亲亲笔写的字。一贯严谨的连战先生难掩内心的激动。他高举起母亲年轻时的照片细细端详,眼里泛着晶莹的泪光,这一刻他满脸都是幸福的微笑。

礼品不在于价值高不高,而在礼品的意义及受礼人是不是喜欢。

3. 突出需求

在选择礼品时要了解受礼对象的喜好和需求,尽可能地把礼品送到受礼人的心坎上。如果我们所赠礼品正好是受赠对象的兴趣与爱好，就更能使受赠对象感受到你的尊重和用心。让礼品真正起到增进友谊的作用。如同学喜欢打羽毛球的，我们可以送球拍；对晚辈孩子可以送书本或可以启智的新颖玩具；慰问病人可以送鲜花、营养品等；朋友生日可以送卡片、蛋糕；庆祝节日可以送食品、当地特产……

4.避开禁忌

由于各国的历史、文化、风格、习惯及宗教信仰方面的影响，不同国家、不同民族的人对同一礼品的态度是不同的，或喜爱或忌讳或厌恶。如在我国，有"好事成双"的说法，凡是大贺大喜之事，所送礼品都应是双数。但我们对数字"4"比较忌讳，因为听起来像"死"，所以觉得不吉利。还有看望老人不能送"钟"，朋友之间不能送伞。当然其他国家民族的讲究也很多。如德国人不爱尖锐的礼物，法国人不喜欢菊花及其他黄色的花朵，美国人不喜欢黑色包装纸，日本人不喜欢白色包装纸……

第十节　礼貌地赠送与接受礼品

一、恰当地赠送礼品

其实，赠什么固然重要，但是怎么赠、赠的方式、赠送时的表达也同样重要。

1.赠送的时机

从礼仪的角度而言，赠送礼品需要注意两个方面：赠送礼品的时间和赠送礼品的地点。赠送礼品应选择什么样的时间和地点呢？

赠送礼品的时间：一般来说，应该在相见或离别的时候赠礼。相见时赠送礼物，能在疏离尴尬间迅速地使主客双方感情升温；而离别时赠送礼物，则能够适当地表达自己离别时的依依不舍，从而增进感情。不过，在一些特殊的时刻送出礼品也是可以的，这样能够营造惊喜体验，是让人最难忘的。

赠送礼品的地点：首先要考虑公私有别，分清赠送礼品是公务场合还是私人场合。一般来说，工作中所赠送的礼品应该在公务场合赠送。如在办公室、写字楼、会客厅；在工作之外或私人交往中赠送的礼品，则不宜在工作场合赠送。

如何送：也就是我们说的馈赠方式。当然最好的方式还是主人亲自当面赠送。如果因故不能亲自赠送，委托他人转交或邮寄时，应附上一封礼笺，说明赠礼缘由。

另外，赠送他人的礼物，外包装一定要美观大方。如礼物自身包装不够漂亮，最好进行再包装。好的包装能够使礼品显得更加精致，更加郑重，也更加典雅，能给受赠者留下美好的印象，尤其在赠送礼品给外国朋友时，更应注意这一点。

2. 赠送时的表达

赠礼时要配合语言、表情和恰当的仪态。通常会加以简短、热情、得体的说明，表达送礼原因和态度。如"区区薄礼不成敬意，请笑纳""这是我特意为你选的"。注意表情自然大方，面带微笑，目视对方。

3. 赠送时的规范

赠送礼品时，态度要平和友善，举止大方，面带微笑，双手把礼物递送给受礼者，不要悄悄地乱塞或偷偷地传递礼品，给人鬼鬼祟祟的感觉。注意仪态端正，不要歪斜，不要吊儿郎当，不要东张西望。

二、礼貌地接受礼品

在一般情况下，他人诚心诚意赠送的礼品，只要不是违法、违规的物品，最好的方式应该是大大方方、欣然接受。

1. 真诚感谢

当送礼者向受礼者赠送礼品时，受礼者应面带微笑，起身相迎，目视对方，耐心倾听，要双手接受礼品，接受时态度要从容大方，恭敬有礼，不可忸怩失态。接过礼品后，应表示感谢，说几句答谢的话。如"谢谢，让您破费了"。

2. 隆重接受

在接受礼品后，按国际惯例受赠者可以当面打开仔细欣赏。适当的赞美，表示看重对方也很看重对方赠送的礼物。中国人比较含蓄，我们不习惯当面打开，是否当面打开要看我们跟谁交往，在和国人交往时是可以遵守传统的。最后，不管怎么样，接受礼品后一定要配合适当的言行，向赠送者再次道谢。

3. 适时回赠

礼尚往来，是人之常情，但要把握分寸，把握时机，回赠时要注意时间的选择和回赠的形式。

选择回赠的时间有几种形式：一是选择和对方赠送自己礼品的相同时间，及时回礼；二是在对方或其家人的某个喜庆活动时；三是在此后登门拜访时。回赠是自愿的，不要让还礼成为一种负担。

选择回赠礼品也有几种形式：一是赠送所送的同类物品；二是可以选择和对方相赠礼品价格差不多的物品作为回赠；三是可以用某种向对方表示尊重的方式来代替实质礼品，不必非要还礼，一般对方也是非常愿意接受的。

总之，人们相互馈赠礼物，是人之常情，是社会生活中不可缺少的一项活动。礼物还是人们交往的有效媒介之一，它像桥梁和纽带一样直接明了地传递着感情和信息。所以在人际交往中，得体的馈赠，恰似无声的使者，给交际活动锦上添花，给人们之间的感情和友谊注入新的活力。

第十章　电联礼仪

第一节　书信的正确格式

随着科技的发展，人与人的距离越来越近，信息的传递越来越便捷，传统的情感联络方式在发生着天翻地覆的变化。大信息量传递与快速读取的要求，让我们的信息从文字增加到了语音。但是不知大家是否怀念写信时字字如金的情感，读信时见字如面的亲切，等信时焦急迫切的心情。写的是爱，读出来的是情，等待的是牵挂。而这正是书信独特的魅力所在，也是其他联络方式难以比拟的。

一、书信的一般格式

不论是占卜的龟甲，还是刻字的青铜；不论是杜甫的"烽火连三月，家书抵万金"，还是杜牧的"凭君莫射南来雁，恐有家书寄远人"，书信来往承载着中华文明。随着历史的变迁，书信的格式也几经变化。现在按照通行的习惯，书信的一般格式主要有以下六个部分，每一个部分都会有相应的书写格式和书信语言的礼仪规范。

1.称呼

在社交活动中，恰当的称呼十分重要，在书信当中更是如此。寄信人对收信人的称呼，也称"起首语"，根据双方的关系来定，一般用姓名、称谓，也可加修饰语或直接用修饰语作称呼，比如"李欣""亲爱的爸爸"等。当然也有一些传统的称呼，如"父母亲大人膝下"。称呼要在信纸第一行顶格写起，后加冒号，冒号后不再写字。这是因为古人的书信是竖行写，凡是在文中涉及对方的姓名或称呼，都要把对方的姓名或称呼转到下一行的顶头书写，以表示尊重，这称为"抬头"，这个书信称呼的传统格式被沿用至今。有时候，信是同时写给两个人看的，这时要有两个称呼，可以将两个称呼一前一后写在一行，也可以一上一下写在两行上，要注意的是对尊长的称呼要在前。

2. 问候语

问候语写在称呼下面，另起一行，前面空两格。通常问候语单独作为一段。

问候语体现了写信人对收信人的关心。书信中常见的问候语有"您好""很久没有联系，非常想念"，也可以根据季节、节气的不同，表示问候，如"中秋节快乐！""新春愉快！"

3. 正文

正文是书信的主体，写信者所要表达的内容主要呈现在这一部分。可以是一段内容，也可以是多段内容，每段段前要空出两格。正文内容要做到主旨明确、条理清晰、层次分明。

4. 祝颂语

正文结束后，要写上祝颂语或致敬语，再次向收信人表达敬意、祝愿或勉励，这就是书信的结尾。一般结尾的写法有三种：

（1）紧接正文之后，写"此致"，不加标点，然后在下一行顶格写"敬礼"，后面加感叹号结束，以表达祝颂的诚意和强度。

（2）正文结束后，另起一行空两格写"此致"，不加标点，然后在下一行顶格写"敬礼"，后面加感叹号结束，以表达祝颂的诚意和强度。

（3）正文结束后，另起一行空出两格写"敬礼""安康"等词，或者是写"祝愿""敬祝"之后，再隔两格，写上"安康""顺意"等。

5. 署名

书信结尾一定要署名，即写信人的名字。规范的写法是写在祝颂语下方，隔开一行或者两行的靠右边的地方。在写信人姓名之前最好还要写上与收信人的关系，比如是写给亲朋好友，在名字前可加上儿、父、你的朋友等词语。如果是比较正式的公函，一定要把姓名全部写上，有时还可在姓名前写上单位、部门等信息。

6. 日期

在署名之后或下边，写上日期，用以说明写信者写信的时间。有些写信者习惯在时间后加上自己所在的地点，也是可以的，尤其对于一些在旅途中写的信，这样做会让读信的人更有如临其境的感受。

二、信封格式

目前通用的信封款式有竖式与横式两种。较为常用的是横式书写。信封的主要内容包括收信人地址、收信人姓名、寄信人地址和寄信人姓名，横式信封的内容还包括寄信人和收信人所在地的邮政编码。

横式信封的书写格式为横式排版，分为上、中、下三个部分，最上面靠左边开始写收信人的地址和所在地的邮政编码，中间位置写收信人的姓名，右下边写发信人的地址、姓名。贴邮票的位置，一般在右上角（图10-1）。

```
┌─────────────────────────────────────┐
│ □□□□□□ 收信人邮编                   │
│      收信人地址                      │
│           收信人姓名                 │
│                  寄信人地址          │
│ 寄信人邮编 □□□□□□                  │
└─────────────────────────────────────┘
```

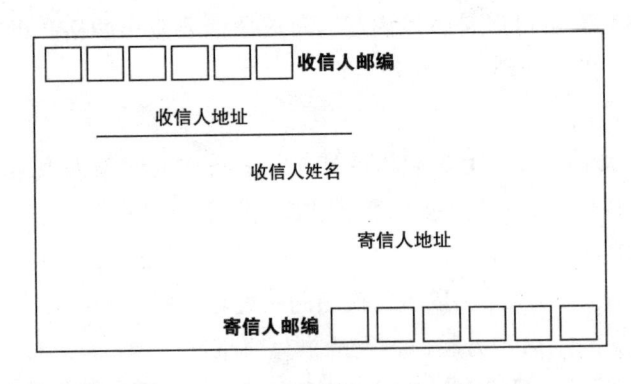

◎ 图10-1

如果是寄往国外的书信，在信封上的文字必须采用目的地国家的文字。如果信件目的地国家信封的书写格式与国内的习惯有区别，需要尊重他国惯例。一般国外格式为：在信封的左上方依次写发信人的姓名、地址、寄信人所在地的邮政编码、国名；在信封右下方依次写收信人的姓名、地址、收信人所在地的邮政编码、国名；信封的右上角贴邮票。

三、感谢信

在日常生活中，人们常常通过写感谢信来向帮助、关心和支持过自己的集体或个人表示感谢，所以感谢信是一种重要的礼仪文书。

感谢信的篇幅一般较短，在结构上一般由标题、称谓、正文、结语、署名与日期构成，在格式上也有相应的规范。

1. 标题

第一行居中写标题，标题可以有三种形式：

（1）直接用"感谢信"三个字做标题。

（2）也可以在"感谢信"三个字前加上感谢对象的名字，比如"致××同志的感谢信""致××公司的感谢信"。

（3）还可加上感谢者，如"谢×全家致××同志的感谢信"。

2. 称谓

第二行顶格写称谓，写感谢对象的公司、单位名称或个人姓名。

3. 正文

第三行空两格，开始写感谢信的正文，主要包括两部分的内容。第一部分是写为什么感谢对方，即感谢的理由。首先是清楚、生动地描述对方给予的帮助，内容应包括涉及的人物、时间、地点以及最后的结果；在叙述时要对对方的行为进行肯定，对对方给予的帮助进行诚恳、贴切的评价。第二部分是直接、真诚地表达感谢之情。

4. 结语

可以接着正文结束，写上"此致"，也可以另起一行空两格写，接着在下一行顶格写上"敬礼"，最后再换一行，署上单位名称或者个人姓名，在署名的下边写上发信的日期。一般用"此致敬礼"或"再次表示诚挚的感谢"之类的话，也可自然结束正文，不写结语。

5. 署名与日期

在最后一行的右半行写上感谢者的公司、单位名称或个人姓名以及写信的时间。

四、慰问信

慰问信是向公司、部门、单位或个人表示关怀、慰问的信函。一般有两种内容：一种是在节假日向对方表示问候的内容，另一种是在对方遭遇不幸时向对方表示同情、安慰的内容。慰问信的内容有四部分，分别是标题、称谓、正文、署名和日期，书写格式同感谢信相同，此处不再赘述。

第二节 电子邮件的正确使用

随着互联网的发展电子邮件目前已经普及,很多人也习惯于使用邮件汇报工作、请教问题、联系业务和沟通情感。我们都知道纸质书信的书写有很多要求,其实电子邮件也一样,并不是简简单单发送一下附件或者是交代一句话就完成的,而是要遵循一定的礼仪规范,掌握写电子邮件的格式和技巧,力求表达信息完整,让收信人能从你的邮件里面感受到你对此事的重视以及对收信人的尊重。我们着重关注以下几方面。

一、主题

主题是接收者了解邮件信息的第一要素,因此要高度凝练,一目了然。由此,收件人可以迅速了解邮件内容,并判断其重要性。很多人发送邮件没有主题或是主题不明,会造成收件人对邮件的重要程度判断降低,也会让人对发件人的专业度和对此事重视度打一个大大的问号。如果因此而耽误要事,我们的交往将会受到损失。

主题不仅要内容凝练,字数也越少越好。PC端的收件箱主题一般能显示60个字符左右,手机端会更少,约30个,但是实际能一下子进入视线的字符通常只有6—8个。

主题可以是短句,可以是词组,当所发邮件是比较紧急、重要的内容时,最好在邮件名称的前面注明"紧急""重要",以引起对方的注意。需要注意的是,这样的字样不能随意添加。

有一个小的细节,那就是在回复邮件时系统会默认生成主题。有时这样的主题是啰唆的,发件人需要根据实际内容来作修改。

二、称呼与问候

称呼与问候是一封邮件的基本构成,这既是素养的体现,又是在明确提醒收件人此邮件写给谁。邮件中的称呼最好使用正式称呼、职称学衔称呼和礼仪式称呼。正式称呼例如:××经理。职称学衔称呼例如:××教授。礼仪式称呼例如：××先生\女士。

问候语一般要放在称呼换行后，"你好""您好"最为常用。在邮件结尾还需要写"此致敬礼"或"祝您顺利"等。

三、正文

邮件的正文内容应简明扼要，让收件人阅读正文后能清晰理解邮件的来意。如果邮件涉及的内容较多，这时邮件的正文可以只作内容的摘要介绍，然后将具体要传递的内容形成单独文件以附件的形式传给收件人。

邮件正文的行文要体现对收信人的尊重。比如第一次给对方写信的时候，正文中，首先要进行自我介绍，包括姓名、单位等。要注意选择恰当的语气，语气要根据收件人与自己的熟悉程度、等级关系、邮件内容是对内还是对外的不同而加以调整，正文中应多用"谢谢""请"之类的语句，表达尊重对方。

邮件的正文行文必须通顺，尽量使用常用的语句和词汇，减少阅读困难；为让行文更有逻辑性，表达主次更清晰，文字表述难以理解的，可配合图片、表格等形式来辅助。内容较多的可采用序号进行分段，这样会给人带来思路清晰的感觉。

正文撰写完毕，要进行仔细的阅读，避免错别字和其他的错误在邮件中出现，不要过后发现问题又发送更正之类的邮件。

四、签名档

每封邮件在结尾都应签名，这样对方可以清楚地知道发件人的信息，签名信息不宜行数过多，只需将一些必要信息放在上面。针对不同的人群，应采用不同的签名档，与较为熟悉的朋友、客户的邮件往来，签名档可以简化些，写上自己的姓名或者昵称即可，这样会有亲切感；如果是正式的公司业务邮件往来或者第一次与客户联系，就用较为正式的签名档。

五、附件

如果邮件带有附件，应在正文里面提示收件人查看并且应对附件内容作简要说明，特别是带有多个附件的时候，更要一一说明。附件数目不宜过多，数目较多时应打包压缩成一个文件。如果附件是特殊格式文件，应在正文中说明查阅或下载的方法，以免影响使用。如果附件过大，应分割成几个小文件分别发送，以免难以下载，影响阅读。

六、邮件回复

收到他人的重要电子邮件后，即刻回复对方是必要的，这是对他人的尊重。理想的回复时间是两小时内，特别是对一些紧急和重要的邮件。

回复内容不要仅写"是的""对""谢谢""已知道"等字眼，对方认真给你发来邮件，这样敷衍的回复是非常不礼貌的。电子邮件回复一定要确定好回复人，尤其是回复所有人功能要谨慎使用，即使收到的邮件是多人对于同一个问题的看法，我们也需要有区别地回复各个发件人。

电子邮件作为社交活动中的一个工具，其便捷优势是毋庸置疑的，但是任何工具都必须要合理使用，否则不仅难以锦上添花，还会留下白纸黑字的痕迹，成为别人的笑柄。

电子邮件虽然便捷，但有时并不是最好的交流方式。如果收发双方就同一问题的交流回复超过三次还未达成一致，此时应采用电话沟通等其他方式进行交流。

第三节　接打固定电话的学问

现代社会发展迅速，生活和工作节奏快捷，许多信息和交流只需要通过电话就可以完成。如今手机应用广泛，而座机多用于办公电话和家庭电话。俗话说："听音识人。"听筒中传递出来的形象如何，也有需要遵循的礼仪规范（视频10-1）。

一、拨打电话的礼仪

1. 拨打电话的仪态

拨打电话时要注意仪态。如果是坐在电话机旁，应保持上半身直立，不要倚靠或趴在桌子上。这样会显得懒

◎视频10-1

散、没有精神。更不要喝水或者吃东西、嚼口香糖等等，这样对方会感觉到不被尊重。

2. 拨打电话的时间

社交中的电话，没有特殊情况，不要在休息时间拨打，也不要在就餐时间拨打。如果是国际长途，注意时差，不要"午夜惊魂"。

拨打电话的时长不要过长，当电话超过五分钟，或者是对方语言中连续出现三个"啊""嗯""哦"等词语时，就要思考，打电话是否超时了。

3. 拨打电话的语言

（1）拨打电话要使用礼貌用语，如"您好""请""请问""谢谢""对不起，打扰了""麻烦您""再见"等。

（2）拨打电话语速要适中，如果语速过快会给人慌张的感觉，会给接听者造成"出大事了"的错觉。而语速过慢会给人拖沓、懒散之感。

（3）拨打电话的语调要注意，在接通后，上扬的语调更让人觉得亲切，让接听者愿意继续与之交谈。

（4）拨打电话的语气也要注意，语气过硬会给人生硬、拒人千里的感觉；语气过软会让人觉得心虚、不够自信、没有底气。

（5）电话接通后，首先要问好，并且自报家门和来历。尤其是座机并不能确保接电话的人就是你要找的人，所以要在自报家门之后进行礼貌的问询。例如："您好，我是李敏，请问李教授在吗？"

（6）你的状态对方听得到。我有一个朋友是朋友圈中公认的小太阳，任何人任何时候跟他沟通和交流，都能感受到他的积极、热情和阳光。哪怕是通过电话听筒，你都能听出他对生活的热爱。我曾采访过他，关于如何保持良好的状态，他告诉我："哪怕是打电话，我都会让自己端端正正地坐在话机旁边。因为我的状态，对方能从我的声音里听出来。"

4. 拨打电话的注意事项

（1）现代社会，手机使用率高，固定电话往往会被认为是推销电话或者是骚扰电话，导致固定电话的接听率偏低。如果连续拨打两次，对方都没有接听电话，建议用手机发一条短信，说清事情并署上姓名，并与对方约定一个合适的时间再进行沟通，切忌一直拨打，容易被对方拉黑。

（2）拨打电话前梳理一下要说的内容，打好腹稿，明确主题，尽量简单明了。如果要说的事情太多，怕记不住，可以一一写下来，有疑问尽可能在一通电话中说清楚，不要反复打电话围绕同一个主题询问问题。

（3）当要说的内容讲完时，及时并适当地结尾，不能拖沓，也不能反反复复说车轱辘话。

二、接电话的礼仪

1. 接听电话的仪态

接听电话时也要确保体态端正，显得精神有活力，同样不能咀嚼食物与喝水，会显得不尊重对方。接听座机电话因为存在需要转述的情况，所以建议接听电话时，端坐于话机旁，左手持话筒，右手持笔，方便记录。

2. 接听电话的时间

接听电话要及时，在电话铃声响起的三声以内接听。如电话响了很久没有接听，对方可能会有些急躁，因为等待的这段时间，他的注意力都在电话上，这种情况下，接起电话后要向对方致以歉意："抱歉，让您久等了……"

3. 接听电话的语言

（1）接听电话时也要使用礼貌用语，如"您好""请问您找谁""请问您是哪位""请稍等""抱歉，您再说一遍好吗"等。

（2）接打电话时语速要适中。语速过慢会给人不积极的印象，容易让人误会，被认为不想接听这个电话；语速过快会给人急躁的感觉，留下敷衍的印象。

（3）接听电话时的语调要注意。语调会给对方留下是否受欢迎的第一印象。各地的方言会有一定的语言习惯，比如四川人接电话的时候习惯的开场白是："喂（降调），哪个？"在与不同方言区的人交流时，往往容易造成误会。如改成："您好（升调），请问您找哪位？"既提高了电话语言的规范度，也更有利于不同方言区人们的交流。

（4）接听电话的语气要注意。亲切、温暖、使人如沐春风的电话语言是我们所追求的；生硬、木讷、冰冷的语言是我们需要回避的。

4. 接听电话的其他注意事项

在接听电话时，尽量不要打断对方，让对方把话讲完，无论对方说的是否正确，这是基本的尊重。

接听电话时，注意适时适当地回应，"好的""可以""没问题"等，而不要半天不发出声音，让对方不确定你是否还在线；也不要用"嗯""啊""哦""嘿"等带有敷衍感觉的词汇。

事情说完之后等对方先挂电话，虽然社交场合中挂电话不是件大事，但是尊者优先体现的是一种尊重。

挂电话前，不要忘记跟对方总结确认。本次沟通，达成了什么共识，告知了几件事情等，方便下一步继续沟通或者进一步加强联系。

第四节　接打手机的学问

随着社会的发展和科技的进步，通讯变得越来越便捷，尤其是近几年来 5G 技术的推出与普及，手机成为我们主要的通讯工具。手机不仅帮我们实现了千里传音，还实现了即时音视频对话，实现了万物互联。手机拉近了人与人之间的距离，增进了人与人之间的感情，但同样我们也有可能在使用手机的过程中，因为没有注意到一些小细节给他人造成困扰，给自己带来不便或不好的影响。所以了解与掌握手机使用的注意事项变得越来越重要。

一、手机接打注意事项

接下来将为大家从公共场所、社交场合、居家环境三个场景分享手机使用的注意事项。

1. 公共场所

如公园、商场、地铁、电影院等公共场合，我们在接打电话时需要注意，这类场所声音通常比较繁杂，空间又很开阔，很多朋友会担心听不到手机来电的声音，通常会将铃声音量调到最大。接打电话时也会因此提高嗓门，认为这样才能听清对方的声音以及让对方听清自己说话，这样的行为并不可取。这样做不仅会给周围环境增加繁杂的声音，还会妨碍身边其他人的正常交流与沟通。对此我们可以从以下三方面进行调整：

（1）我们需要将手机铃声设置为低分贝加震动模式，然后尽可能地将手机放在自己身体能接触的地方。

（2）在接到电话时，我们说话的分贝应适当降低，并快速地找一处相对较僻静的地方来接打电话，同时也要告知对方自己所在环境的情况，如"喂，您好！我是李敏。我现在花水湾公园，这边有些吵闹，您稍等！我找个安静点的地方"。这样我们即便开始没有听清对方的内容，对方也会理解，并且耐心等候我们找到僻静之地。这样，就不会错过某些重要的通话内容。在接电话时，不知大家有没有留意这样一种现象：如果对方的声音过大，并不会使我们听得更清楚，反倒会造成回音或尾音，从而使我们听起来很吃力，也很难听清对方所讲的内容；反而当我们将通话声音压低时，对方听得会更清晰。在公共场合接打电话，在条件允许的前提下找一处相对较僻静的地方进行，这既体现了对对方的尊重，也考虑到了所处场合周围人员的感受。

（3）在公共场所接打电话时，我们可以通过"肢体三部曲"来配合语言，使对方听得更清晰，也给周围的人带来尊重感。

肢体三部曲：

一立，接打电话时站立起身。

二贴，单手持手机放至耳旁，确定自己的耳朵紧贴手机听筒。

三捂，另一只手掌轻盖住手机话筒及唇部位置。

这样的姿势会让人中气更足，声音更集中，而且也有效地隔离开了外界繁杂的声音，对方自然就听得更清晰了。

2. 社交场合

在社交场合，我们免不了有与尊者（领导、长辈、客户）在一起的时候，此时接打电话更应注意。没有十分紧急的事情，尽可能不要接打电话，如果实在需要接打电话，应向尊者请示，如"王老，抱歉！我打个电话，公司今天收到的货出了点状况"。明确告知缘由并征得尊者的同意或示意后方可接打电话。

接打电话时应稍稍退后并侧转身体。在聚会的同一空间接打电话，不宜离开过远，不宜隔墙，不宜离开过长时间。如果你离开过远或隔墙，对方会觉得你是有意避开他，这样会给对方一种你处理的事情对他保密的感受。若离开时间过长，会显得你办事效率欠佳或借故逃离。

与尊者在同一空间接打电话时，我们电话沟通的声音应尽可能地将分贝降低，肢体动作依然是接打电话肢体动作三部曲。如我们不方便接听电话，挂断电话之后应及时地给对方发送简短信息告知对方缘由并及时将下次回复对方的时间予以告知。如"会议中，稍后给您回电""暂时不方便接听电话，一小时后给您回过来"。这样我们虽然没有及时接听电话，但还是给对方留下了被尊重的良好感觉。

3. 居家

早些年很多人公事、私事不分吃了苦头，所以后来大家就提倡"公私分明"，不把家事带到工作中，也不把工作与工作情绪带回家。然而，互联网打破了办公、社交、家庭的分野,尤其随着网络创业的兴起,大批工作者不再"公私分明"。但家毕竟是家,一个给人温馨让我们放松歇息的地方,因此接打电话更应注意。

(1)我们应该将区域与时间分开,如设定单独的工作房间,明确自己的工作时间,固定某个时间段属于家人,尽量做到手机只放在工作的空间区域。

(2)手机音量调到20%—30%之间,因为如果工作手机铃声较高,会影响家庭其他成员。

(3)手机铃声的选择注意考虑家庭成员的感受。如果家里有老人或孕妇,不要选择突兀、搞怪、过分个性化的铃声。如果家里有宠物,也需要考虑铃声对宠物的影响,不能电话已经接通,宠物的吠叫声还一直不停。

二、手机不要妨碍人与人之间的交流

近几年网络上流行这样一个段子:"我与你之间最远的距离是我在看你,你在看手机。"手机虽然联络着彼此间的情感,但同样很多时候也给人们的感情交流筑了一道墙。我们可能因工作,甚至追剧、看小说而手机不离手,导致夫妻之间冷漠,亲子之间缺乏沟通与关爱,朋友之间疏远。不让手机妨碍人与人之间的交流这一点很重要。

1. 不同场合设置不同的铃声模式

公共场所分两类,寂静的公共场所(西餐厅、展览馆等)有静音的要求,一般公共场所的声音则会比较繁杂。外界声音嘈杂的情况下如何让我们在接打电话的同时又不妨碍人与人之间的交流,我们可以做以下三步:调手机、调距离、写手机微信公告。

(1)调手机:将手机铃声的音量相对调低,开启震动模式。

(2)调距离:将手机和人的距离调近,贴近身体放置(如休闲装的口袋、独立的运动手机臂包,也可以将手机握在手上)。

(3)写手机微信公告:在微信朋友圈告知,如"全家出游,预计今日××时回,电话未能及时接听、回复请见谅"。

在社交场合,尤其是与重要的人交流或参与重要的讨论时,建议提前将手机调为静音模式且放在远离身体的位置(最佳位置为公文包里),等到交流结束后再根据未接电话与未回信息依次处理。如只是一般的商务社交,我们可以将手机调为震动模式,放在离身体相对较近且在他人视线之外的地方即可。

居家休闲要以方便为主，因此可将手机放在显眼的位置（茶几、电视柜等地方），手机的铃声音量应调到 30%—50%，这样既不会影响家人相聚的时光，也不会错过我们需要接听的电话。

2. 提前告知家庭时间

如果您是在家创业者，建议提前向工作受众告知规定的家庭时间段，并应在这个时间段将手机调为静音留在工作区域，此时我们的尊者应是我们的家人。

3. 注意手机音量管理

不论在何种场合，调好手机音量很重要，这是一件容易被大家忽略的"小事情"。

以下这些情景是大家比较熟悉的：地铁上，因突如其来的某个视频声音惊到周围所有的乘客，大家纷纷投去不友好的目光；咖啡厅里，一个打扮时尚的女孩旁若无人地看着抖音，声音很大，时不时还发出大笑；观看音乐会时，突然响起手机铃声，引起周围人群的反感……这些都是小事，却折射出我们的素质涵养。因此，一般情况下将手机声音调到 30%—60% 之间较为适合。在特别寂静的场合，我们需要将手机静音或者选择佩戴耳机。

第五节　社交软件使用不扰人

科技日新月异地发展，我们的生活方式也在不断地发生变化。在社会交往中，传统的社交方式同样不断变换着形式。社交软件的开发使用方便了人们的交往，微博、微信、腾讯 QQ、抖音、快手……这些软件打破了传统社交方式在时间和空间上的限制，更多的人更愿意在社交软件上展示自我，传递信息，发表见解，沟通情感，结识朋友。正是由于社交软件有这么多传统社交方式所不及的优势，因此使用人数不断增加，据腾讯公布的数据，腾讯微信及 WeChat 月活跃用户达 12.1 亿。

正是因为社交软件有这样的优点，大家对它的依赖也越来越强，使用时忽略了空间和时间上对他人的影响，过度使用不仅损伤我们的健康，还严重打扰到了其他的社交软件使用人，更有甚者违反了法律法规，我想这并不是社交软件发布者的初衷。我们如何既能享受社交软件带来的便利又不受它的影响呢？以下的使用细节应该受到大家的重视。

一、微信的使用

微信使用过程中对他人的打扰主要存在于本人私发信息、群聊信息和朋友圈信息中。

（一）本人私发信息

1. 时间恰当

社交软件虽然打破了时间和空间的限制，但不表示毫无限制。与线下交往一样，要顾及发信息的时间是否会对他人造成影响。虽然不需要提前预约，但是要避开别人休息的时间，比如午休或深夜；非工作事务的沟通要避开别人工作的时间。如果不确定对方是否方便，我们首先可以询问一下对方："您现在方便吗？有点事要和您沟通一下。"得到对方的回应后再决定是否继续，或者如果我们已能觉察到对方正在忙，那么即使对方因礼貌回复了我们，我们也应主动减少交流信息量，主动发送结束信息，另约时间沟通。

2. 内容恰当

社交软件交流首先要确定的就是相互尊重。尽管双方不在一个空间，但是称呼、问候语、感谢语、道别语等都需要和面对面时保持一致，有时甚至还需要加强，以弥补文字表达相对于语言表达在情感传递方面的不足。

在社交软件沟通中，一般会对人产生打扰的多是无关信息、无聊的链接，甚至是恶意信息和谣言。因此不要在微信里骂脏话，不造谣、不传谣、不信谣，不刻意煽动别人的情绪，坚决远离不良信息。此外，重要的事情、工作信息、重要通知等内容，最好通过电话或当面沟通。通过微信沟通重大事件，会显得沟通的诚意不够，不能很好地体现对事情以及对对方的尊重。如果对方没有及时阅览信息，还可能耽误事情。

3. 方式恰当

微信上的消息形式有语音、文字、图片、视频和表情等。语音信息虽然发送方便，但是收听会受到限制，如果是安静的场所还可能会泄露信息和影响他人。因此一般情况下尽量选择发送文字信息，因为文字信息随时都能看到，方便快速阅览，一目了然。所以稳妥的做法是和对方确认是否能语音，且得到对方的同意后，才选择发送语音信息。发送视频和图片前最好也能提前告知。

面对面交流时，面部表情、肢体动作都会辅助我们传递情感。在微信中，表情的正确使用也能部分实现这样的效果。用好了，可以活跃聊天气氛，表达自己的善意，拉近双方沟通的距离。甚至人们还会从使用的表情中去判断一个人的气质。但要注意表情图标不能乱用，要考虑接收方的审美和接受能力。

（二）群聊信息

家庭群、工作群、购物群、学习群……群聊将更多有相同目标的人聚在了一起，大家可以共同探讨问题，是本人私发信息的升级。为了维护这种良好的氛围，更好实现建立群聊的目的，需要注意以下事项：

1. 遵守规则

每个群根据目的的不同，负责人会制定与之相应的规则，群聊中的每一个人务必严格遵守。

2. 照顾大家

群聊就好像多人面对面交往，照顾大家的感受尤为重要。例如不要两个人单独在群内聊天，聊天中要做到不刷屏，不发送垃圾信息，不经过管理员同意不随便拉人进群，也不随意将群内聊天内容及他人信息泄露。

3. 内容慎重

群聊从几人到几百人不等，一条信息一经发送，传播速度极快。正因如此，群聊内容的发送要慎之又慎。凡是涉及国家安全、违反法律、煽动情绪、不实信息等绝对不能发送，否则不仅会遭到别人的反感，本人还会受到法律的制裁。

2020年12月8日9时许，在未经核实的情况下，一男子在一微信群内散布"成都卫健委：将视情况采取措施，不排除封城可能"的谣言，因违反《治安管理处罚法》及防疫工作相关规定，被公安机关处以行政拘留五日的行政处罚。

（三）朋友圈信息

朋友圈展示的是个人日常动态，有人喜欢发表个人情绪，有人认为可以扩展业务，有人喜欢晒一晒个人踪迹。但无论哪种情况都要做到有针对性和有限制性。

1. 有针对地发

一个人可能在生活中有着多重角色，我们的交往对象也有着相应的针对性。朋友圈如果不经设置，发送的信息是所有好友都可见的。尤其是一些工作、业务宣传、广告等内容，最好有针对性地发送，以免引起他人的反感。

2. 有限制地发

虽说朋友圈是自己生活的状态展示，但却不适宜一天到晚轰炸式地发送，因此发送的次数要限制。

朋友圈内容的形式多样，发短视频、图片、文字均可，发送的内容传播面甚广。积极向上的内容、经过确认核实的内容往往会引起大家的共鸣，也会有更多的人转发，那些以赚钱、求赞、博人眼球为目的的内容，时间久了很可能会遭到对方的屏蔽。如果是这样，朋友圈没有越来越大，反而越来越窄了。所以内容要有限制地发。

二、微博

微博是微博客的简称，也是目前使用人数较多的一种社交网络平台，使用不当也会带来一些负面影响。我们使用微博的时候同样应该注意以下礼仪。

（1）理性看待，不恶语相向。对待微博上的评论要理性看待，辨清是非，不可随意对别人进行人身攻击、恶意侮辱。

（2）保持独立思维，不制造或传播微博谣言。如何对待微博中的评论，某种程度上是反映一个人的思想内涵。信息时代，在网络上的言行会成为判断一个人品质的依据。事实上，现在很多企业在接收简历时，同时会留下应聘者的微博、微信等账号，通过网络对应聘者的言行进行观察和考核。因此，我们要注意不能随波逐流，要在信息冗杂的微博世界里保持思维独立，做到慎言慎行。

（3）尊重他人，礼貌转发。若要转发别人的观点或链接，记得要尊重别人，用"@"和"转发"来表明出处。

（4）注意文明用语。不在微博上使用粗俗的语言宣泄自己的情绪，以免看见你微博的人产生不舒服的感受，进而对你形成不好的印象。

社交软件给我们的社交生活带来了很大的便利，极大地拓展了我们的社交空间。在使用社交软件时，应注意每一个礼仪细节，做到合理、正确、有效地使用，实现使用社交软件而不扰人，这一定会让我们的社交生活变得更加丰富多彩。

第十一章 外出旅行礼仪

第一节 乘坐飞机的礼仪

人们自古以来就梦想着能像鸟一样在天空中飞翔,能快速地到达另一个地方。1903年,美国的莱特兄弟终于制造出了第一架飞机,这使得人们的愿望终于实现,出行更加方便和快捷,让距离不再成为人们社交、沟通的障碍。随着科技的进步和发展,不管是飞机的安全性、舒适性还是航空公司的服务水平都得到了很大的提高,所以越来越多的人出行时会选择乘坐飞机。

一、办理手续

出行之前要根据出行地点和时间选购合适的机票。购票方式一般有两种选择,即线上和线下,可以根据自己的实际情况选择购票方式。购好票后,需要根据各航空公司的要求到达机场,一般在起飞前1—2个小时到达机场为宜,到达后才有充分的时间换登机牌或处理其他由于天气导致航班发生变化的突发状况。

在办理手续的时候要依次排队,服从机场工作人员的指挥。在换登机牌的时候要注意以下几个方面:首先一定要提前准备好自己的身份证件,找到相应的航空公司,有序地排队进行行李托运或兑换登机牌;其次要注意的是托运的行李不能夹带违禁物品,比如携带易燃易爆物品、枪支、军用械具等,这些都是不被允许的;最后,注意行李托运限额,乘坐经济舱20公斤以内的行李托运是免费的。

二、安检

民航安检是民航安全检查的简称,是保障旅客机组人员和飞机安全所采取的一种强制性的空防安全技术检查。只有对每一位旅客进行严格的安全检查，才能保证所有旅客的人身安全，所以安检这一环节要求每一个旅客都必须严格遵守。

首先，到安检通道应依次排队。在到达安检柜台时，将提前准备好的机票旅客联、登机牌、身份证交给安检员，也可将登机二维码作为安检凭证，经安检员审核没问题后，过安检门接受安检人员的检查。特殊人群（如孕妇）过安检时，可以向安检人员说明情况申请从"免检通道"进站。

另外要注意的是随身带的物品也必须通过安检才能登机，像管制刀具、易燃易爆的物品是不能通过安检的。再比如我们常见的花露水，因为它含有酒精成分可以用打火机点燃，可能给乘机带来安全隐患，所以这也是不能够带上飞机的。超过100毫升的容器装放的化妆品、洗漱用品等也不能带上飞机。这些规定在乘机之前最好作相关的了解，以免过不了安检就只能丢弃。

三、候机

一般飞机是提前30—45分钟停止办理登机手续，提前15分钟关闭舱门，所以在通过安检以后就要前往相应的登机口，以便能及时登机。

在候机大厅内，不能打打闹闹，注意异性之间不要过于亲密，也不能随意地躺在座椅上。抽烟的人士要抽烟的话只能去吸烟区，不能随意在候机厅吸烟。如果等候的时间较长，可以去候机厅里面的商店或书店等逛逛，但要注意关注机场广播，不要贻误航班登机时间，耽误航班起飞。

四、登机

听到登机广播后，应依次排队并准备好登机牌接受工作人员的信息录入，在登机时一般会让残障人士或老弱妇孺先行，其他人士应该礼貌避让。

当机组乘务人员向您问候时应礼貌回应。在找座位时如果不清楚，可询问机组乘务人员或请其引导，切不能随意坐别人的位置。找到位置后把行李放在行李架内或座位下，尽快入座。不要在过道停留，以免造成堵塞。

五、乘机

在飞机的飞行过程中，为了提高大家的乘机舒适度，要求每个人遵守相关的规定，主要有以下几个方面：

（1）系好安全带。安全带是保证旅客乘机时免于受伤的一种安全设备。因为在飞机起飞、降落或者遇到较强气流时，飞机会发生剧烈的颠簸，如果不系好安全带旅客可能会受伤，所以一定要系好安全带。

（2）要遵守禁止吸烟的信号。目前我国所有飞机航班全部禁烟，旅客在航空器内吸烟、使用火种、携带易燃易爆品等危害空防安全的违法行为，最高可处15日行政拘留，构成违法犯罪的将依法追究刑事责任。

2019年3月6日，从广州飞往十堰武当山的航班上，旅客李某在飞行过程中，拿出随身携带的香烟和打火机在卫生间里偷偷吸烟，恰好被乘务长撞见，随即被空警控制。当晚20时20分航班落地后，机场公安将违法行为人李某带回审查。次日，机场分局根据《治安管理处罚法》第二十三条第一款第三项规定，对李某在航空器内吸烟的行为做出行政拘留五日的处罚，并送达执行。

（3）勿动安全门。安全门是飞机在紧急情况下迫降后疏散旅客的紧急出口，这个紧急出口的作用是保障全体旅客的生命安全，所以坐在这个位置的旅客，不能随意打开安全门，否则会承担相应的法律责任。

（4）用餐。在飞机上用餐时，需要调直自己的椅背，将前座背后的小桌板放下。用餐时间最好不要在座位间进出，因为会给别人造成不便。一般飞机上提供的餐食和饮料都有很多种，可以根据自己的喜好进行选择，食量大的人可以向乘务员多要一份，并避免同时堆积很多食物在小桌板上。另外在乘务员发放食物时，坐在外面的乘客应该主动帮助乘务员传递，在吃东西时要细嚼慢咽，尽量不要发出声音。

（5）使用洗手间。要注意按次序等候，为了乘客的安全，飞机起飞和降落过程中是禁止使用洗手间的。有时候在飞行中，如果使用洗手间的过程中遇到气流颠簸，应立即抓好把手，或放下马桶盖，入座抓好把手，切忌开门跑回座位。洗手间使用完毕应注意保持清洁。

（6）下飞机。要等飞机完全停稳后，安全带指示灯熄灭，或听到空乘人员提示音，乘客才可以打开手机，打开行李箱，带好随身携带的物品，按次序下飞机，切不可以在飞机未停好之前起立、走动和拿取行李。

我们学习乘机礼仪，不仅可以在空中旅行时保持良好的形象，还可以给自己和别人带来舒适的乘机体验。

第二节　乘坐公交车的礼仪

惠民便捷、绿色环保的公交车是重要的交通工具之一，深受广大人民群众喜爱。以礼修身，以礼养德。那么在乘坐公交车时，有哪些礼仪需要我们知晓并遵守呢？

一、乘车前的礼仪

乘车着装尽量舒适方便、吸汗透气。如穿裙装，要注意裙长，不宜穿超短裙乘车。宜穿平底或低跟鞋，不穿拖鞋，以免滑倒摔伤。长发人士尽可能将头发束起，但不要扎成高马尾辫，以避免发生在扭头、摇晃时将头发甩到他人脸上的失礼行为。由于公交车内空间比较密闭，所以不要喷洒香水或使用浓烈香气的化妆品。如果有感冒或鼻炎，应随身携带口罩、纸巾、垃圾袋等物品，避免因打喷嚏造成车内空气污染。如果乘车容易晕车，那就要备好清洁袋。

尽量不携带体积过大的物品，以免造成乘车不便。根据天气情况，准备好雨伞、遮阳伞等物品。不携带异味食品、物品，如必须携带，则严密包装，避免散发异味。易燃易爆危险品、有毒有害危险品、管制刀具等其他有害公共交通车辆安全和人身安全的物品坚决不要携带。再喜爱的宠物也不能一起乘坐公交车，导盲犬除外。

如果你不想乘错车、下错站、倒错车，就要做好公交线路规划，并且明确上下车、换乘站点。

当然还要准备好零钱、公交卡或付款码，以避免买票时尴尬的情况发生。

二、候车时的礼仪

首先一定要在候车亭候车，不要在站台以外的地方尤其是马路边等候，更不要在站台上跳上跳下或打闹嬉戏。

当候车人多时，自觉排队，并前后保持一定距离，避免拥挤混乱。凡标有"一米线"的，应站立在标注位置。不要插队，这是非常失礼的行为。如果排队过程中因故需要短暂离开，可向身后之人说明情况，并征求其同意在返回后继续排回原来位置。如果对方不同意，还是应保持风度，在队伍末端重新排起，不要抱怨谩骂。我们有时会看到一个人替几人排队，这也是非常失礼的行为，即使无人制止，后面排队的人也可能会抗议谴责。

三、上车时的礼仪

当公车驶来并停稳后，再按序上车。人多拥挤时，不要催促前人，耐心缓行，更不要从后门上车。遇到老、弱、病、残及妇女儿童，应及时礼让。如有人上车需要搀扶、提拿物品时，也要在征得对方同意后再施以援手。

值得注意的是，要将背包放置身体前方，避免被盗、被夹、被勾。在背体积较大的双肩背包上车时，一是会遮挡身后之人视线，二是会因背包晃动而给周围人群带来强烈的不安全感与厌烦感。所以，将背包放置身前，是既安全又方便他人的做法。

四、乘车时的礼仪

上车后，及时投币、刷卡、扫码，并主动向后走，为后面乘客提供方便。尊老爱幼是我国的传统美德，所以当看到老、弱、病、残、孕、幼时，主动让座会得到真诚的谢意及其他乘客的赞扬与尊重。

入座时，如果是里面的位置，一定要注意侧身进入。就座后，扶好把手，身体端正。不脱衣，不脱鞋，不乱晃，不抖腿，不将头部、手臂或其他部位伸出窗外。即使旁边座位无人，也不可将腿、脚、所携带的物品放置在其他座位上。如果碰巧下雨，可将雨伞放置在座位底下，或放置车体边缘角落，或竖向手拎，切不可横向放在过道上，以免绊倒他人。

当车厢拥挤没有座位时，不要站在车门边，要抓紧安全扶手，以免因紧急刹车或拥挤而摔倒，或因车门突然打开被甩出车门外。

拥挤时也要尽量与其他乘客尤其是女士保持距离，偶有碰触、踩踏时应及时道歉。如果站立周围有体轻身矮的儿童，在车身摇晃或他人经过时更要注意躲避或保护少年儿童。越是拥挤不便，乘客间越要彼此礼让，相互宽容，才能让心情变得敞亮。

爱惜公交车内设施、保护公交车内环境也是每位乘客所要遵行的基本礼仪。无论坐着还是站立，乘车时都不要抽烟、饮食、乱扔垃圾、隔窗抛物，这样既污染环境又有安全隐患。不要在车内乱涂乱抹、乱刻乱画。冬天车窗上会形成霜雾，有的小朋友喜欢在上面按个小手印、画个小动物，大人看见要及时制止。因为霜雾散后，会在车窗上留下印迹，有碍清洁。

公交车内经常会遇到熟人，无论寒暄还是聊天，都要小声，如果大声喧哗，交谈内容乘客皆知，对己对人都不是一件愉快的事情。如果想听音乐、看视频、打游戏，记得戴上耳机。

公交车上最好不要拨打电话，如有事情，先以短信、微信联系。接到电话时，也可先回复：抱歉，现在不方便接您电话，稍后回复。必须接打电话时，最好使用耳机，简短通话，语音切不可过大。

公交车虽然空间不大，但也是重要的公共场所。情侣即使感情再热烈，也不可在此有过分亲密的举动，尤其是当有儿童在场时。

"道路千万条，安全第一条。"不与司机攀谈，不破坏安全用具，不漠视打架斗殴。坚决防范、抵制一切类似"重庆公交车坠江事件"的危害公交车安全的行为。当车辆发生事故时，不要惊慌失措，更不要挑起事端，应听从驾驶员、交警等工作人员的指挥，有序离开车厢或改乘其他车辆。

五、下车时的礼仪

上车后随时注意报站提示。车辆快到站时要检查并拿好自己的物品，以免遗落。人少的情况下提前1—2分钟，人多时提前3—5分钟起身走向车门。车厢拥挤，也许会有乘客挡住去路，应当询问："您好！您下车吗？"如果对方答否，那应礼貌请对方让路，再行经过。如果对方也是下车乘客，应当依次从后门下车。再次强调的是，即使车厢再拥挤，也要站在车门标示的安全区域内，不要越区而立，更不要扶车门把手，以免开门时被甩出车外。下车时，待前面乘客下稳两阶后再下车阶，一是保持礼貌距离，二是避免后边突发情况而推倒前面乘客,造成安全事故。

礼仪的核心是尊重,乘坐公交车要时刻有利他思维,以此为纲,无论是在乘车、游览、就餐还是社交时,都会利人悦己,共创和谐社会。

第三节　乘坐地铁的礼仪

地铁既是现代城市中重要的交通工具,也是现代都市智慧、文明、进步的象征。作为生活在现代都市的我们,在乘坐地铁出行时,为确保地铁的秩序运营以及广大乘客的安全通行,每个人都应该自觉遵守城市轨道交通乘客守则,文明出行。那么,乘坐地铁需要注意哪些礼仪呢?

一、购票

为加强城市轨道交通车票的使用管理,维护乘车秩序,每个城市的轨道交通企业对于乘车的车票都会有相应的规定。乘客乘坐轨道交通出行,需持有效车票方能进站。

(1)地铁有效车票是轨道交通专用的单程票、福利票、市政交通一卡通和地铁乘车码。

①单程票:乘客可在售票窗口或通过自助售票机购买。

②福利票:根据各地地铁运营企业换取福利票的相关规定,符合条件的乘客可持证换取福利票。

③一卡通:乘客可在城市轨道交通车站售票处购买,也可进行充值。一卡通可在自助售票机或自助充值机充值。

④地铁乘车码:乘客可使用各地轨道交通公司发布的附带乘车码的小程序,开通线上乘车码。

(2)注意乘车时长限制。乘客乘坐轨道交通,一次行程在收费区内一般都是有时间限制的,但各个城市地铁的具体规定时间有所不同,超出时间需要补交票款。目前地铁各运营企业对乘客乘坐轨道交通一次行程在付费区内最多可停留的时间规定集中在120—300分钟不等。

(3)有序购票。特别是在上下班、节假日高峰时段,经常会出现因人多购买车票排长队现象,此时作为乘客一定要稳定情绪、有序排队、耐心等候，禁止插队的现象。

乘客应按地铁票务规定购票乘车，禁止使用伪造、变造票（卡）乘车。1.2 米以上的儿童应购票进站，1.2 米以下儿童须在成人陪同下，按照"儿童在前，大人在后"的原则刷卡通过闸机。

二、安检

为加强轨道交通运营安全管理，保障运营秩序，为乘客提供安全、舒适的乘车环境，地铁主管公司会对每一个乘客进行安全检查。作为乘客应按有关规定接受并配合安全检查。

（1）有序排队接受安检。乘客必须配合安全检查，不要不配合或抗拒接受检查，更不能强行进站或扰乱安全检查现场秩序。不能携带禁、限带物品进站乘车。如果被安全检查人员发现携带禁、限带物品，应积极配合安检人员开包检查并配合违禁物品的处理。

（2）注意携带物品不能超过体积规定。如果携带的物品因超大、超长妨碍站内及车内通行或对运营安全可能造成影响时，应听从安检人员指挥，或请求安检人员协助出站换成其他的出行方式。为确保乘客有序安全进站，携带大的行李物品时，可选择宽闸机或乘坐直梯进站。带婴幼儿并携带婴儿车的乘客，进站时要将婴儿抱起，从宽闸机进入，选择直梯进站。

（3）醉酒者、传染病患者、无监护人陪同的精神病患者或健康状况危及他人安全者不得进站乘车。

三、候车

良好的候车环境与车辆的有序运营都离不开广大乘客的文明候车。

（1）候车时要听从地铁工作人员的安排，做到听从指挥、服从管理，保证站台的良好秩序。

（2）候车时，应按照地面标识在车门两侧有序排队，禁止越过安全线，禁止倚靠站台门，留意列车与站台间的空隙；车辆到达时，要先下后上，不要拥挤，不要抢行。上车后尽量往车厢中部靠拢，为其他候车乘客留出上车空间。不要将大件物品堆放在车门处，避免影响其他乘客上下车。

（3）地铁是公共场所，乘坐地铁时不要大声喧哗，如果听音乐、看电视要戴上耳机，防止发出声音干扰到别人。

（4）地铁车站空间相对封闭、狭小，保持站内卫生间的清洁，避免污秽，方便后来人使用。

（5）地铁列车班次多且准点，灯闪铃响时要止步于黄线以外，勿抢上抢下，不做扒门乘客，耐心等候下班列车。

四、乘车

车辆的安全、有序运营、良好的乘车环境、乘客的舒适体验，与乘客遵守文明乘车守则，遵循文明乘车礼仪息息相关。

1. 乘车时的文明礼仪规范

乘车时着装应整洁得体，言行举止文明。禁止做出吸烟（含电子烟）、随地吐痰、便溺、吐口香糖、乱扔废弃物、乱写乱画，或擅自张贴、悬挂物品等妨碍乘车秩序的行为。

列车因故不能继续运行时，应服从工作人员安排。

不要在地铁站及车厢内饮食，避免食物异味影响他人。不要携带家禽、宠物、有严重异味物品进站乘车，避免影响其他乘客。避免在赤膊、赤脚或大汗淋漓等情况下进站乘车。

地铁上不要随意乱丢垃圾，要共同维护乘车环境，有垃圾可以暂时保存，等下车后再投入垃圾箱。

不要依靠扶杆，或在吊环拉手上悬挂随身物品，应为他人留出安全扶手。车厢内乘客较多时，携带双肩包的乘客请将双肩包取下拎在手中，以便多留些乘车空间，避免对他人造成不适。

就座时，不要把脚伸向过道，避免给其他站立的乘客造成不便。不要随意卧躺或将物品摆放在座位上，应为其他乘客留出座位。切勿占用列车上为特殊人士设置的专座，提倡在方便时主动为有需要人士让座。下雨天要自备方便袋收纳雨具，不要在座椅上放置雨具，以免雨水造成地面湿滑或影响他人就座。

在车站及车厢内要轻言细语，收听观看音视频时请使用耳机，接听手机时尽量压低音量，或告知对方在地铁上不方便接听，待地铁到前站后，再下车回拨给对方。这样既顾及个人隐私，又尊重他人感受。客流高峰期，看报乘客请留意动作幅度，避免影响相邻乘客。

避免在乘车时化妆。避免酒醉后乘坐地铁。要克制在车站及车厢内的私密、亲昵行为。共同抵制车内乞讨、售卖以及妨碍他人的商业行为。列车到达本次终点站时，应全部下车。

2.严禁下列危害运营安全的行为

（1）擅自进入轨道、隧道等禁止进入的区域。

（2）在轨道线路上放置、丢弃障碍物。

（3）列车车门或站台门提示警铃鸣响时强行上下列车，车门或站台门关闭后扒门。

（4）在非紧急状态下动用紧急或安全装置。

（5）损毁轨道交通范围内的各项设施、设备，擅自移动、遮盖、污损安全、消防、疏散、导向、站牌等标志。

（6）在车站范围内长时间滞留、躺卧，在车站、车厢或疏散通道内堆放物品、设置摊点等影响疏散的行为。

（7）其他危害轨道交通运营和乘客安全的行为。

第四节　乘坐高铁的礼仪

高铁乘客文明乘车，是高铁建设一道亮丽的风景，有助于形成高铁文化，实现软硬实力相互协调。

乘坐高铁是一系列的活动，包括购票、安检、候车、乘车等环节。随着乘坐高铁的人数越来越多，车站和列车上的设备越来越智能，乘客对乘车体验要求越来越高，这就对乘客乘坐高铁提出了更多的要求。其实每一个人在遵守这些要求的同时，就是在为自己打造良好的乘车体验。

一、购票

购买车票是实施旅行计划的第一步。线上购票有很多优势，推荐大家采用。如果是线下购票，购票过程中人数多、空间小是购票时的环境特点；想要快速购得车票，减少等待时间，这是购票时乘客的心理特点。在这样的特点下，需要我们做到遵守秩序、相互体谅、提前规划与核对清楚。

1.遵守秩序

遵守秩序是一切公共场所的统一要求，排队是遵守秩序，保持足够的社交距离是遵守秩序，服从工作人员的安排也是在遵守秩序。在车站购票时按照先后顺序，依次购票是最重要的秩序。如果临近开车时间可以找工作人员说明情况，不可直接插队，影响他人购票。

2. 相互体谅

相互体谅就是要从对方的角度去考虑问题，用宽容的心态去对待人和事。例如发生了肢体上的接触，一句对不起和没关系是相互体谅，购票完毕一句感谢售票员的话是相互体谅，遇到赶时间的乘客同意对方优先买票更是体谅。

3. 提前规划

购买车票一定要有规划，乘坐列车的车次、时间、座位类型等最好要提前了解清楚，而不是到了柜台前才开始了解这些信息。这样做不仅是节约自己的时间，更能够减少他人等待的时间，提高售票效率。

规划好时间才可以从容不迫，提前规划的不仅是列车信息，无论是现场购票还是通过自助取票机取票都应提前到达，以免延误行程。一般的列车会要求在开车前十分钟就停止售票，12306网站及手机购票客户端的购票时间不晚于列车开车前30分钟。外出旅行时间宽裕，心情才能放松，可最大限度地减少不愉快的事情发生。

4. 核对清楚

车票出票以后，要核对清楚车票和现金，以免事后发现问题耽误自己的行程，如核实出工作人员的失误，也应持体谅的心态予以谅解。

二、安检

为了保障列车和乘客的行程安全，高铁车站都设置了安全检查岗位。安检岗位的工作内容一是查验乘车人身份，二是查看行李是否体积超量，三是及时发现违禁物品。

查验身份时需要出示乘车人有效证件，并要与进站人进行现场核对。进站乘客应该主动出示车票或证件，戴口罩的要摘下口罩，接受人工或自助设备的查验。

接受安全检查时，乘客要主动通过安全门和接受手持探测仪检查。接受检查时，要听从安检员的口令，主动配合。除了禁带违禁品，建议乘客接受检查时不要携带金属物品。如果不可避免，手探发出报警后要主动配合询问和出示物品。

进站时随身携带的所有行李、包裹都要经过X光机检查，存在疑似违禁物品的行李还要经过开包检查。在摆放行李进入 X 光机时，要与前人行李主动保持距离，行李箱应水平放置。当安检人员有开包检查提示时，乘客应主动配合，出示疑似违禁物品。

根据铁路部门要求，每名旅客免费携带物品的重量和体积是：儿童（含免费儿童）10 千克，外交人员 35 千克，其他旅客 20 千克。每件物品外部尺寸长、宽、高之和不超过 160 厘米，杆状物品不超过 200 厘米，乘坐动车组列车的不超过 130 厘米，重量不超过 20 千克。残疾人代步所用的折叠式轮椅不计入上述范围。

关于违禁物品，主要有枪支子弹类，爆炸物品类，各种刀具武器，易燃易爆物品，剧毒性、腐蚀性、放射性、传染性、危险性物品，危害列车运行安全或公共卫生的物品等。这其中有很大一部分是我们生活中不常见的。容易被大家误带上车的可能会有有异味的物品，除导盲犬外的活动物，超过 20 毫升的指甲油、去光剂、染发剂，超过 120 毫升的冷烫精、摩丝、发胶、杀虫剂、空气清新剂等自喷压力容器，安全火柴 2 小盒以上，普通打火机 2 个以上。

三、候车

乘车时，我们需要提前半小时到达火车站，接受安检，然后进入候车厅候车。避免因各种原因错过列车。临近开车也不要横冲直撞，快速奔跑，此时应尽快改签，争取赶上下一趟列车。

在候车大厅休息室，应守秩序，讲公德，不应大声喧哗。使用电子产品应戴好耳机或关闭声音。候车室不用行李占座，不在等候区脱鞋，不乱扔垃圾等。候车时要注意自己的开车时间，留意站内广播，以免误车。

开始检票后，应到检票口有序排队，并提前拿出车票或身份证件，从检票口检票进站。

四、乘车

2020 年 12 月 22 日，中国铁路发布消息，12 月 24 日起，铁路部门在京沪高铁、成渝高铁部分车次的 3 号车厢（二等座）试点"静音车厢"服务，并发布五条静音约定。

关于列车车厢安静的问题，一直以来都是乘客议论的焦点问题。列车空间狭小且封闭，长时间乘车很容易造成情绪焦躁，而吵闹的环境更容易使这种情况加剧。创造安静舒适的环境是每一位旅客迫切的需求，很多乘客总是在抱怨他人谈话声音太高，手机外放声音太大，带的小朋友很吵。其实每一个人如果都能自觉做到维护列车安静舒适的环境，相信这并不是很难解决的问题。

乘坐高铁，除了要保持安静外，还应注意以下事项：

（1）尽快找到自己的所在车厢，按照车票上的位置尽快入座。

（2）进入车厢后，应当迅速把大件行李放在行李架上或大件行李区，不要放在通道上，以免影响其他乘客的通行。

（3）爱护公共设施，保持车内清洁和卫生。

（4）主动配合乘务员工作。

（5）不要长时间占用车上的卫生间。

（6）乘车全程不要吸烟。

有一句口号叫"列车是我家，维护靠大家"，虽然这句话听起来有很强的年代感，但是人人自律，共同创设安静、整洁、清新、文明的候车乘车环境，共同遵守乘车礼仪，为我国高铁文化作贡献，正是我们这代人的责任与担当。

第五节　居住宾馆的礼仪

随着外出旅行的机会越来越多，入住宾馆也就成了平常之事，但宾馆只是我们暂时租用的一个地方，并不能够等同于家，所以不能随心所欲，居住宾馆的礼仪是一定要遵守的。那么，作为宾客的我们，应该注意哪些细节才能彰显自己的素质呢？应当遵守哪些礼仪才能保持自己的文明形象呢？

一、预订宾馆的礼仪

当旅行的日期确定下来后，最好提前预订宾馆。在外出旅行前预订妥当，既方便自己，又利于酒店的管理，这一点在旅游旺季尤其要注意。如果不提前预订宾馆，到了目的地之后才发现想居住的宾馆已经客满，那就只能带着行李东奔西走，重新查找宾馆，这样做既浪费时间又浪费精力。

预订宾馆的方式有很多，可以网上预订、电话预订、微信预订、酒店APP预订等，还可以通过一些专业旅行网站或APP间接预定。预约的时候要提供姓名、入住要求以及入住的时间、离店时间、房间类型、入住人数以及到达宾馆的大概时间，如果比预订入住时间晚到达酒店，应在预订入住时间之前打电话联系宾馆，避免出现预订被取消等情况。预约时一定要搞清楚每个房间每晚的房费，以及押金是预收还是入住的时候收取。

二、入住宾馆的礼仪

我们在进入宾馆大堂后，首先要到前台办理入住登记。门童帮助自己搬运行李时，应礼貌道谢。如果前面有正在登记的宾客，就应该按顺序排队等候。排队时应与其他客人保持一定的距离，不要贴得太近，还要做到耐心等候。在等候中可以将入住宾馆需要出示的身份证件准备好，证件上的姓名及号码需要与预约时登记的信息一致。酒店的大堂是公共场所，如有同行的孩子，应叮嘱孩子不要大声说话和吵闹，也不要乱跑乱跳。

三、居住客房的礼仪

入住后需要注意以下问题：

（1）进入房间之后，应该先仔细阅读"宾客须知"，了解酒店的住宿规定。务必查看安全出口及紧急出口的实际位置并牢记于心。之后检查衣架、被子、电源插座、毛巾、备品等设施、物品是否齐全、完好，如有问题要立即与服务员联系。

（2）保持房间卫生，不随地乱丢垃圾。打扫客房虽然是服务员的工作，但是也不要将房间搞得又脏又乱。废弃物要放进垃圾筐里，不能扔到地上、窗外或门外。不要在墙上乱画，更不能躺在床上吸烟，这样做会有极大的安全隐患，宾馆的公共区域也是禁止吸烟的。在客房里不要使用大功率的炊具，也不能在客房的窗户外晾晒衣服，更不能将自己的衣服悬挂在宾馆的公用走廊里。在房间用餐完毕，要用餐巾纸将碗、碟整理干净，通知服务员前来收取。沐浴时，要把自己落在浴盆里的头发拾起来丢到垃圾筐，不要丢进马桶内。

（3）衣冠不整或赤膊，都是缺乏修养的表现，不仅影响自己的形象，也会影响宾馆的形象。如果遇到雨雪天气，应先将淋湿的雨具收好，在门外的地毯上把脚上的泥水去干净，之后再进入宾馆。只要走出自己的房间，就应当服装得体。睡衣、浴衣、拖鞋是居家休闲装，不能穿到房间以外的公共区域内。在电梯、走廊、餐厅等公共区域活动时，要注意礼让他人。

（4）宾馆是宾客们住宿休息的处所，无论是在大堂、餐厅等公共区域还是自己的私人房间，都要控制音量，不要大声喧哗，更不要乱跑乱跳。电视机的音量不要开到很大，开关门时动作要轻。

四、离开宾馆的礼仪

在离开宾馆时，要从以下四个方面做起：

（1）离开宾馆之前，可以先打电话告知服务员退房时间，便于服务员安排查房时间。

（2）准备离开宾馆时，要检查自己的物品是否带齐，尤其是手机、证件等，在离开的时候要确认是否已经放置妥当。一次性用品可以带走，但要注意有些物品是有偿使用的，带走需要在结账时付费。

（3）如果不小心弄坏了宾馆的物品，也应在结账时告知服务员，主动照价赔偿。

（4）如果行李很多，可以请服务员帮忙提行李。结账完毕要礼貌地致谢、道别。

当我们遵守以上四个方面的宾馆居住礼仪时，体现出的不仅是自身的礼仪素养，更是交往中对他人的关照与尊重，相信这样的宾客一定会得到大家的认可与欢迎。

第六节　参观游览的礼仪

"世界那么大，我想去看看。"随着人们物质生活水平的不断提高，精神生活的追求也在不断提升，走出家门、走出国门参观游览成为我们生活中重要的一部分。无论是在国内还是国外，无论是参观自然景观还是人文景点，都应遵循参观游览时的礼仪规范，做到文明参观、不影响他人。文明参观游览既是尊重他人的表现，又是尊重景观文物、敬畏自然和保护环境的一种表达方式。在不同性质的旅游地享受参观游览带给我们的收获与体验的同时，我们应严格遵守不同旅游地参观游览的礼仪规范与要求。

一、室内景观参观游览时的礼仪规范

通常室内景观多是博物馆、展览馆、寺庙宫观等人文类旅游地，也有一些室内植物园、室内动物园等自然元素为主的旅游地。

1. 参观游览时的服饰规范

在进行室内景观参观时，应穿着较为正式的服装，或是选择社交休闲款式的服装，避免穿着过于随性且裸露的服饰。有些游览场所对旅游者有严格的着装规定，不符合规范者不得入内，比如进入教堂时女士不能袒胸露背，不能穿高过膝盖的短裤、短裙，男性不能穿背心、高过膝盖的短裤和拖鞋。在进入佛教寺庙参观时还要注意不宜浓妆艳抹。要避免穿着发出响声的高跟鞋，以免发出声响影响他人参观以及影响导游讲解人员的讲解。

2. 参观游览时的言语规范

一个人的言语体现了一个人的内在修养，因此在参观游览的过程中，面对不同文化元素，我们都应持尊重态度，不能出现亵渎文物或粗俗、粗鲁的言语，同时还要注意在室内参观中尽量避免接打电话，若实在需要接打，要注意控制音量。

进入室内景区参观游览时，不可高声喧哗，避免扎堆吵闹，不可影响他人参观游览。在讲解员进行讲解时，应认真聆听，尊重讲解人员及导游人员，不可随意打断其讲解或在讲解过程之中不断提问、妄加评论，如确有问题可在讲解结束后进行咨询。

3. 参观游览时的行为规范

（1）遵循游览线路有序参观。通常室内景观都有统一的参观线路，因此在进入室内相关场馆后，应首先了解该景区的布局图及游览线路图，按照景区统一的顺序，遵从先来后到的原则依次有序参观，同时也要注意人流疏散方向。

（2）参观仪态应得体，不可随意踩踏蹦跳。参观游览时，走路姿态要稳重，不能随意踩踏建筑物门槛，对文物景观产生破坏；不可在台阶上打闹蹦跳。在按顺序参观游览时，如需超越其他游人，不要从他人面前穿过，可从其身后穿过，并礼貌致歉。在宗教旅游地参观过程中，当遇他人在礼拜时，尤其不可从其身前经过。

（3）不吃零食、不乱扔垃圾。在室内景观参观游览时，通常不可携带食品进入，因为吃东西时有可能掉下食物碎屑，有损馆内卫生。不要乱扔垃圾，应将垃圾进行分类并投置于相应垃圾箱内。

（4）有序排队，不越黄线。在任何景观参观展览时，都应遵守有序排队原则，不插队、不加塞，在排队时还应注意保持与身前参观者之间的间距，不应与前后参观者有身体上的接触。原则上排队时离开返回后需要重新排队，如遇特殊情况需要短暂离开，可向自己身后排队的参观者说明情况，如若对方同意可返回原处排队，但如对方不同意，则应在返回后回到队伍末端重新排队。在卫生间外面排队时，不是在卫生间内的隔间门前排队，而是在卫生间门口的位置进行排队。

另外，注意在排队时，不仅要有序，还要注意不能越过黄线。

（5）按照要求进行拍照且不使用闪光灯。不同的室内游览地对于拍摄的要求都有具体的规定，因此在游览过程中，应注意所游览展馆关于摄影、摄像的具体规定。如果所参观的场馆不允许拍摄，则应严格执行。大多数室内场馆即使允许拍照也是不允许使用闪光灯的，因闪光灯内的镁成分会对文物及展品造成不可逆的破坏，因此一定要严格遵守标识的要求。

参观过程中拍照时，不能随意拍摄不相识的参观者。另外，拍照过程中注意不要长时间占用参观位置，停留时间过长会影响、妨碍其他参观者的参观。

（6）照顾好同行的老人与孩子。室内参观过程中，如带有老人或孩子，应做好陪同工作，尤其在带着孩子的参观活动中，务必看管好自己的孩子，既不影响他人参观，又可保证孩子的安全。

（7）不要跨越隔离线或触碰展柜、展品。我们常听到类似于"摸石虎鼻子，可延年益寿"之类的传说，如西安碑林博物馆的一只石虎，由于游客触摸较多，导致石虎的两个鼻孔已经包浆了，不仅美观度降低，而且对文物造成了严重的破坏。因此，参观游览时，要特别注意不能随手触摸文物。

对于旅游地内未开放、设有隔离线的非参观区域，绝不可擅自进入。在可参观区域的参观游览中，应爱护文物与展品，不可用手触摸展柜，避免指纹印留在展柜上影响其他参观者的观看。

（8）遵守不同景区的具体要求。要尊重不同景观参观游览时的具体要求，比如进入泰国庙宇的室内进行参观游览时要脱鞋，进入日本神社参观前要洗手和漱口，进入孔庙时应首先正衣冠、肃立、行礼。另外，在寺庙、道观中参观时，手机、包等随身物品不要放在庙观、殿堂内的案台上。

二、户外景观参观游览时的礼仪规范

户外参观游览时，多是置身于一些风景名胜区、各级自然保护地以及动植物园区等自然类旅游地。在上文中我们概述了室内景观参观游览时的礼仪规范，在户外参观时，除上述礼仪规范需要我们注意和遵守外，还有一些礼仪规范需要另外加以遵守。

1. 参观游览时的服饰规范

由于户外游览参观时运动量较大，出汗较多，因此建议穿着方便、实用、安全的运动休闲装，面料以棉质面料以及户外冲锋衣面料为佳，颜色也可略显鲜艳，万一遇到走失或危险情况，可便于工作人员的寻找。由于长时间在外活动，因此不建议穿着过于裸露的衣服，以免晒伤。不建议穿着短裤和短裙，既不方便，也不便于对身体的保护。

2. 参观游览时的行为规范

（1）遵循游览线路，妥善安排游览时间。户外景观通常不止一条游览线路，而是根据参观时间的长短而有不同的游览线路，因此，参观游览时可以根据自身游览时间以及体力情况进行线路选择。跟团出游时，要跟上团队，不要走丢，不要肆无忌惮拖延时间，影响团队其他成员参观游览的整体行程。

（2）爱护环境，保护卫生。在森林等自然资源保护地参观游览时，注意尽可能走在岩石和步道上，不要随意践踏土壤、花草。面对各类花草树木，不得采花、摘叶，如在一些园艺展览馆中，不可随意触碰植物叶片、花苞等部位，不随意抠取植物土壤。不在游览区域乱扔垃圾。在森林等自然资源集聚地游览时严禁吸烟。

（3）保护动物，不随便喂食。在户外景观参观游览时，有时会遇到野生动物，此时禁止用手抓捕、挑逗动物。更不可追打、投喂，以及用突发的举动和噪音惊扰野生动物。

（4）不擅自闯入未开放区域。在户外旅游地参观游览时，需摒弃过分猎奇心理，不得擅闯自然保护区和未向游人开放的区域与场所。

（5）不购买野生动物及其制品。野生动物是大自然的产物，"没有买卖，就没有杀害"，应尊重生命，敬畏自然。购买野生动物及其制品，违反了《中华人民共和国野生动物保护法》，遇到贩卖或兜售野生动物及其制品的商贩，我们不仅绝不购买，还应依法予以举报。

2016年5月26日国家旅游局发布并实施《国家旅游局关于旅游不文明行为记录管理暂行办法》，对游客文明旅游提出了具体的要求，同时也使一些在旅游过程中的不文明行为的处理变得有章可循，有法可依。从另外一个方面讲，好的礼仪意识可以彰显我们对文化、对历史、对艺术、对文物的尊敬，也能体现出一个人的修养与文化素质。文明旅行、遵守纪律、尊重规则、关照他人，只有全民遵守参观游览的礼仪规范，才能创造出更好的旅游环境。

第十二章 社交言语礼仪

第一节 站在对方的角度说话是智慧

站在对方的角度说话，既是生活中的相处之道，也是人们沟通交流的技巧，往往会在不经意间达成事半功倍的效果。

一、了解对方需求，才能从对方角度说话

人与人相处，都渴望从他人那里获得正能量。但是，立场不同、所处环境不同的人，对同一个问题的看法、态度往往也会有所不同。在这种情况下，我们就需要站在对方角度，了解对方需求，这样才能提供对方所需要的正能量。

被誉为"汽车大王"的福特说过一句话："如果成功有何秘诀的话，就是了解对方的观点并且从他的角度来看事情的那种才能。"从对方的角度看问题，首先就要了解对方的需求，了解对方的家庭、文化水平、教育背景、生活环境、职业理念等等。和对方交谈时，要站在对方的角度去听，把自己放在对方所处的位置，思考他的行动目的是什么。当对方说话告一段落后，要及时提出自己没有听明白的部分来进行沟通，只有这样才会充分了解对方的需求，而不是凭自己的主观臆断去听。了解了对方的真正需求，我们才有可能说对方喜欢听的、愿意接受的话。

二、换位思考，才能从对方角度说话

人与人之间交往的基础是：互相宽容，理解，信任，并且多站在别人的角度上思考问题。换位思考具备双向沟通的特征，是一种行之有效的沟通方式。简单来说，就是换位思考能否在沟通中充分理解对方，能否从对

方的角度去思考问题。

当你和别人沟通出现问题的时候，假如能换一个角度站在他人的立场上去思考问题，则对他人多了一些理解和宽容，能改善和拉近人与人之间的关系。换位思考是达成共识、增进团结的阶梯。

比如，有朋友喝酒没有节制，劝解的时候说："你别喝了，喝多了太烦人。"如果改成："少喝点儿吧！对你身体很不好。"对比一下，是不是后面这句话更易让朋友接受呢？当我们站在朋友的角度上为他的身体健康考虑，朋友感受到了我们的关心，自然而然就接受了我们的建议。

三、设身处地为对方着想，才能从对方角度说话

人和人交往过程中如果每个人都能设身处地地为他人着想，都有一颗同理心，那么就能更好地化解纠纷，包容他人，社会也就会更加的和谐美好。我们要将心比心，设身处地为他人着想，如果抱着这样的心，无论走到哪里都会处处和谐。

生活中几乎每个人都可能会和别人发生摩擦，然后各执一词，谁也不让着谁，不管最后怎么样，总觉得就是自己有理。之所以会变成这样就是因为我们不能做到设身处地为对方着想，如果我们凡事设身处地为他人想一想，不仅于人有利，对己也是有益的。每一个人遇到事情都能够设身处地为对方着想，这样对方也会尊重你。替他人着想，给他人保留一份体面或者安全，这是一种善良，一种智慧，也是一个人修养的体现。

四、从对方角度说话的技巧

人和人沟通前应当先端正态度。良好诚恳的态度能使自己的语言犹如春风细雨一般，叩开别人的心扉。当一个人生气的时候，说的话就会像钉子一样扎进别人的心里，在别人的心里划上伤痕。所以说话前要三思，要讲究技巧。

在知晓对方意图和主张的情况下，应体察对方的内在情绪，并找到接纳点的时机，这时从对方角度说话就更容易打动对方。生活中要办好事，就要抛弃自己过于直白的交流方式，使用站在对方立场上的言语，把"你明白吗？""你懂吗？"之类的语气，换为"我说明白了吗？"从语言的角度看，前后没有太大差别，但仔细琢磨之后，会发现差别不小，后者是站

在对方立场上，体察到了对方的难处，将对方听不懂的责任归于自己并积极改进，容易增加亲切感。再比如，将"你务必在五天内完成工作"变成"依你的能力，相信你会在五天内出色地实现我们的目标"，这种站在对方立场上了解对方、肯定对方能力的表达交流方式，会使对方心情愉快地努力工作。

良言一句三冬暖，恶语伤人六月寒。站在对方的立场上说话，能让人心情愉悦，充满力量。

第二节 "请"字带来的启示

一、"请"字的意义

在中国的传统文化中，"请"字一直带有尊敬和礼让的意思，在《说文解字》《尔雅》《康熙字典》等典籍中可以看出，"请"包含了请求、请教、邀约等寓意，在这里，结合社交礼仪规范，我们重点分析一下"请"字作为敬辞的含义，即带着礼貌的态度希望对方做某件事情，例如请进、请坐、请便等。

中国自古就有"礼仪之邦"之称，礼仪文明作为中国传统文化的一个重要组成部分，贯穿了整个中华文明史，几千年来，对中国社会历史发展起到广泛且深远的影响。孔子曰："不学礼，无以立。"按照礼仪典范的规定，我们会发现礼仪无处不在，即：见面之礼、入座之礼、行走之礼、饮食之礼、送别之礼、馈赠之礼等。这里的"礼"既包含精神方面，也包含礼仪行为。

见面之礼——"来"与"请进"。在与人交际时，既要态度热情，又要彬彬有礼。按照传统礼仪，拱手礼是最普通的见面礼仪。而当今社会人们相见，一般习惯用握手礼。在行礼之后，伸手相让，主人或接待人员的一句"请进"就要比单单一个"来"更让人觉得得到了尊重。

入座之礼——"坐"与"请坐"。社会礼仪中的座次有主次尊卑之分，尊者或者长辈坐上位，卑者或者晚辈末坐相陪。无论何种身份的客人光临时，主人或接待人员的一句"请坐"就要比"坐"更让人舒服。如果是"请上座"，则更显尊重、恭迎之意。

行走之礼——"走这边"与"这边请"。行走过程中的礼仪，即走路的先后次序同样重要，在社交礼仪中，要注意遵循"行不中道，立不中门"的原则，即走路不可走在路中间，应该靠边行走；站立不要站在门中间，要给别人让路。让路时，"这边请"就要比"走这边"效果更好。

饮食之礼——"吃吧"与"请慢用"。饮食礼仪在任何时期都占有极重要的位置。在用餐的时候，我们会发现服务人员的"请慢用"会让人觉得礼仪和美食相得益彰，如果只是"吃吧"，那就只局限于亲属或者私下比较轻松的场合使用，用在正式的社交场合，就会让人觉得受到了轻慢。

送别之礼——"走吧"与"请慢走"。中国一直是一个人情社会，人们相互关怀、相互体恤，在相聚后的道别时也有很多仪礼、俗规。应当请客人、长辈先上车或者先行离开，与此同时，送别时道一句"请慢走"会比"走吧"更加亲切，也更让对方觉得舒适。

馈赠之礼——"给你的"与"请笑纳"。在社交过程中，无论是亲朋好友之间，还是国与国之间的互相馈赠，礼尚往来是必不可少的重要环节之一。如果我们在给某人礼物的时候，对对方说这是"给你的"，会显得比较随意。如果换成"请笑纳"，那么对方会觉得馈赠者的态度与礼物同样令人满意。

通过以上的例子我们可以发现，中国的礼仪传统是谦恭待人、自卑尊人。在与人交往时，一个"请"字表达了自己放低姿态去尊敬他人，同时也赢得了对方的尊重。

二、指令性语言的优化

语言的优化需要提前思考两个问题，一是优化的目的是什么，二是优化的过程中可以用什么样的语言来替换指令性语言。

我们先来看两个例子：在某个活动现场，与会人员要参加合影，由于人数较多，场面一度嘈杂混乱，组织者和工作人员也是茫然无措，只能高喊："每个人都站到自己的位置上去。"越是这样，场面越加混乱。此时，某个有经验的接待人员组织起了引导和协调工作，说道："请大家先看一下自己手中活动手册上的站位图，按照次序找到自己的位置。"场面顿时井然有序，活动顺利进行。在某个表彰活动现场，受表彰人员要上台领取奖状，工作人员对受表彰人员说道："由指定的第一个上台人员带领，领奖后转身按照指定位置站好，准备拍照，不要乱动。"试想，如果把语言调整为："由指定的第一位同志开始，大家依次上台，领奖后转身站定，为保证大家的拍照效果，请大家在指定位置，保持站姿稳定。"这里就有一个显而易见的差别，就是同样要求对方做某件事情，是发出强硬指令性的语言要求，还是将其优化，变成相对温和的请求性话语，哪种方式更加快捷有效显而易见。在排除突发紧急事件的情况下，将指令性语言优化为相对温和的请求性话语，会让受众更加容易接受，心理上更有认同感，而不会觉得是在听从说话人的命令和硬性要求。

指令性语言还有一个需要注意的方面，就是意图一定要明确，不能模棱两可。比如，在社交活动中，邀请某人出席某个场合的活动，如果只和对方说："请你明天晚上到××处，参加一个宴请活动。"这样的结果就是让对方无所适从，不清楚应该什么时间到，到了之后做什么，有什么需要提前准备的。在这里，就要注意指令性语言的进一步优化。如果和对方说："请您明天晚上18:00时到××处，参加一个宴请活动，届时请着正装，会有工作人员引导您就座，没有致辞的环节，您的老朋友××也应邀参加活动。"这个优化需要掌握大量的优化技巧和知识，需要不断积累。

善用"请"字恭敬待人，将指令性语言优化为相对温和的请求性话语，看似微不足道的小事，却能为我们赢得良好的人际关系，帮助我们走向成功，为我们带来和谐美好的生活。

第三节　回避不当的话题

一、什么是不当话题

经常有人说，在社交活动中，尤其是和不熟悉的人谈话时，最困难的就是不知道应讲什么话题。这样看来，话题的选择决定了交往当中人际关系的密切程度，有的人感觉"一见如故""相谈甚欢"，而有的人觉得"话不投机""再言无益"。前者是双方找到了共同的话题，后者则一定是有某一方或者双方的交流引起了对方的反感，触碰到了对方认为的"不当话题"。

关于不当话题的区分，应该有以下几个维度：一是对方不感兴趣的；二是对方觉得话题中的立场和论点与其本人的世界观、价值观、人生观不符合的；三是对方有意规避不愿意提及的，以及引起对方不适的。

关于交谈中兴趣点的寻找，关于话题，最普遍的误解是：要谈及的应该是令人觉得新奇和兴奋的，要么惊心动魄，要么怪诞不经。这样的话题会引起一定的关注，但是一定要注意听众的感受和身份，特别引人瞩目的大新闻，在信息爆炸的当今，可能对方知道得比你更快、更全面。有的人愿意和人谈论高深的前沿理论，讲起来滔滔不绝，完全不在意对方能不能听得懂、能不能理解，或者是否有着不同的观点和看法。有的人经常自吹自擂，说一些夸大其词但是毫无意义的空谈，这样会让对方觉得与此人交谈完全是浪费时间和精力。

关于话题中的立场和论点，有的人喜欢用一些自认为超凡脱俗或者博人眼球的新奇立场去阐释自己对某些问题的看法，这就需要顾及交谈对象的感受。比如：某人一再阐述自己已经看淡名利，在生活中应该追求及时享乐，同时，觉得奋斗拼搏的人都是为俗世所累。试想，如果听众是一名生活和事业目标远大、心态积极的人，必定会觉得这个人的话题完全无法接受。此时，如果双方就此观点进行辩论，那势必会引发争端，如果听众不予理睬，那么也是一次失败的交谈。要觉察到哪些问题是因为对方还没认识到全部的真相而不赞同，哪些问题是这件事本身就违反了对方的原则而不可调解。

关于在交谈中顾及对方情绪和感受。一次愉快的交谈，必定是双方在谈话内容、交谈方式、交谈感受以及肢体语言上的高度契合。要注意交谈中对方表现出来的情绪，如果对方或明确或委婉地提出，不愿意就某个方面的话题继续深入交流，那么就应该及时转移话题。交谈不一定是思想的碰撞，可以尝试在日常生活中选择话题，可以以体育、美食、风俗，或者最近流行的影视作品、文学读物等作为切入点。

另外，在交谈中要注意话题尺度的选择，有的人喜欢讲述一些怪诞的话题，或者说一些低俗的段子或者笑话，这往往容易引起对方的不适，势必造成谈话氛围的尴尬。一般来说，人际交往中，只要是触碰到了交谈对象不愿意谈及的话题、不感兴趣的话题，那就意味着你成了此次交谈的话题终结者。

二、容易引起对方敏感的字词

谈话本来是一件再平常不过的事情，但是要想完成一次顺畅并且能够给对方留下深刻印象的交谈，交谈语言的选择就成为一门社交艺术。在社交的历史演进过程中，有很多成功运用谈话艺术的经典案例，也有很多不欢而散甚至引起矛盾纷争的例子，深究其原因，就是某一方在社交中故意或者无意使用了引起对方敏感的字词。

我们来看一个例子。

春秋末期，齐国大夫晏子出使楚国，楚王先后三次侮辱晏子，想显示楚国的威风。楚王针对晏子身材矮小，在大门的旁边开一个五尺高的小洞请晏子进去。晏子回击道："出使到狗国的人从狗洞进去。"楚王又讽刺道："齐国没有人吗？竟然派您做使臣。"晏子回击道："齐国派遣使臣，各有各的出使对象，我是最无能的人，所以就只好委屈下出使楚国了。"楚王又安排将犯了罪的齐国人当面押送并讥讽："齐国人本来就善于偷窃吗？"晏子则用"橘生淮南则为橘，生于淮北则为枳"进行回击。

作为使臣，晏子带着诸侯国间交流的使命出使楚国，楚王三次用敏感的字词意图讥讽羞辱晏子，这就是将社交（外交）的氛围完全破坏了，最终也只能在晏子的巧妙回击下自取其辱。

社交活动中，对于容易引起对方敏感的词语一定要尽量避免使用，如果不小心说出来，那么一定要在第一时间向对方诚恳致歉。首先，不能拿对方的生理缺陷开玩笑。平时经常会看到，有的人把别人的身高、长相、语言缺陷等作为取笑的素材。其次，不要用讽刺对方或者对方的亲属的方式来打开话题或者哗众取宠。再次，不要将对方的爱好或者职业作为取笑和批评的对象，因为很多时候，你觉得可笑或者看不起的职业，正是对方赖以谋生的手段。最后，不要在背后议论别人的缺点，如果对某人缺点的评价传到其本人那里，那么一定会影响你和对方的关系，即便你是好意，对方也未必会领情，甚至还可能误解你的好意。长此以往，在社交活动当中，也将影响到自己的口碑。

如果想要给对方提出意见或者建议，那么就要注意措辞的艺术，比如："我有几句话，不知当讲不当讲。"这就把倾听与否的主动权交予对方，哪怕是批评的意见，对方也会提升容忍度。要注意场合，不要在大庭广众之下肆意批评其他人，否则你的一言一行都会引起对方的敏感甚至反感。

第四节 文明用语与心理暗示

有声语言是我们日常生活中一种约定俗成的符号系统，我们所有人借助语言可以进行信息的沟通分享，因此，语言是人际沟通最有效、最便捷的工具。正因为语言具有直接性，所以在社交会面时就要特别注意语言的表达方式，否则会给人际关系带来负面的影响。

一、文明用语的积极心理暗示

文明用语，是现代文明社会的重要标志。中国有句俗话"良言一句三冬暖，恶语伤人六月寒"，说的就是在语言的表述中由于用词和表达方式的不同，会让交往对象的心理产生截然不同的变化。简单来讲，就是当我们在进行人际交往时，应当注意语言的具体表达方式，要通过自己的语言为他人带来良好的体验和愉快的情绪，从而促进积极的人际关系，让生活更幸福。

心理学研究表明，在社交过程中，如果能从以下三个方面改进自己的语言，就更容易给他人带来积极的心理体验。

1. 注意语气

在我们的日常生活中可能大家都有过这样的体会：当有人遇到不愉快的事情，或者心里不痛快的时候，他讲话的语气通常会是生硬、冰冷的，给他人带来的体验也会是不愉快的，整个交流可能就是一个负面情绪的传递和宣泄过程。

苏梅梅是一家企业的主管，事业上的成功让她把这份优越感带到了生活中。一天，她在楼下散步时遇到了一个遛狗的邻居，恰巧狗狗走到苏梅梅身边时叫了几声，邻居赶紧拉走狗狗并给苏梅梅道歉，可是苏梅梅却说："你家的狗叫得太吓人了，以后散步时间别在小区遛狗了。"说完径直离开。后来邻居们都不太愿意和苏梅梅打交道，认为她说话语气太冲，不懂得尊重别人。

正确的做法应该是：说话之前，先控制好自己的情绪。情绪会影响气息，气息又会影响讲话的语气，这是一个连贯的过程。当然气息也能帮助我们调整情绪，比如在紧张、激动的时候我们会选择深吸气的方式来进行缓解。所以，学会适当的情绪调节，会让自己的语气变得柔和，语气柔和了自然别人就能感受到你的友好和真诚。

2. 注意语调

在人际沟通过程中，我们常用的语调通常有四种：平调、升调、降调、曲调。以叙述为主，不掺杂个人情感的语言通常会使用平调，表达积极向上的某件事情的时候会使用升调，难过伤心时会使用降调，讽刺或夸张表达时则会使用曲调。

大部分的时间里我们的语调应该是升调，表达出我们对别人的友好和热情。但是在选择哪种具体语调时还需要根据交往对象的实际情况而定。假如你的朋友由于失恋了所以心情不太好，这时你用升调去跟他说话，会让对方误认为你在幸灾乐祸。反之，对方与你分享一件开心的事情时，我们回应的语调也应是升调，显示出对对方的重视，以及一起分享快乐情绪的同理心。

3. 注意语速

生活中讲话比较快的话，别人可能会听不清，从而产生不耐烦的感觉；讲话慢又容易给人留下漫不经心的印象。在实际的社交过程中，我们的语速应该是刚刚好的，即给别人的体验是不快也不慢，既能听得清楚也不会感到压抑。一项研究表明，在社交的过程中，我们一分钟讲260个字左右是比较合适的。另外在面对实际交往对象时，还要注意适时地调整语速，比如面对老年人时可以适当减慢语速，让对方听得更清楚。总之，应该灵活把握语速，让交往对象感受到被尊重。

二、文明用语用心说

在人际交往过程中，恰到好处地使用文明用语，可以表现出亲切、友好与善意。美国的本·琼森说过这样一句话："语言最能暴露一个人，只要你说话，我就能了解你。"语言往往反映出我们的综合素质和真实内心，如果不是发自内心的语言，即便说得再好听也没有任何的价值。

1. 十一字文明用语

所谓的文明用语，指的是使用时既能体现表达者的良好文化素养，又能让交往对象产生愉悦、温和、被尊重之感的那些语言。我们在社交沟通时，要注意使用文明用语。

在我们的生活中，比较常用的文明用语有这十一个字：您、请、您好、谢谢、再见、对不起。为什么说这是常用的呢？因为在生活和工作中，需要麻烦他人的时候，就应当"请"字打头；他人帮助我们的时候，即使这些帮助微不足道，也要说声"谢谢"。当我们打扰到别人时，就要说声"对不起"。同学之间、邻里之间、朋友之间见面都应该相互问候，"您好"两个字用得最多。

李玲就职于一家国营单位，她虽然是合同工人，但是单位的同事们都对她评价颇高。一方面是因为她的能力出众，另一方面则是因为她在与人打交道的时候特别擅长使用文明用语，经常把"您""请""谢谢"等字眼挂在嘴边，让交往对象从心底里觉得受到了尊重，这就是语言的魅力。

2. 发自内心才能打动他人

"真诚"一词相信大家都很熟悉，它指的是真心实意、坦诚相待，从心底感动他人而最终获得他人的信任。在我们的人际交往中，真诚尤为重要。有人说："真诚的眼睛是清澈的，真诚的声音是甜美的，真诚的态度是和缓的，真诚的行为是从容的，真诚的举止是优雅的。"美国科学家富兰克林也曾过说："人与人之间的相互关系中，对人生的幸福最重要的莫过于真实、诚意和廉洁。"所以真诚是内心的自然流露，不是靠技巧所能获得的，这也是语言的魅力。

在人际交往中，我们应该学会正确运用文明用语，这样才能提高个人的综合素养，也能增进友谊并收获良好的人际关系。

第五节　言语的组织技巧

每一个民族都有自己独特的文化，这些文化的传承、发扬最好的媒介就是语言。我们可以设想一下，如果人类社会没有语言，人类便不可能有什么思想交流、信息传递，人类社会的活动便将会中止。

一、掌握好汉语的停顿与重音

汉语是中华民族的优秀文化，从雅言、通语、官话、国语到普通话，几千年来汉语的发展见证了中华民族的历史,也见证了伟大祖国的发展。

我们举个简单的例子来说明停顿的意义,比如:"我赞成他也赞成你怎么样?"第一种表示中立态度的时候可以这样停顿:"我赞成他,也赞成你,怎么样?"第二种体现明确的表态:"我赞成,他也赞成,你怎么样?"我们在社交中根据不同情景选择不同的停顿就可以表达出不同的语言目的。

除此以外,在我们的语言表达中还可以通过强调不同字的重音来表达不同的思想和感情,比如"她说她难受"这个句子,如果把重音放在"难受"上,强调的是此时的感受是不好的,但是如果把重音放在"她"上,强调的就是人物,这就是语言的表现力。

二、换一个说法便不同

美国成功学大师卡耐基说:"当今社会,一个人的成功,仅有15%取决于技术知识,而其余85%则取决于人际关系及有效说话等软本领。"所以我们的说话能力会影响到人际关系甚至是事业的发展,但是只要懂得了其中的奥妙,成长为社交达人就是一件非常简单的事情。

在我们的社交过程中,表达方式很重要,很多时候不在于说了什么,而在于怎么样去说。言语的组织能力在沟通中起着非常重要的作用。选择不同的说法,收到的效果可能大不一样。有人曾经说过我们人类的语言是一把"双刃剑",有的时候它是杀人的武器,也有的时候它是救人的工具,可见语言要靠我们自己去分辨、思考、组织,才能真正帮助我们获得预期的效果。

有一位老师想考考学生的语言表达能力,于是就给他们出了一道题:"如果你发现有人正打算去创业,请选择一句话鼓励对方,你会对他说什么?"学生甲说:"希望你不要失败,加油。"学生乙说:"祝你成功。"这两种说法哪一种更好呢?答案显然是后者。由此说明了我们在与他人交流的时候,一定要注意表达的方式,虽然都是表达同一个意思,但表达的方式不同效果也完全不一样。所以在社交时,要注意说话的方式。

三、站在他人角度说话

为什么要站在他人的角度说话呢?就是因为大家都有自己的思维习惯和看待问题的方式,并且总是会站在自己的角度去思考问题,我们常常会忽略人际交往过程中角度对结果带来的影响。6和9，站在不同的角度，看到的就是不同的结果。站到对面去看，就会理解对方，说出来的话也就更能让对方舒心，很多矛盾可能就此化解。

站在他人的角度看问题，是社交沟通中非常重要的一个技巧，从心理学上来讲，站在对方的角度考虑问题，传递的是对对方的尊重与体谅，彼此间更容易相互理解并产生好感，进而获得良好的人际关系。

李林正在上高中，由于母亲生病，她到医院去照顾母亲，耽搁了做作业。周一当老师检查作业时，她还没有来得及跟老师说明情况，就听到老师的责备声："李林你周末玩得太开心，连作业也忘记做了吗？马上就要高考了还不着急啊？"听到老师的责备，李林心里很委屈，就直接回答老师说："难道我考不上大学就没有出息了吗？"老师听到李林这样回答也很生气，结果搞得两人都不开心。

在这个案例中，老师本来是出于好心去检查学生的作业，但是由于没有考虑学生的处境和感受，所以产生了相反的效果。试想，如果老师一开始不是带着质问的语气讲话，而是站在学生的角度去思考并组织语言，学生会从心里去感谢老师的关心。比如："李林你的作业没有完成是不是遇到其他事情了啊？"站在学生的角度去看待问题，就容易让学生在心理上产生认同，拉近彼此之间的距离，接下来的谈话也会变得更加顺畅和和谐。

在人际交往中，人与人的和睦相处，掌握好停顿与重音，以及站在他人的角度说话，这样才能把握言语的组织技巧，让言语在人际交往当中展现魅力。

第六节　艺术地拒绝他人

在社交场合中，会不可避免地遇到他人正在寻求帮助的情况，此时，如果对方的要求是合情合理的，又是在我们的能力范围之内，自然是可以接受并帮助对方。但是，当对方的请求超出我们的能力范围时，则不可避免地要拒绝对方。学会艺术地拒绝他人，做到既不伤害到他人，又能让对方理解接受，是我们每一个人必须要学会的重要社交技巧。

一、被拒绝后的挫败感

在人际交往中，对于被拒绝一方来讲，心理会受到非常大的压力。原本是抱着非常大的期望提意见或寻求帮助，却被拒绝，这种拒绝会使心理产生落差，以至于情绪受到影响，甚至产生怨恨的心理。

肖华和明丽是大学同学，两人住在同一个小区。一天，肖华有事要出去一趟，家里3岁的孩子没有人看护，实在是找不到人了，于是着急的肖华就打电话给明丽，希望她能来家里帮忙照看一下，明丽回答说："我自己的事情都忙不过来，哪有时间帮你看护小孩，我还要去医院检查呢，你去找别人吧。"肖华挂断电话，心里特别难受，心想，你帮不了忙也不至于说话那么难听吧，于是从那以后再也不和明丽来往。

从这个案例当中我们可以清晰地看到，虽然明丽有拒绝的权利，但是由于拒绝的方式方法欠妥，导致肖华的心理受挫，感情上接受不了，以至于影响到两人的友谊。所以，要运用正确的拒绝技巧，才能得到皆大欢喜的结果。

二、讲究拒绝他人的技巧

我们拒绝别人，并不代表我们冷酷无情、没有人情味。没有选对正确的拒绝方法，才会给对方造成这样的感受。拒绝他人时，我们需要掌握以下三个技巧：

1. 说明拒绝的原因

在拒绝他人之前，一定要真诚地向对方说明原因，表明自己不是不愿意，而是真的无能为力。要用自己的真诚取得对方的理解。

比如，我们刚刚讲的那个明丽拒绝肖华的案例，如果明丽能在第一时间向肖华说明：自己由于家里人生病住院要去医院照顾，所以没有办法帮忙看护小孩，肖华也是能够理解和接受的，最后也不会导致两人产生隔阂，影响友谊。

当然，在说明原因的时候，应当尽可能地使用委婉温和的语言，让对方在感情上和心理上更易于接受。千万不能使用简单直接的句子，让对方觉得是故意在找借口。

2. 肯定之后再拒绝

卡耐基说道：给一个人吃一颗药之前，要先给他吃一颗糖，以降低对方对苦的感觉。

其实，这就是一种人际交往的艺术。就像我们拒绝他人之前，应当先对对方的请求表示认同和理解，从感情上产生共鸣，之后再说自己的难处。这样的拒绝，因为情绪和心理上有了缓冲的过程，对方更易于接受。

王丽丽的车周三限行，以往限行的时间她都是坐公交车和地铁去上班。由于临时有朋友要来，需要她去接机，叫车也不好叫，于是她着急地打电话向她的朋友李艳借车。

李艳听完王丽丽的请求后没有一口拒绝，她说道："丽丽，我现在特别能理解你的心情，叫不到车，朋友又在机场等候了，我也有过你这样的遭遇，从我内心来讲我希望能帮到你，可是不凑巧的是我的车今天也正好限行，你先别着急，要不这样，我帮你问问我身边的朋友，看看他们的车是否可以用，你看可以吗？"

王丽丽听到李艳这样说，连忙说："哎，谢谢你，你看我又给你添麻烦了，你要是没有就算了，我再问问其他朋友，谢谢啊。"

这种拒绝正是使用了先理解后拒绝的方法，所以即便是帮不了任何的忙，对方的情绪或许会受到一点影响，但是从心底里她是认同和接受的。

3. 给出替代方案

拒绝的策略，除了我们讲到的以上两点，还有非常重要的一点就是：拒绝别人之后，如果可能，要给对方提供其他解决问题的方法。这样做会让对方意识到：尽管我们因为某些原因而无能为力，但我们是真心想帮助他。这是一种说话的艺术，也是一种处理人际关系的智慧。

在上面的案例中，李艳的处理方式已经充分说明了这种方法的效果。李艳在拒绝王丽丽之后，主动地为王丽丽寻求解决问题的方法，看似好像没有帮到她，但是从王丽丽这个角度来讲，会感到对方已经在想办法帮助自己了，所以也就不会郁闷了。

社交中的拒绝虽然是客观存在的，但我们可以让它远离"自私"和"冷血"。当掌握了拒绝的科学方法后，我们的人际关系将更加和谐。

第七节 夸赞的三个技巧

在社会交往中，获得较好的人际关系，我们可以从夸赞开始。夸赞的语言不仅能让人心情愉悦、备受鼓舞，还能让他人对夸赞者产生亲切感，相互的社交氛围也会变得和谐和友善。

一、夸赞是最有力量的言语

每个人都有许多优点，只是在人际交往过程中，往往缺少一双发现美的眼睛。在生活中多数人都喜欢被人夸赞，并享受被人夸赞时所带来的满足感和自豪感。

我们在夸赞他人时，就是在向交往对象表达我们的真诚和友善，而当他人接受友好信息之后，同样会向我们回馈友好。

心理学研究证明：在人际交往中，只有心理上感觉到友好，才会接受一个人。所以，想要获得较好的人际关系，一个非常有效的方法就是给予交往对象真诚的夸赞。

有一次，林娜参加一个相亲活动，邻座的女孩在做完自我介绍后，对林娜说："我今天有点紧张，讲得不好。"说完就垂头丧气地坐在那里，林娜把头转向这个女孩说："没有关系的，紧张是每个人的本能反应，如果是我可能比你还紧张呢，你在讲话的时候声音特别洪亮，内容也特别有逻辑性，比前面的那些人要好呢。"听完林娜的话，这个女孩心情一下子舒畅了，自这件事情后她们成了无话不说的好朋友。

林娜通过夸赞，使一个陌生人受到了鼓舞，并让自己获得了良好的人际关系，赢得了一位朋友，这就是夸赞的力量。

二、夸赞的三个技巧

夸赞是有助于社会交往的。但是在面对交往对象时，仅仅给出夸赞的话语是不够的。在社交中，我们有过这样的经历，在夸赞对方时，对方却不为所动，甚至流露出反感的表情。当我们在夸赞他人时，若内容肤浅或夸大其词，会使他人觉得是在故意奉承。所以，不能为了夸赞而夸赞，如果这样做就远离了夸赞的初衷。

在社交中掌握夸赞的技巧，能让我们的夸赞取得更好的效果。夸赞有以下三个常用的技巧：

1. 真诚地夸赞

真诚指的是真心实意，坦诚相待。

比如：若无论是谁，无论对方的发型、衣服、鞋子是什么样子，都会泛泛地夸赞一番，很显然这是漫不经心的敷衍。

有这样一个故事：

有两个人被任命去做官，在离京赴任之前去看望主考老师，老师对他们说："如今世上的人都不走正道，逢人便给人戴高帽子，这种风气很不好。"其中的一个学生说："老师说得是，不过现在像老师您这样正直，不喜欢戴高帽子的人已经不多了。"主考老师听后很高兴。

所以，夸赞对方时应该是不落俗套，这样做才能使对方感受到我们的真诚。

2. 实事求是地夸赞

在夸赞他人的时候，除了要真诚外，还应该实事求是，杜绝凭空捏造吹捧、夸大事实。

从前有一个国王只有一只眼睛，还是个瘸子。有一天，国王想找画师来给自己画像，可是找了好几位画出的画他都不满意。他们有的画得很真实，眼睛和腿的缺陷展露得淋漓尽致，国王认为把自己画丑了所以很不满意。还有的画家把国王画得特别的英明神武，但是国王又觉得不真实。直到有一天一个画家主动请缨来给国王画像，他画的是国王侧身拉弓的情景，正好把国王的缺陷隐藏了起来，于是，国王特别高兴。

从这个故事我们可以了解到，赞美别人的时候一定要实事求是，不能编造，实事求是的夸赞是人们喜欢的夸赞方式。

3.夸赞其独特之处

每个人都是一道风景,每个人身上的优点也都不一样,在夸赞的时候我们如果能发现他人的独特之处,便会收获最大的效果。

比如:面对一位长相漂亮的女士,如果夸她长得漂亮、美丽,并不能让她感动,反而会让对方觉得肤浅俗气。因为长得漂亮是所有人都知道的,听多了就没有新鲜感了。若是能换个角度,比如:夸赞她性格开朗、做事情认真、具有创新精神等,她一定会满心欢喜。所以,筛选具有针对性的优点进行夸赞,对方会欣然接受,继而也就拉近了彼此之间的距离。

在社交的过程中,我们需要用真诚的心,实事求是、具有个性地夸赞对方,让对方感受到来自我们的温暖与喜悦。

第十三章　涉外礼仪

社交的核心是人，这个人不仅指自己，更指他人。德国哲学家莱布尼茨说："世界上没有完全相同的树叶。"其实，更没有完全相同的两个人。不同的人聚成了不同的民族、国家，创造了不同的绚烂多彩的文明。当今的世界已经融为一体，世界的联系也越来越紧密，我们所谈的社交如果只是小范围的社交，就显得和发展趋势格格不入，当然更不符合人们交往范围日益扩大的需求。因此，怎样才能融入这个缤纷多彩的世界值得我们思考，因为走出中国、走向世界才是更大的社交。

第一节　"地球村"里的交往原则

从第一次工业革命开始，全球的科技和经济都进入了快速发展时期，虽然世界各国人民之间的物理距离没有发生变化，但是相互交流联系却越来越便捷，尤其是互联网的普及应用更是将全球缩小成了"地球村"。全球距离的缩小带来了很多挑战，人与人交往的挑战就是其中之一。在交往中，不同文化间的碰撞形成了丰富多彩的新世界，那我们如何对待他人的习俗，如何处理相互之间礼仪规则上的差异就成为交往中的头等大事。虽然在看法和处理方式上大家各有其法，但是国际也有一些通行的原则可供我们参考。

1. 对等平衡

在涉外交往中，交往双方是很看重对等平衡的，例如：国与国相互交往时采用相同的接待规格。我们生活中常说"你敬我一尺，我还你一丈"，表达的意思和对等是一致的，对等具体可以表现在交往时的态度和行为上。例如相互表示尊重，交往时都很重视自身的仪容仪表，对方赠送礼品后给予回赠都是对等的体现。对于平衡，能够做到对等本身就是一种平衡，但是平衡还有另一层含义，即与多人交往时通过行为的表现，让交往对象在心理上感到你对待大家是一视同仁的，没有厚此薄彼的感觉。涉外交往不同于普通交往，双方除了代表个人还代表自己的民族或国家，因此交往时会有更强的荣誉感和尊严感，而维护双方的荣誉和尊严，最好的方法就是做到对等平衡，这也是涉外交往的基础。

2. 相互尊重

尊重是礼仪交往中的核心原则，在涉外交往中也是如此。有人认为尊重他人只需要做到热情接待、友好友善即可，其实不然，大到尊重对方的国家、文化、信仰，小到尊重对方的爱好、习惯，都需要我们用心对待。此外，我们也不能照顾了对方的文化就忽略了本国的文化，照顾了对方的信仰而忽略了自己的信仰。我们需要自尊自爱，只有自我尊重才能获得他人更多的尊重。

3. 不卑不亢

"卑"和"亢"都是与外国人士交往时忌出现的情况。"卑"常常来源于：认为他人国家的经济文化等方面比我们好，也可能是盲目地认为国外的一切都比我们好，继而产生"卑"的心理。"亢"的来源可能是我们存在优越的地方，比如我们的物质生活水平，我们的科技文化事业发展等都具有明显的优越之处，也可能由于历史原因或其他原因造成了盲目的傲慢。在交往时太过热情就会显得"卑"，太过冷漠严肃就会显得"亢"。虽然中国的传统文化提倡自谦，但是太谦虚就会显得"卑"，太傲慢就会显得"亢"。如何才能不卑不亢，需要我们把握好度。

4. 内外有别

由于文化背景不同，因此在和外国人士交往时，应该注意内外有别。一是交谈上的内外有别，在交谈话题的确定、交谈方式的选择等方面都需要加以注意。在谈话内容上普遍适合的有天气、体育、音乐、美食、旅游等话题，不适合的话题例如年龄、身体健康、收入、家长里短等涉及隐私的话题，涉及宗教信仰、政治等内容的话题也需要慎重。在表达方式上，我们习惯于婉转、谦虚，而国外人士则更习惯于直接、真实。二是礼仪形式上的内外有别，例如在见面礼仪、餐饮礼仪、仪式礼仪等方面就存在很多差别，在涉及这些方面交往的时候应该注意差别，尽量遵从国际惯例。

5. 女士优先

女士优先被誉为国际第一礼规，社交礼仪中的这一规则体现在交往中男士不分国别、不分民族、不分年龄地对妇女尊重、保护、照顾、关心的态度与行为。

例如，握手时应请女士先伸手，介绍时女士应优先获知对方的信息，向多人称呼时顺序通常为"女士们，先生们"或"凯琳女士，约翰先生"，与女士通行时应将较为安全的位置让给女士，宴会、音乐会等男士应主动照顾女士入座等情况，都是基于女士优先这一规则的考虑。

6. 求同存异

不同国家的人有不同的礼仪规则和生活习俗，但是随着世界交往日益密切，也逐渐形成了一些世界通行的礼仪规则。面对文化礼仪的差异，即使我们做不到认同，也要予以了解和尊重，在交往时遵从国际惯例，求同存异，以达到顺畅交流的目的。

7. 入乡随俗

俗话说：入国问禁，入乡随俗。这是我们一直以来的交往之道，也是涉外规则中重要的内容。一个人，一个民族，或者一个国家的习俗是在长期的发展中形成的，除了形式外，习俗背后其实是一种文化的体现，更是人们心理上的依赖。我们研究涉外交往礼仪的目的之一就是为了提高交往的质量，如果双方都能从心理上相互接受对方，无疑会为顺利交往奠定坚实的基础，想要做到这一点，入乡随俗就是很好的途径。入乡随俗有两个层面，一是对他人的习俗表示理解尊重而不是大惊小怪甚至指责纠正；二是能够融入并使用这些习俗，即使做得不是完全到位，对方也会理解甚至感激。

8. 信守约定

信誉是一个人的生命，做出的承诺或是双方商定的事情一定要坚决履行。涉外交往中，由于文化、语言等差别，交往中会或多或少存在一些障碍，而信任则是顺利交往的基础，信守约定又是信任的基础，小到准时赴约，大到合同的履行都需要我们遵守承诺、信守约定。正因如此，承诺一定要慎重，不可脱离实际、信口开河，做不到的事情绝不承诺。如果确因特殊原因造成食言，要及时致歉并积极挽回。

9. 尊重隐私

隐私即交往中对方不希望他人看到、听到、了解到的事情。由此可以看出，究竟什么是隐私。可能不同国家的人对隐私的看法会存在差别。因此，涉外交往中不要用自己的文化视角去强制交往，例如我们生活中习惯于给建议"多喝热水""多穿衣服"等，外国人可能难以理解和接受。另外，被大部分外国人士列为隐私问题的话题不要涉及，如收入问题、年龄问题、情感婚姻、身体健康、过往经历、家庭信息、宗教政治等。

10. 以右为尊

以右为尊是国际通行的位次原则，不仅在正式交往中要遵守这一惯例，在日常交往时凡是涉及主次排序的场合也遵守以右为尊的原则。例如双方并行时，应让外宾走在主人右侧；就餐时，主人右手的位置是尊位；当宴席上有两张以上餐桌时，面门的右侧餐桌为主桌。这些具体的做法都是以右为尊原则的体现。

第二节　求同存异手拉手

《孟子·滕文公上》中说道："物之不齐，物之情也。"意思是事物具有多样性，千差万别是事物存在的客观规律。在涉外交往中，礼仪的差异主要来源于文化的不同。我们要认识到，整个世界正是因为不同文化的交流互鉴才变得更加丰富多彩。因此，我们在交往时不能唯我独尊，求同存异是更智慧的解决办法。求同存异首先是行为层面的，但是如果我们能深入了解行为背后的文化及思想，那么求同存异就更能得到他人的认可。影响人的行为方式的因素，有宗教信仰、价值观、思维方式以及社会关系四方面，我们一起来比较一下。

一、宗教信仰差异

西方国家信奉宗教的人数比例很高，其中以信奉基督教者居多，有的国家将基督教定为国教，其宗教地位可见一斑。而在中国，自古以来，受佛教、道教文化的影响更深。

我们说礼仪是人们共同遵照的行为准则及行为方式，既然东西方的行为准则都或多或少地受到了宗教信仰的影响，那么宗教信仰的差异也就成了东西方礼仪文化不同点的来源。

二、价值观差异

价值观能够影响人的行为是毋庸置疑的。东西方礼仪的差异，也源于价值观的不同。东方传统文化中"和"的思想在人们的意识中占主导地位，例如我们常说的以和为贵，人与自然和谐共生就是"和"文化中的内容。"和"的前提是以团体为基础，为了达到"和"的目的，逐渐集体的重要性也进入到东方价值观中，范仲淹的"先天下之忧而忧，后天下之乐而乐"也体现了这一观点，强调要将民众的、民族的、国家的利益放在首位。即使是个人做事情也要先人后己，克己复礼，以仁义为先。重义轻利也体现出东方价值观更追求精神层面的满足，"舍小家为大家""为中华崛起而读书""光耀门庭"等都是这一价值观的体现。而在西方的思想里面，人们往往追求更多的是自由与个人，在交往中以实现个人利益、维护个人尊严为基点，十分崇尚思想与行为的个性化。

在以上核心价值观的影响下，东方人强调谦虚内敛、做事谨慎，即使是自己擅长的内容也不会主动展示，做事情之前会慎重考虑、周密安排，面对他人的夸赞往往还会谦虚否定。西方人主张个性张扬、自信激进，面对他人的夸赞与馈赠往往会高兴地表示感谢，会将礼物当面打开并表示喜欢，在做事情方面具有冒险精神与创新精神。

三、思维方式的差异

在各自文化与价值观的影响下，东西方都形成了各自风格的思维方式，指导着日常行为，也影响着礼仪规则。季羡林先生也曾说过东方综合，西方分析。所谓"分析"，是把事物的整体分解为许多部分，越分越细。这有其优点：比较深入地观察了事物的本质。但也有其缺点：往往只见树木，不见森林。所谓"综合"就是把事物的各个部分聚合起来，使之变成一个统一的整体，强调事物的普遍联系，既见树木，又见森林。

这样的思维对应在礼仪上面，我们可以发现西方礼仪中确实是对于具体的要求会更多，但是东方礼仪除了具体的规范以外还更加关注他人的情感，用推己及人的思维与他人进行交往。例如，我们在拒绝他人的时候会很委婉，在人际交往中会很谦虚等。

四、社会关系的差异

在社会关系中，首先是东方的等级观念相对较强，而西方则更讲究平等。这一点在称呼上体现得很直观。我们的生活中对家长、师长是不太习惯用名字来直接称呼的，老师和家长在社会关系中相对拥有较为权威的地位。而在西方，孩子直接称呼家长和老师的名字就较为常见。

家庭作为社会关系的组成在东西方都很受重视。但是西方的家庭范围却要小于东方的家庭范围，例如在西方，孩子到成人的年龄都会相对独立地生活，父母很少干涉，而祖父母或其他亲人过问就更显得不可思议；在东方强调的家庭是大家庭概念，也可以说是家族，在此观念影响下血缘关系受到更多的重视，在家族内尊老爱幼是东方礼仪中重要的内容。

经过比较发现，虽然由于宗教信仰、价值观、思维方式和社会关系方面的不同，导致礼仪文化也产生了一定差异，但是文化上和形式上的不同不应成为交往的障碍，我们应该求同存异，共同去追求美好的生活。

第三节 入乡随俗是最大的尊重

在涉外礼仪中，尊重是最核心的原则。如何做才是对他人的尊重呢？相信这是很多人都思考过的问题。我想如果对一个人表示尊重，莫过于对他表示理解、肯定与认同了。面对涉外交往中众多国家的交往对象，相互之间想要更多地理解、肯定与认同，就是要做到入乡随俗。入乡随俗既包含国际通行的交往要求，也包含各个国家的具体风俗。了解这些内容可以说是做到入乡随俗的基础。《礼记·曲礼上》中说："入境而问禁，入国而问俗，入门而问讳。"可见先民们很早就明晰入乡随俗的重要性了。因此，我们有必要对不同地区的礼仪风俗作基本的了解。

一、亚洲地区

亚洲是亚细亚洲的简称，名字意为"东方日出的地方"。现有国家48个，人口约43亿。世界三大宗教基督教、伊斯兰教、佛教都起源于亚洲，世界四大文明古国中的中国、印度、巴比伦也都在亚洲。同时亚洲还有多项世界之最。例如亚洲在世界上面积最大、人口最多、维度跨越最广，海拔最高的珠穆朗玛峰，海拔最低的死海也都在亚洲。亚洲地域广袤，人口众多，底蕴深厚，文化丰富。

正是由于多种文明起源于亚洲，因此在亚洲没有绝对一致的亚洲文化，但是各个国家与民族淳朴、谦虚、友好与爱好和平的特质却是一致的。各国礼仪的不同主要体现在见面礼仪、饮食礼仪、服饰礼仪以及其他禁忌方面。

亚洲国家大多历史悠久、底蕴深厚，因此各国都有各自的传统见面礼。但是随着世界融合度越来越深，各国在见面礼上既保留了传统见面礼也融进了现代礼仪。

在亚洲国家，目前握手礼是较为通用的，但是有些国家男士与女士交往的时候是不宜主动使用握手礼的，例如巴基斯坦、吉尔吉斯斯坦、老挝、马来西亚、缅甸、尼泊尔、沙特阿拉伯、伊朗、印度。

有些国家在使用握手礼的基础上还会同时使用本民族或本国的见面礼。例如朝鲜、韩国和日本会同时使用鞠躬礼和握手礼，一般是先鞠躬再握手。塔吉克斯坦男子在握手后会互吻对方手背，女子握手后会彼此拥抱。在以色列如果双方关系很好，则会先行拥抱礼和贴面礼，之后再行握手礼。伊朗则会握手之后互吻面颊。有些国家握手时还会有自己特殊的要求，例如韩国人握手时，尤其是与长辈握手时会在右手相握之后再用左手轻轻与之相握。当然也有一些国家不习惯使用握手礼，例如阿富汗。

此外有些国家一直沿用自己传统的见面礼。例如巴基斯坦、哈萨克斯坦、吉尔吉斯斯坦、塔吉克斯坦等国家行抚胸礼；阿富汗、印度等国会行拥抱礼；哈萨克斯坦等国家会行亲吻礼；老挝、缅甸、泰国、印度等国家会行合十礼。

前文说过亚洲是三大宗教的起源地，因此在亚洲很多国家都有较为统一的宗教信仰，并且日常行为也深受宗教教义的影响。有时有着同样宗教信仰的国家，在行事方式上也会有区别，例如同为伊斯兰教国家，见面时阿拉伯人往往会在约定的时间晚到，但是伊朗人却时间观念很强，习惯准时赴约。不过，有同样宗教信仰的国家，在饮食、服饰、问候等方面还是相同点居多。例如在信仰伊斯兰教的国家都禁食猪肉和未经阿訇诵经宰杀的牲畜。在这些国家女子极少抛头露面，不得与异性接触。选择礼品的时候不得选雕塑、玩偶、猪皮制品等物品，赠送、握手、递接物品等都不用左手。再例如蒙古和哈萨克斯坦等以畜牧业为主的国家在问候时，有问候"牲畜平安"的习惯。

此外很多国家还有一些较为特殊的礼节，例如在阿富汗和哈萨克斯坦行礼时不摘帽子。

在印度，传统的种姓制度对印度人进行了严格的等级划分，虽然现在平等观念已经被大家所认可，但是等级观念在印度的影响依旧很深。异性之间的当众亲吻属于违法行为。

二、欧洲地区

欧洲是欧罗巴洲的简称，意为"日落的地方"或"西方的土地"。现有国家45个，目前人口约7.4亿。欧洲人主要信奉基督教，也有少数信奉伊斯兰教等其他宗教。在欧洲，古希腊文明和古罗马文明孕育了现代欧洲文明，再加上历次工业革命的推动，欧洲的科学、文化、经济等都对人类历史的进步做出过伟大的贡献。

在欧洲各国，初次见面或者是社交场合，一般会行握手礼。但是关系更为亲近或是久别重逢时也会行拥抱礼、亲吻礼等。此外，还有一些较为特殊的见面礼节，例如意大利格瑟兹诺人的压帽礼。需要注意的是，很多国家的民众是不习惯当众接吻的，即使是夫妻之间也很少会这样做，例如瑞典、意大利。

欧洲各国人在交往时很注重对他人的称呼，当然也很重视他人对自己的称呼。一般情况下均可以以"先生""小姐""夫人"来进行称呼。对于有君主的国家，国王或王后尊称为"陛下"，王子、公主、亲王尊称为"殿下"，对于有爵位的贵族或高级官员，既可以以爵位相称，也可以尊称"阁下"。特别的是德国一般不称呼阁下。

英国大文豪莎士比亚曾说过："一个人的穿着打扮，就是其自身修养的最好说明。"在着装方面，欧洲人是十分讲究的。他们日常社交喜欢穿质地天然、色泽柔和、款式庄重、做工精美的服装。而正式场合以礼服或西装三件套以及套裙为主。但是不同的国家也有各自的特点。例如比利时人不喜欢藏蓝色和墨绿色；穿鞋时先穿左脚的鞋，再穿右脚的鞋。在波兰，帽子被视为定情信物，姑娘若送帽子给小伙子，便意味着向他表示自己的爱慕之意。在俄罗斯，已婚妇女戴头巾，未婚姑娘戴帽子。时尚之都法国，十分强调搭配，妇女参加社交活动时，一定要化妆并且佩戴首饰，使用香水也被视为个人基本素养的表现形式。

受宗教影响，欧洲人普遍不喜欢13，忌讳星期五。如果是星期五与13号重合为一天，他们则会更加忌讳。

三、美洲地区

美洲是亚美利加洲的简称，现有国家35个，人口约10亿，以巴拿马运河为界分为北美和南美两部分。域内有世界上最大的高原巴西高原，亚马逊河流域和亚马逊平原也都闻名世界。美洲人主要信奉基督教和天主教。

美洲各国通行的见面礼节有握手礼、拥抱礼和亲吻礼等。但是对应到不同的国家，在使用上却略有区别。例如阿根廷和加拿大一般情况下行握手礼，但是关系亲近的人除了握手还会拥抱。并且阿根廷人的握手讲究次数要多，他们认为不断与对方握手是表示热情友好的好方法。而巴西在社交场合多行拥抱礼或亲吻礼，只有在特别正式的场合才行握手礼。在美国，交往会更加随意，双方见面往往会点头致意和微笑致意，甚至只是说一声"嗨"便是行了见面礼。但是正式场合美国人则会握手，面对关系亲近的人也会拥抱和亲吻。

在称呼上美洲普遍使用"先生""小姐""夫人"。此外阿根廷人还习惯将对方的学衔、职称与上述尊称放在一起使用。而加拿大人不喜欢在社交场合称呼对方的学衔和职称类称呼。

由于美洲畜牧业发达，因此饮食上很多国家都以肉食为主，最受欢迎的烹饪方法为烤。

四、非洲地区

非洲为阿非利加洲的简称，意为"阳光灼热之地"。现有国家54个，人口约11亿。非洲历史悠久，文化遗存丰富，是人类的起源地之一。三大宗教中，信奉伊斯兰教者居多，例如阿尔及利亚和埃及就将伊斯兰教奉为国教；也有少数信奉基督教的，例如南非；有的国家中兼有信仰伊斯兰教和基督教，例如尼日利亚、坦桑尼亚等国。

在非洲国家，通行的见面礼有握手、拥抱、亲吻。在握手时，尤其忌使用左手相握。在阿尔及利亚，握手时讲究越用力，表示对对方的尊敬感越强。在南非，握手前会有先用左手握住自己右手手腕的习俗。此外不同国家还保留有自己独特的见面礼，例如阿尔及利亚的抚胸礼，尼日利亚的弹掌礼，坦桑尼亚的举拳礼等都是很有特色的。

交往时，通常称呼对方"先生""小姐""夫人"。如果称呼中带有当地的习惯，交往对象会更加高兴。例如在阿尔及利亚，穆斯林可以"兄弟"相称，尼日利亚与坦桑尼亚也有将亲近的人称为"兄弟"的习惯。特别的是，在尼日利亚和坦桑尼亚，最尊敬的长者他们会将其称呼为"爸爸""妈妈"。

五、大洋洲地区

大洋洲位于南太平洋，现有国家16个，人口约4000万，为世界上人口最少的一个洲，信奉基督教者居多。该地区矿藏丰富，畜牧业发达。尤其是澳大利亚被誉为"矿车上的国家"和"羊背上的国家"。

交往中，握手仍为通行的见面礼节。但是各国也不乏极具特色的见面礼节。在澳大利亚，土著居民见面时会行勾指礼，即见面后，相互用中指勾住轻轻往自己身边拉，含义与握手相同。在新西兰，毛利人表示欢迎对方会行碰鼻礼。而在汤加，拜见国王时则要行吻足礼。

大洋洲的人十分喜欢与人交往，接待宾客时往往会十分热情。在汤加，无论是迎接还是送别，都一定要盛装前往，并且要献上花环。在新西兰，毛利人迎接贵客时一定会载歌载舞，还会有意对客人做鬼脸、吐舌头，他们认为这样做能驱灾辟邪。

第四节　尊重对方隐私

海纳百川，有容乃大。涉外交往中我们要尊重对方的习俗，认同对方的文化，理解对方的行为。这些做法既是对对方的尊重也是对对方的包容。在每个人的社会交往中，面对不同层次、不同民族、不同文化的个人，我们也应该做到包容。一个人的能力再大都是有限的，要想获得更大的成功必须要学会容纳。要能发现他人的闪光点，要能尊重他人的隐私和信仰，还需要能够从对方角度出发用他人更易于接受的方式与之交流。

一、什么是隐私

《韩诗外传》中记载了一则故事：

孟子妻独居，踞，孟子入户视之，向其母曰："妇无礼，请去之。"母曰："何？"曰："踞。"其母曰："何知之？"孟子曰："我亲见之。"母曰："乃汝无礼也，非妇无礼。《礼》不云乎？'将入门，问孰存。将上堂，声必扬。将入户，视必下。'不掩人不备也。今汝往燕私之处，入户不有声，令人踞而视之，是汝之无礼也，非妇无礼也。"于是孟子自责，不敢言妇归。

通过此则故事，我们可以读到很多信息。但是最重要的莫过于"将入门，问孰存。将上堂，声必扬。将入户，视必下"。如果用现在的观点来看就是要尊重他人的隐私。

何为隐私？隐私是出于安全、自尊等方面考虑，自己不希望被他人知晓的事情。例如财产状况、情感经历等。从心理学的角度来讲，无论交往双方关系如何亲密，也都会希望留有自己的空间，而不是完全裸露在对方面前。因此，从这个方面而言，尊重他人的隐私就是要给对方空间，保持好适当的距离，不要给他人带来困扰。很多人认为亲密无间就是毫无保留，其实真正的亲密无间正是以"有间"作为基础的。

不同的人，其隐私可能不太一样，但是涉外交往礼仪中涉及以下八个方面的问题就可能会被视为侵犯他人隐私了。

1. 财产收入

财产收入一般会代表个人当前取得的成就与社会地位，交往中不涉及财产收入一方面是关乎安全问题，再就是顾及对方的感受。财产不仅仅指对方的经济收入，能够间接反映出对方经济情况的信息也属于这一范畴。

2. 年龄大小

每个人都希望自己青春永驻，尤其是女士更是希望自己一直年轻。特别是外国朋友对"老"很是敏感，这种敏感不仅体现在不问年龄、不说"老"字，还表现在不经同意就自主帮忙，例如让座、搀扶等行为。

3. 情感经历

婚姻状况、恋爱状况、家庭状况，在和外国人交往时不要随便过问，否则可能会引起对方强烈的反感。这可能会和我们平时的习惯完全相反，虽然我们也不喜欢谈及此类问题，但是为顾及对方的感受，面对询问还是会给予回应。

4. 身体健康

越南人见面常常问候："你身体好吗？"我们有时也会关心地询问："最近怎么样？""身体恢复了吗？""可以试试×××药物。"但是在国外无论是询问对方身体情况，还是提供治疗的建议都是不被对方接受的。

5. 家庭信息

家庭住址、成员、住宅电话等都是家庭信息。在我们的日常交往中，对于这些信息保密的意识不是很高，有时在名片上还会出现这些信息。但是在国外，家庭是严格的私人领地，家庭信息也一般不会告知他人。因此在涉外交往中要特别注意，不要随意询问。

6. 个人履历

在我们平时的交往中，尤其是初次接触时，都习惯于直接或间接了解一下对方的履历。但是在与外国友人交往时，既不要询问这些信息，也不要将自己的这些信息过分主动地介绍给对方，这样做不仅不会拉近双方的距离，可能还会被视为另有企图。

7. 信仰政见

个人政见与信仰的形成与其所处文化背景关系十分紧密，所以不同的人会有不同的政见与信仰。往往，涉外交往中大家会对这两方面的信息十分敏感，如果强行将自己的见解推销给对方，甚至对他人的见解妄加评论或指责，会令人十分不悦。在社交场合，我们应该多谈论一些中性话题，维护友好和令人愉悦的交往氛围。

8. 个人行踪

"干什么去""最近忙什么呢"是我们常用的问候语。在外国人看来，这样的问候有些不易理解。他们认为这是对个人隐私最直接、最明显的干涉。因此，涉外交往中我们不要习惯性地聊到这些内容，更不能有意去打探对方的行踪信息。

二、如何尊重他人隐私

隐私既然称之为隐私，就是要让"私""隐"起来。无论交往中如何去做，如果能做到这一点，也就做到了尊重他人的隐私。

1. 不谈论

亚里士多德说："谈论别人的隐私是最大的罪恶。"我们很多时候确实会把从不同途径获得的他人信息进行讨论，但是要注意这其中有些信息很可能就是他人不愿意公开的内容。如果在讨论的时候不加甄别，随意讨论，可能就已经侵犯了他人的隐私。

2. 不散播

我们常说谣言止于智者。其实对于他人隐私也是这样，如果交往时的谈话涉及到了他人隐私，那我们一定要做到不继续深入探听，不继续散播。在生活中，很多人不但会继续散播他人隐私，而且还会在散播过程中添油加醋。这样不但侵犯了他人隐私，可能也已经触碰了法律的底线。同时，这样做也是将散播者不道德、缺乏素养的一面展现给世人。

3. 不打听

好奇之心人人皆有，但是面对他人隐私的好奇却应该加以控制。如果在交往中明知是他人隐私还故意打听，尤其是借着他人因尊重而不好意思回绝的时候"打破砂锅问到底"，那很可能双方的交往就仅限于此次了。

4. 要回避

其实在交谈中，某信息是否为他人的隐私是很好辨别的。当你感觉很可能会要触碰到他人隐私的时候，就要及时回避，不再继续该话题。这样做既是对他人隐私的保护，同时也是在保护自己。

5. 懂规则

很多时候，我们可能会在无意中侵犯了他人的隐私。例如和外国人交往中关心过度，总是以自己的经验向对方提出建议等等，这些就是由于不懂对方的交往规则造成的。如果我们懂得与对方交往的规则，那么这些情况都是可以避免的。

因此，在涉外交往时我们一定要认真学习，注意避开触犯隐私的"雷区"，让交往能够顺利进行。

第五节　用对方喜欢的方式相处

在人际交往中，每一个人都有自己的个性但是又需要与他人融合在一起。怎样才能与他人更好地融合呢？其实最有效的方式就是用他人喜欢的方式与之相处。

有一次，一位母亲手里抱着一些孩子的生活用品，急急忙忙从桥上跑下来，然后躲在路边的一棵大树旁边。很快，一个3岁左右的孩子，哭哭啼啼地边跑边喊："妈妈，妈妈我听话了，你在哪里？"看到这一幕大家明白了，一定是母亲在用这种方法教育孩子。这时，一位年长者走过去对那位母亲说："看得出来你是很爱孩子的，建议你在孩子哭的时候，走过去蹲下身抱抱他，不然这会在他心里种下恐惧和不安全的种子。"这位母亲听后怒火消了很多，她跑到孩子面前抱起孩子，孩子哭得更厉害了，他用尽力气抱着妈妈的脖子，犹如多年失散后的重逢。

这位年长者的建议，便是我们所讲的面对不同的人，需要选择不同的交流方式。

一、对方喜欢哪些相处方式

从上面的故事和我们的交往经验来看，对方喜欢的相处方式有以下几种：

1. 符合对方认知现状的

对方喜欢的相处方式，首先一定是建立在对应的认知基础上的，也就是要符合他人的身心特点。我们要容纳他人，所以，在交往时，自己的认知不是排在第一位的，排在第一位的一定是了解对方的认知。这其中就包括对方的文化层次、个人习惯、个人喜好。相传，大诗人白居易每做好一首诗，就会请不识字的老人家来听一听，如果对方听不懂就会回去继续修改，这是值得我们学习的。

2. 让对方心情愉悦的

除了交往中要符合对方的认知外，还应该在交往中让对方处在愉悦的情绪状态之下。只是让对方愉悦并不是没有底线的取悦对方，而是要在交往中，从语言和行为方面照顾对方的情绪感受，让对方体验到尊重的感觉，从情绪上与对方较快达成一致。

二、培养一双发现美的眼睛

在社会交往中，交往双方情绪迅速达成一致的方法是：看到他人的优点并及时肯定。因此，有一双能够发现美的眼睛就显得尤为重要。他人做得好的方面可能是语言表达方面的，也可能是做事周全方面的……做到这些的前提是拥有积极正向的心态。

第六节　尊重对方的宗教习俗

宗教是人类社会发展到一定历史阶段出现的一种社会的、历史的现象。目前全世界约有一千多种宗教，信教人数约占世界总人数的三分之二，有些民族和国家的全体民众整体信仰一种宗教，将该宗教的习俗作为全社会的行为准则。面对如此庞大的人群，遵守且尊重这些宗教习俗就显得尤为重要，这也是与有宗教信仰的人顺利交往的基础。

虽然目前世界上宗教很多，但是在世界上影响最大、人数最多、范围最广的宗教主要有佛教、伊斯兰教和基督教，也被称为世界三大宗教。

一、佛教

佛教是世界上最古老的宗教之一，由乔达摩·悉达多创立，他也被称为"释迦牟尼"。

佛教最主要的信仰地区为东亚、南亚及东南亚，目前约有信众五亿。在佛教中，男出家者称为僧，女出家者称为尼。我们经常称"僧尼"就来源于此。但在与佛教信仰者交往时却不能以僧尼为称呼，对于一般的僧尼可以称师父，在前面加上法号也是可以的，例如妙真师父；对于精通佛法或有很高成就的僧尼则可称为和尚。如果是信教但是未出家者则应称为居士。他们在生活中遵守五戒，即："不杀生，不盗窃，不邪淫，不饮酒，不妄语。"

佛教的基本礼节为合十礼，主要用于日常交往中相互表示敬意，在某些国家全国都信仰佛教，佛教的合十礼也就成为当地民众普遍使用的礼节。要注意的是，在这些国家或者是佛教徒之间，对方的头是不能随意触摸的。饮食上他们讲究过午不食且不食"五荤"。但是日常生活中所提到的肉并不属于"五荤"之列。不食肉的习俗不是针对于所有佛教徒，在中国只有汉族地区的佛教信仰者会有此讲究。

寺庙是佛教信仰者主要的宗教场所，在寺庙中要做到轻声慢语，行为合规，不能打扰正在进行的宗教活动，也不能随意拍照。

在佛教中节日众多，主要的节日有二月十五佛涅槃日，四月初八佛诞辰日，十二月初八佛成道日。

二、伊斯兰教

伊斯兰教的创始人为穆罕默德，该教信仰人数众多，约有 16 亿，主要信仰地区是亚洲和非洲。

在伊斯兰教中，虽然派系很多，但是都以《古兰经》作为自己的主要经典。真主安拉是唯一的神灵，穆罕默德是安拉的使者，全体教徒都要无条件信奉。伊斯兰教的信仰者称为穆斯林，意为"顺服者"；宗教职业者称为阿訇；宗教场所称为清真寺。

麦加在伊斯兰教中被尊为圣城，每一位穆斯林每天要向圣城麦加的方向做礼拜五次。除了日常的礼拜，每年的 9 月还是穆斯林的斋月，在斋月期间，每天的日出至日落间禁止饮食。需要注意的是，对方礼拜或斋月期间尽量不要去打扰。

在与穆斯林交往的时候要注意，他们禁止偶像崇拜，所以在第三节中我们说到不要送伊斯兰教信仰者玩偶、画像之类的礼物。在伊斯兰教国家，"男尊女卑"较为普遍，所以妇女一般不参与社交活动，即使与外人见面也要戴头巾和面纱。左手在穆斯林眼中视为不洁，所以左手握手、左手递物、左手用餐都是不被允许的。

饮食上，穆斯林不饮酒，不食用自死之物、动物血液和未诵安拉之名宰杀的牛羊禽类等。不食猪、驴、狗等动物。该教的主要节日有宰牲节、开斋节。

三、基督教

基督教是世界上信仰人数最多的宗教，据统计，基督教信教人数约有 20 多亿，占世界总人口数约三分之一，在全世界都有分布。

基督教的创始人是耶稣基督，主要经典是《圣经》。其派系很多，主要有天主教、东正教和新教。虽然非信仰者对其中的区别可能不太清楚，但是也不能因此混为一谈，尤其是面对不同教派时，更不能张冠李戴。例如，在东正教中牧首是最高神职，而天主教中教皇是最高神职；祈祷时，东正教使用三个手指而天主教使用手掌。

在和基督教信奉者交往时，不宜对其宗教教义以及圣事妄加议论，更不能否认、质疑，宣扬其他宗教的做法更是对对方的挑衅。

基督教的宗教场所是教堂，世界上有很多设计独特、造型优美的著名教堂，例如巴黎圣母院、雷克雅未克大教堂、圣巴索教堂、圣彼得教堂、索菲亚教堂。基督教的教堂是允许非信仰者参观的，但是参观前首先要尊重对方的意见。进入教堂要脱帽，摘下墨镜。着装不应过分暴露，并且不得打闹与喧哗。如遇到教堂内有宗教活动，不得打扰。

　　在饮食方面，基督教信仰者不食动物血液和被勒死的动物，如果是守斋期间则不吃肉食、不饮酒。就餐前，他们会进行祈祷，如果与他们一起就餐，虽然无须一起祈祷，但是也不可在他人祈祷结束前先行进食。

　　在日常生活中，数字13和星期五在基督教信仰者眼中都是不吉祥的，如果二者遇到同一天，他们常常会闭门不出。

　　基督教中也有很多节日，主要的节日有圣诞节、复活节等。

　　让我们掌握涉外交往的规范，在涉外交往中从容大方，自信地走出中国，拥抱世界！

参考文献

[1] 吕艳芝、冯楠. 教师礼仪的 99 个细节 [M].2 版. 上海：华东师范大学出版社，2019.

[2] 马云. 纸质文物保护修复的传统及现代技术研究 [J]. 文物鉴定与鉴赏，2019（15）：86-87.

[3] 瞿晓琳. 博物馆走向免费时代 [J]. 旅游纵览，2012（6）：29-33.

[4] 孙汝建. 职业礼仪 [M]. 重庆：重庆大学出版社，2014.

[5] 李博洋. 旅游服务礼仪 [M]. 成都：西南财经大学出版社，2011.

[6] 吕艳芝、徐克茹、冯楠. 商务礼仪标准培训 [M].4 版. 北京：中国纺织出版社，2019.

[7] 王绪前. 舌尖上的酒文化 [M]. 北京：中国医药科技出版社，2017.

[8] 金正昆. 社交礼仪教程 [M].6 版. 北京：中国人民大学出版社，2019.

[9] 吕艳芝. 公务礼仪标准培训 [M].2 版. 北京：中国纺织出版社，2016.

[10] 郭锦桴. 汉语与中国传统文化（修订本）[M]. 北京：商务印书馆，2010.

[11] 刘文华. 说话心理学 [M]. 北京：中译出版社，2019.

[12] 中国传媒大学播音主持艺术学院. 播音主持语音与发声 [M]. 北京：中国传媒大学出版社，2019.

[13] 金正昆. 涉外礼仪教程 [M].4 版. 北京：中国人民大学出版社，2014.